2021年度天津市教育科学规划课题（一般课题）
"天津高校校园体育文化德育价值研究"研究成果（CIE210149）

课程思政教育理念引领下的高校体育教学改革与实践探索研究

付超　庞晓东　梁晓倩　著

天津社会科学院出版社

图书在版编目（CIP）数据

课程思政教育理念引领下的高校体育教学改革与实践
探索研究 / 付超，庞晓东，梁晓倩著. -- 天津 ： 天津
社会科学院出版社，2022.5
　　ISBN 978-7-5563-0818-7

　　Ⅰ．①课… Ⅱ．①付… ②庞… ③梁… Ⅲ．①体育教
学－教学改革－研究－高等学校 Ⅳ．①G807.4

　　中国版本图书馆 CIP 数据核字(2022)第 070346 号

课程思政教育理念引领下的高校体育教学改革与实践探索研究

出版发行：天津社会科学院出版社
地　　　址：天津市南开区迎水道 7 号
邮　　　编：300191
电话/传真：（022）23360165（总编室）
　　　　　　（022）23075303（发行科）
网　　　址：www.tass-tj.org.cn
印　　　刷：英格拉姆印刷(固安)有限公司

开　　　本：787×1092　毫米　　　1/16
印　　　张：24.25
字　　　数：361 千字
版　　　次：2022 年 5 月第 1 版　　2022 年 5 月第 1 次印刷
定　　　价：78.00 元

前　言

　　2019年3月18日,习近平总书记在全国高校思想政治工作会议上强调"要用好课堂教学这个主渠道,思想政治理论课要坚持在改进中加强,提升思想政治教育亲和力和针对性,满足学生成长发展需求和期待,其他各门课都要守好一段渠道、种好责任田,使各类课程与思想政治理论课同向同行,形成协同效应"。高校思政课程到课程思政的育人观开始凸显。中华人民共和国高等教育法中第五十三条指向高等学校的学生:应当遵守法律法规,遵守学生行为规范和学校的各项管理制度,尊敬师长,刻苦学习,增强体质,树立爱国主义、集体主义和社会主义思想,努力学习马克思列宁主义、毛泽东思想、邓小平理论,具有良好的思想品德,掌握较高的科学文化知识和专业技能,这就为我国高校思政课提供了有力的依据,让思政课程为我国社会主义办学掌好舵、定好向。高等学校不仅是进行专业教育,而且要培养大学生具有完整的人格和高尚的品行及正确的价值观。这样的办学理念已成为高校的共识。

　　体育具有对人的精神锤炼、价值观的培育及基本道德的锻造和拼搏精神提振的内部稳定功能。体育课程是我国普通高校的一门重要必修课程,应当充分利用和发挥体育课程的思政功能,通过体育课堂的教育渠道,传输新时代中国特色社会主义思想,把握体育人文精神,积极营造良好的校园体育文化,使之成为滋养大学生思想健康成长的丰富沃土,与思想政治教育形成良好的协同效应,这将有利于全面推进思政育人工作和实现体育课程本身的教育目标,确保我国社会主义办学沿着正确的方向道路前进。

基于此,付超、庞晓东、梁晓倩三位老师结合自身研究优势,共同撰写了《课程思政教育理念引领下的高校体育教学改革与实践探索研究》一书。全书内容分为十一章,合计361千字。本书第六章、第八章、第十章、第十一章内容由付超老师撰写,共计152千字;本书第三章、第四章、第五章、第七章、第九章内容由庞晓东老师撰写,共计108千字;本书第一章、第二章内容由梁晓倩老师撰写,共计101千字。第一章导论,概括介绍了课程思政的相关概念和基本理论,对高校推进课程思政建设的必要性及其作用进行分析,并对中国传统育人思想的产生和发展,以及德育教育与社会发展的关系进行阐述。第二章课程思政和体育课程思政的内涵和基本理论,分别对课程思政和高校体育课程思政进行研究综述,进一步分析了高校体育实施课程思政的文化自信和其应遵循的基本规律。第三章体育、德育及智育发展的相关关系,首先对体育的功能与内涵进行定位,在此基础上分析了体育、德育、智育的关系。第四章课程思政引领下的高校体育教学理念研究,分别从立德树人、全人教育、三全育人以及协同育人理念的角度,对高校体育教学的改革进行研究。第五章体育在高校思想道德素质培养中的作用机制分析,首先分析了高校思想道德素质培养的内容,进一步分别从爱国主义品质、诚信品质、意志品质三个方面分别剖析体育与其三者培养之间的作用机制。第六章体育促进大学生思想道德素质培养的现状调研,采用问卷调查、数理分析等实证研究方法,对体育促进大学生爱国主义精神培养,体育促进大学生诚信品质培养以及体育促进大学生意志品质培养的现状,进行详细阐述。第七章体育与高校精神素质培养的作用机制,分别从"公平公正"精神、"团队合作"精神,以及"超越"精神方面分析体育与这三者之间的关系。第八章体育促进大学生精神素质培养的现状调查,采用实证分析方法,分别从不同方面分析阐述体育对当代大学生精神素质培养的现状。第九章高校体育课程思政中目前存在的问题及原因分析,重点分析了目前我国高校体育课程思政中存在的突出问题,诸如教学理念有待完善、思政资源匮乏、教师思政能力不足等,并进一步分析了产生问题的原因。第十章课程思政理念引领下高校体育课程教学改革的实施方案,从不同方面分别阐述了高校体育课程思政的具体实施方案。第十一章课程思政理念引领下高校体育教学方法创新研究,介绍案例教学法、情境教学法、多媒体教学法、以及体验式教学法如何在高校体育教学中引入和创新,从而改善高校体育课程思政的效果和提升高校体育课程思政的地位。

　　本书的撰写,得到了许多专家和学者的帮助,在此表示衷心的感谢。由于笔者水平有限,加之时间仓促,书中所涉及的内容难免有疏漏之处,希望读者提出宝贵意见,作为笔者日后深入学习和钻研的动力。

目 录

第一章　导　论

第一节　课程思政基本概述

课程思政是结合具体的教学实践和教学效果而逐渐形成和发展起来的新型教育理念。近年来,国内许多高校相继开展课程思政的教学改革,取得了初步成效和进展。本书对课程思政的形成、内涵以及特点的梳理,加强了对课程思政教育理念的把握,形成了较为立体化的认识。

一、课程思政的形成

课程思政理念由上海市率先提出,经过理论的发展和实践的深入,最终形成并不断发展。2004 年以来,中央先后出台了一系列关于进一步加强和改进大学生思想政治教育工作的文件,如中共中央、国务院在 2004 年印发的《关于进一步加强和改进大学生思想政治教育的意见》中提出了"坚持教书与育人相结合"的基本原则,指出"高等学校各门课程都具有育人功能,所有教师都负有育人职责",①指导高校思想政治教育工作有效开

---

① 中共中央、国务院.关于进一步加强和改进大学生思想政治教育的意见[Z].2004
-10-14.

展。上海市积极响应党中央的号召,由此开启了学校思想政治教育课程改革的探索之路。上海的课程改革经历了三个阶段,改革重心由中小学德育课程建设转变为注重大中小德育课程一体化建设,构建全员、全课程育人格局的理念也越来越清晰。从 2014 年起,我国将德育纳入教育综合改革重点项目,逐步探索从思政课程到课程思政的转变。^① 2014 年,上海市委、市政府印发《上海市教育综合改革方案(2014—2020)》,在全国范围内率先进行课程思政的试点工作。经过一系列的探索实践,逐步形成了课程思政的理念。2016 年 11 月 9 日,"上海市社会科学界联合会第十四届(2016)学术年会思想政治育学科专场:从思政课程到课程思政——高校思想政治理论教育课程体系创新"研讨会在华东政法大学召开,在会上围绕着高校思想政治教育改革,提出了课程思政的教育理念和设计。2016 年 12 月,习近平总书记在高校思想政治工作会议上强调:"把思想政治工作贯穿教育教学全过程,努力开创我国高等教育事业发展新局面。"2017 年,课程思政被纳入中央《关于深化教育体制机制改革的意见》,使之从地方实践探索转化为国家战略部署;2018 年,教育部先后印发《高校思想政治工作质量提升工程实施纲要》《关于加强新时代高校"形势与政策"课建设的若干意见》,在全国推广课程思政。

(一)时代背景

认识和把握课程思政这一特殊的教育理念,首先要认清它产生的时代背景,而这个时代背景既包括时间上的,也包括空间上的。时间上是指随着时间的推移和时代的发展,世界各国对于教育和人才的竞争日益激烈,这对教育的发展和人才的培养都提出了新的要求;空间上是指国内的社会环境和国际大环境对教育和人才培养产生的巨大影响。

---

① 高德毅.课程思政:有效发挥课堂育人主渠道作用的必然选择[J].思想理论教育导刊,2017(1):31.

一方面,随着我国改革开放和现代化建设的深入推进,我国进入了新时代,重要依据在于我国生产力水平实现了质的飞跃。不同时期经济发展水平的差异也决定了不同时期教育的发展方向和任务。新时代为当代人的生存与发展赋予了新内涵,对人才培养提出了新任务,同时也对教育提出了新要求。第一,新时代为当代人的生存与发展赋予的新内涵就是要实现中华民族伟大复兴的"中国梦";第二,对人才培养提出的新任务就是要培育出担当民族复兴大任的时代新人和德智体美劳全面发展的社会主义建设者和接班人;第三,对思想政治教育提出的新要求就是要落实立德树人的根本任务,解决好培养什么样的人、怎样培养人、为谁培养人这个根本问题。

另一方面,国内外环境对教育和人的影响是多方面的。第一,从国内的社会环境来看,社会和大众对教育的期待值很高,国家对教育事业投入大量的资金支持并出台多项优惠政策促进教育的发展,国家和社会对人才培养给予高度重视。但随着时代的发展和周围环境的影响,人们的价值取向和思想倾向发生巨大变化。大学生的价值观念处在尚未完全成形成的关键阶段,具有很强的可塑性,同时受多元价值观的影响,又具有不确定性。市场经济内在包含的等价交换原则、求利原则和竞争原则,一旦处理不当,可能会引发争名夺利、弄虚作假、见利忘义等一系列负面问题,对当代大学生的价值观产生极大的冲击。第二,从国际大环境来看,中国经济腾飞已成为世界第二大经济体,受到世界瞩目,一些西方发达国家对我国的发展虎视眈眈,从经济、政治、文化等各个方面对我国设置阻碍,力图遏制我国的发展。特别是在文化方面,一些西方国家利用全球化、信息化的便捷,传播渗透消极落后的西方文化思想,意在腐蚀我国青年大学生的思想,在日益激烈的世界竞争中,从中渔利。面对这样严峻的形势,加强对大学生的思想政治教育刻不容缓。

在这样的时代背景下,大学生的思想趋于复杂,更甚者,一些大学生出现了价值观念扭曲、政治信仰模糊不坚定等不同程度的问题,这就对高校的育人工作提出了更高的要求。因此,高校教育的育人使命要顺应时代的要求,"要因时而化、因时而进、因时而新"落实立德树人的根本任务,全面推进课程思政建设。

(二)实践基础

课程思政的开展有着坚实的实践基础。课程思政理念来源于实践,经过实践的检验发现问题,通过分析问题的原因和特点,针对实际情况中出现的问题形成进一步的新认识来解决问题,并不断完善和强化,然后再回到实践中指导行动,促进课程思政产生良好的育人效果。

一方面,课程思政的理念是在不断总结实践经验和教训中提出的。在高校实际教学中,普遍存在着"重智轻德"的问题。教书育人是教师的首要职责,但在真正的教学实践中,绝大部分的专业教师却只单单做到了"教书","育人"却丢到了脑后。崇尚知识无可厚非,但把知识传授作为唯一的教学任务就有所失职,知识力量发挥作用也需要道德的"监督"和"润色",如果只是一味地任由知识不合乎道德规范地"自由发挥",这对世界乃至人类来说可能是灾难,如克隆技术的滥用、人工智能的不当研发利用等。而且,这种一味强调知识技能更有用的思想,对当代的大学生的影响是不利的。轻视道德价值观的教育,直接影响着大学生与他人形成良好的融洽关系。没有正确价值观的指引,存在很多安全隐患,大学生毕业后也难以融入社会并推动社会发展,人生价值的实现更无从说起。可见,假如缺乏道德的约束,影响的不仅是一个人而且是整个社会。随着实践的不断深入,党和人民更加充分地认识到思想政治教育的重要性,看到在这个知识大爆炸的时代,需要道德的引领。同时也看到了教育合力所产生的巨大育人潜能,积极倡导激发各学科课程发挥育人的作用。正是在这样的教育教学的实践基础上,根据存在的突出教育问题而提出课程思政的教育理念。

另一方面,课程思政理念还会在实践中不断完善和发展。理论的提出,都需要实际的践行,才能促进认识的发展和理论的完善,反过来再更好地指导实践。正是在实践中,课程思政的理念才深入人心,激荡起无穷的力量。除了上海的实践和成功经验,全国各高校在课程思政的理念指引下,积极响应开展课程思政教学改革,在实践中不断深化课程思政理念。

二、课程思政理念的内涵分析

其一,就课程思政与思政课程的关系来讲,二者在主体、任务方面侧重不同。就主体而言,课程思政与思政课程的教育主体不同。课程思政的核心主体是专业课教师,他们主要负责专业知识的传授与学生能力的培养和提升;思政课程的核心主体是思想政治理论课教师,主要帮助学生提升思想道德修养与综合素质,是做好思政工作的主力军。就课程任务而言,专业课开设的主要目的是让学生掌握专业知识与技能,为学生未来发展提供知识与能力保证,但同样要承担育人的重要功能,重点在于要深入挖掘课程中蕴含的思想政治教育元素、在课程教学中发挥好隐性育人的重要功能,提升专业课教师的育人影响力,切实做到与"思政课程"的同频共振。思想政治理论课是完成立德树人目标的关键课程,重点任务是突出课程的政治性、思想性、育人性,强化思想引领、政治认同和价值引导。因此,应正确看待与辩证处理课程思政与思政课程的相互关系,既不能本末倒置,简单将课程思政替代思政课程,也不能忽视专业课程在学生思想政治教育中的重要作用。

其二,课程思政指的是高校教师在传授课程知识的基础上引导学生将所学的知识转化为内在品德,转化为自己精神系统的有机构成,转化为自己的一种素质或能力,成为个体认识世界与改造世界的基本能力和方法。由此可知,课程思政是要强化专业课教师的育德意识与责任,通过专业课教师在知识传授与能力培养的基础之上,充分挖掘与渗透思想政治教育因素,整合整个专业课课程之中所蕴含的思想政治教育的资源,将思想政治教育的精髓融入专业课程的课堂内外,在教师率先垂范的效应下,充分发挥学科专业课程的育人功能和价值,做到"思政寓于课程"。因此,专业课教师在课程思政的实践中首先要提升自身综合素质,做到正面示范、言传身教;其次,要注意挖掘和运用专业课中蕴涵的隐性教育资源,在专业知识与技能的教授过程中融入理想信念、工匠精神、诚实守信、敬业奉献等美好品德的引导;最后,要主动在选课培养、职业生涯规划、择业就业等与学生自身相关的问题中帮助他们树立良好的心态,指导他们做出合适的选择。但由于专业不同、课程定位与课程性质也会有所差异,高校及各类别的专业课教师在课程思政的实践中要做到发挥优势、分类指导。例如,对应用型专业的学生,教师可加强敬业精神、工匠精神的教育;对于研究型专业的学生,则可加大科学精神、创新精神的引领,从而进一步实现"课程承载思政"。

综上分析可知,课程思政与思政课程的育人目标、育人责任是高度一致的,但所承担的育人任务各有侧重,育人方式也各有不同,两者相辅相成、相互补充、密不可分、有机衔接。因此,在重视思政课程在育人中重要作用的同时,必须进一步发挥好专业课教师与专业课程育人的优势,从挖掘课程中蕴涵的思想政治教育元素、强化专业课教师育人意识为出发点,做到专业课程中有思政,真正实现"传道""授业""解惑"的一体化推进,使全员、全过程、全方位育人达到新的高度,不断提高人才培养的质量和水平。

三、课程思政理念的特点分析

(一)综合性特点分析

一方面,课程思政不是一门独立的课程,而是将育人的基本观念贯穿于全部的学科中,使各个课程都能充分发挥自身的力量,凝聚起巨大的育人合力。这就体现了课程思政的高度综合性。

另一方面,这种高度的综合性还体现在课程思政视角下各学科课程的教育内容和教育的方式方法中。课程思政视角下各学科课程的教育内容,不再局限于某一门课程体系中,而是将思想政治教育的理论贯穿其中,在与各课程的磨合中达到相融。在高校教学中,各门专业课程都具有一定的育人作用和责任,但长期存在对德育的轻视和忽视,需要强化课程思政的"疗效"。在教育的方式方法上,课程思政的理念推动新的观念和方法的产生和发展,在集合了不同学科的智慧下,融合产生出新的具有综合性的教学方法。教学方法的综合性,并不是一味地"全盘吸收",而是结合不同学科的特殊性来"对症下药",发挥出最大作用。在课程思政背景下各学科课程的内容与教育的方式方法的综合性特征,体现了教育理论与实践的结合,从而达到课程思政协同育人的效果。

(二)深刻性特点分析

课程思政是一场深刻的具有广泛影响力的教育改革。课程思政是在长期的教育发展中,在不断的教学实践当中,找到了针对教学工作存在的现实问题与解决问题的契合点,从而形成的认知。因而它是深刻的,具体表现在课程思政的目的和意义上。

一方面,课程思政的目的即培育德智体美劳全面发展的社会主义建设者和接班人,变革长期存在的重智育轻德育的观念。无论从教育的角度还是从整个人类发展的角度,这个目的都是具有深刻性的。另一方面,课程思政的意义是对人影响的深刻性。课程思政的实施有利于实现立德树人的根本任务,促进智育和德育的平衡,培养全面发展的社会主义新人。不难看出,课程思政的目的和意义是相得益彰的,深刻影响着教学活动的开展,有利于促进学生的全面发展。

(三) 多元化特点分析

课程思政的高度综合性是对其特点的整体把握,而其所具有的鲜明的多元化实则是从具体的每一门课程的角度,对每一门课程所具有的独特性的深刻把握。课程思政的多元化具体表现在两个方面:一是在课程思政理念的指导下,由于各类课程极具特色,将每一门课程融入思想政治教育"营养"的方式是不同的,进行思想政治教育的方式也不同,当然所产生出的"化学变化"也就会是多样的。但最终都是为了实现思想政治教育与不同课程的有机融合,发挥出最大的育人合力。二是在实际的教学过程当中,不同课程挖掘的思想政治元素各不相同,每门课程的思想政治价值观教育的阐释方式、具体的展开内容都各具特色,呈现出的教育具体形式也多种多样。积"一"成"多",彰显出课程思政的多元化特征。

虽和而不同,却殊途同归。正是由于课程的多样性使得课程思政教育理念的实施更具多元化,课程思政的实施是在充分尊重各类、各门课程的特殊性的前提下,汇入思想政治理论的营养,使学生能更易、更好地"消化和吸收"。不管是内容上的丰富多种,还是形式上的变换多样,都是课程思政多元化的具体表现。

(四) 自主性特点分析

自主性是高校课程思政的第二特征。自主性的主要体现是就高校层面来讲,高校可以根据本校的特点以及发展目标,结合本校的实际发展情况,遵循学生的学习发展规律,规划出适合本校建设的课程思政的形式;就教师层面来讲,教师在推进课程思政建设过程中,需要结合学生的特点和课程的内容,将自身的教学自主性进行充分的调动,最大限度地整合课程中的思想政治教育资源。由此可见,高校课程思政建设具有自主性的特征。自主性的特征主要体现在高校统筹规划以及教师课程设计上,需要依据课程思政的要求以及自身实际情况进行自主规划。在课程思政教学理念的引导下,通过自主性的发挥激发高校教育者在实际教学中对课程思政教育理念落实的积极性,使课程思政理念在课程当中得到有效的运用。

(五)时代性特点分析

课程思政概念的提出是基于全国高校思想政治工作会议,经过这次会议,课程思政的概念得以衍生。全国高校思想政治工作会议的召开表明中央对高校思想政治教育工作的重视,课程思政正是加强高校思想政治工作的教育理念,落实该教育理念,对于解决我国高校在思想政治工作方面遇到的问题起到助推作用。课程思政是响应国家的号召,为解决高校思想政治工作的问题,顺应高校思想政治工作发展情况而提出的,课程思政教育理念是与时俱进的,同时也是具有问题导向的,课程思政教育理念是随着时代的发展而提出的。再者,习近平总书记讲到,高校培养的人才应当具备进行社会主义建设的能力。这就需要高校培养的人才要达到德智体美劳全方位的发展,把“德”放在第一位,说明高校对人才的培养要重视德育教育,推进高校的立德树人教育任务。课程思政这一教育理念正是高校立德树人教育的体现,是对学生德育教育的重视。课程思政教育理念的提出与国家的教育思想是一致的,同时课程思政教育思想的提出也是与时代的发展相一致的,是为解决目前高校学生的社会主义核心价值观缺失而提出的有效举措,对于解决当前高校学生的教育问题具有推动作用。课程思政教育理念的提出,与新时代的背景是相符的,是新时代背景下教育理念的发展。因此,课程思政教育理念是随着时代的发展而提出的,是与时俱进的,具有时代性的特征。

第二节　高校课程思政建设的理论基础与原则

一、高校课程思政建设的理论基础

(一)人的全面发展理论

实现人的全面发展,是马克思和恩格斯的理想追求。马克思主义理论对人的全面发展的研究,涉及《1844 年经济学哲学手稿》《德意志意识形态》《共产党宣言》等著作。马克思曾明确指出未来的理想社会是以每一个个人的全面而自由的发展为基本原则的社会形式,将人的全面发展作为未来社会发展的基本特征。马克思主义理论关于人的全面发展涉及人的能力、社会关系、个性等方面。同时,马克思主义理论有关人的全面发展的学说是一个实践性的过程,这个实践的过程需要通过生产力、教育和学习。时代在变迁,社会在进步,人才的发展需要与社会的发展需求相一致,中国特色社会主义社会需要有理想、有本领、有担当的时代新人,课程思政正是为顺应时代的人才需要而提出的高校教育理念。

高校的课程思政通过教育和学习的方式将人的全面发展向前推进。高校的课程思政建设是与时代的发展相一致、适应社会的发展趋势而提出的。高校进行课程思政建设是在各类课程中融入思想政治教育的元素,使思想政治教育贯穿于教育教学的全过程。这个过程中,以学生为中心,使学生在知识学习的过程中兼具道德水平的提升,从而促进学生的全面发展,为实现人类自身的自由和解放做准备。课程思政教育理念的目的是为国家培养出进行社会主义建设的人才,培养出德智体美劳各个方面都得到发展的社会主义人才,课程思政的教育任务紧紧围绕对学生的立德树人教育而进行。高校进行课程思政建设与马克思主义理论关于人的全面发展学说是一致的,并且人的全面发展学说是课程思政建设的理论基础和价值引领。高校课程思政的建设是马克思主义理论有关人的全面发展学说在我国运用的新实践,是具有中国特点的高校教育新理念,同时也为共产主义的实现起到了促进作用。

(二)潜在课程理论

潜在课程理论最早是由美国的杰克逊提出,潜在课程是相对于显性课程来说的。多个国家的学者都对潜在课程理论进行过研究,美国道德教育心理学家柯尔柏格(L. Kohlberg)指出,潜在课程作为道德教育的重要手段,比显性课程来得更为有力;①学者王家芳认为:"潜在课程指的是在学校教育中与学科课程并存,对学生成长产生潜移默化影响的环境的总和"②。

综合两位具有代表性观点的有关潜在课程的理解,可以总结出这样的结论:潜在课程具有隐蔽性的特点,潜在课程是教师在非正式的课程中对学生进行的德育教育。这一特性与课程思政的理念正好相符,进行课程思政建设所涉及的课程包括显性的思想政治教育课程和隐性的思想政治教育课程。显性的思想政治教育课程就是思想政治理论课,隐性的思想政治教育课程包括综合素养课程和专业课程。

高校进行课程思政建设的重点是在非思政课中挖掘德育因素,即能够在思政课程以外的其他课程中融入思想政治教育的价值观。运用潜在的思想政治教育课程对学生进行思想政治教育不同于思想政治理论课程的教育。思想政治理论课是一门专门对学生进行德育教育的必修课程,而课程思政重点是在专业课和综合素养课程中融入思想政治教育的元素以实

---

① 尹珍玲.基于潜在课程的高校德育研究[D].大庆:东北石油大学,2012:5.
② 王家芳.开发隐形课程的现实意义及实现途径[J].理论课教学,2007(5):34.

现对学生润物无声的德育教育。高校的课程思政建设充分地将思想政治教育的隐性课程进行发掘，运用隐性课程实现高校的立德树人教育目标。按照这样的逻辑理解，潜在课程理论为课程思政在高校的建设提供了理论层面的指导。

(三)建构主义理论

建构主义理论最早由瑞士的皮亚杰提出，该理论与心理学直接相关，这一理论的核心理念是认识的过程是在已有知识结构的基础上进行的重新建构。建构主义的学生观认为，要以学生为主体，注重学生对知识的主动建构与自主探索。建构主义要求教师在教学过程中，要在学生已有知识结构的基础上，依据学生已有的知识基础重新建构起新的知识结构。

高校进行课程思政需要对教学方式以及课程进行改革，实现对学生润物无声的道德教育。建构主义理论对高校教育的启示是，教师在教学的过程中，应当充分发挥学生的主动性，改变注入式的灌输课堂形式，有效运用课堂的教学情景，在学生已有知识结构的基础上让学生进行知识的主动建构。例如，教师在将专业课程当中的思想政治教育资源进行选取时要考虑学生的知识基础，选取与学生联系紧密的案例，同时又能引起学生的共鸣，通过这样的方式在高校推进课程思政建设，能够加强学生对课程思政的认可，对教师在课堂上落实课程思政教育理念方式进行接受，在学生接受的基础上，实现对学生的思想政治教育，潜移默化地实现对学生的立德树人教育。高校进行课程思政建设，是让教师充分地挖掘课程中的德育资源，实现对学生润物无声的德育教育。高校课程思政的推进，可以运用建构主义的理论来进行指导。课程思政的实施过程中，课堂教学融入对社会主义核心价值观的教育是课程思政的目标之一，为实现这一目标，教师需要以学生为主体，结合学生已有的价值观，并且分析学生已有价值观的成因和实质，对学生进行正确价值观的引导，让学生在已有价值观的基础上建构起新时代所提倡的符合社会发展要求的社会主义核心价值观。

二、高校课程思政建设的原则

高校的课程思政建设主要是在专业课程当中融入思想政治教育元素，发挥思想政治课程的引领作用，各类课程落实好立德树人的教育任务。结合高校进行课程思政建设的挑战与成功经验，以及学术界中专家学者对课程思政建设的研究，本书对高校课程思政建设的原则进行了探索，通过对课程思政的原则进行探索与研究，能够总结出课程思政建设遵循的基本规律，同时最终要将课程思政的建设原则落实在高校的建设当中，以此来指导高校的课程思政建设，为课程思政的建设提供依据和方向。通过对课程思政的理论分析以及实践经验总结，对课程思政的具体原则进行了总结，分别有德育为先原则、以人为本原则、整体设计原则、有机融入原则和特色发展原则。

（一）德育为先原则

德育是高校教育的灵魂所在，党的十八大报告中首次提到要将"立德树人"作为教育的根本任务，国家对高校进行学生培养的任务进行了规定，这就需要教师的教育教学活动要围绕"立德树人"来进行，重视德育教育，把德育教育作为高校人才培养的第一要务。课程思政建设的原则当中要以德育为先，这正是对立德树人教育任务的回应。教师在教学过程中始终将德育为先作为其教学原则，对促进思想政治教育思想在教学过程中的落实具有推进作用，同时能够对高校的办学性质和方向产生决定性的影响。德育为先原则要做到以下两方面：一方面，要有效发挥德育的导向和保证职能；另一方面，要明确德育为先不是以德取智，而是实现课程教学的价值引领与知识传授相统一。

中央 16 号文件指出"要把大学生思想政治教育摆在学校各项工作的

首位,贯穿于教育教学的全过程"。按照中央的要求,高校在人才培养的过程中,不仅要注重学生智力的培养,同时也要加强学生的思想政治教育工作,要将对学生进行的思想政治教育置于首位,教学过程中注重德育教育。课程思政建设的主要范围是学校开设的课程,德育对学校中的其他教育具有一定的制约和影响作用,主要是指德育对学校其他教育的定向、驱动和保证作用。德育的导向和保证职能不仅对受教育主体产生直接影响,更是对学校的其他教育产生间接的作用。学校教育最直接的形式是教育主体运用教材对受教育者进行教育,在这个过程中,课程教学的理念设置对受教育者的教育效果有引导性作用,在各类课程的理念设置中将德育设置为首要的原则,能够有效发挥德育的导向和保证职能。课程思政建设中坚持德育为先原则,可以引导受教育者的思想政治观点、道德观念,以及对今后从事的政治、经济等方面的实践产生一定的方向性指引作用。因为受教育者在接受知识后是一个内化于心、外化于行的过程,在这个过程中,学生的个人品行对其行为产生导向性的作用。教师教学过程中坚持德育为先原则,不仅保证高校的办学方向能够与新时期社会主义的办学方向一致,而且对于受教育者来说也有效保证了其道德的发展与新时代所提倡的大学生思想品德发展要求相一致。

课程思政建设中教师要坚持德育为先原则,同时也要摆正德育的位置。德育为先原则并不是指以德代智,也不是指为了德育发展放弃其他方面诸如体美劳方面的发展。德育为先原则要有效做到以德行的教育对其他方面的教育产生影响,进而在课程教学中实现德育教育潜移默化的影响力。课程思政建设主要是为了推进高校培养出德智体美劳全面发展的人才,贯彻和落实全国高校思想政治工作会议精神,以国家的教育思想为指导,实现对学生的立德树人教育。

(二)以人为本原则

教师是对学生进行教育的直接关系人,教师对学生进行教育的时候,需要坚持以人为本的教育原则,教师的教学活动要始终以促进学生的发展为目标。课程思政建设是落实立德树人教育的途径,是对"三全育人"体制机制的健全,目的是为国家培养出合格的社会主义建设者和接班人。课程思政建设需要教师发挥出专业能力,挖掘课程中的育人资源,实现对学生的德育教育。高校课程思政建设需要教师充分落实以人为本的教育理念,以学生为根本,注重学生德智体美劳全面发展。以人为本需要将教育目标的设定与促进学生的全面发展相结合,以人为本在课程思政的推进过程中要体现出高校教育以学生为中心,教育活动紧紧围绕学生进行,要体现出教育的主要目的。以学生为主体的教育能够引起高校教职工对学生的重视,关注学生的成长,为学生的成长提供良好的环境,促进学生对知识的探寻以及正确价值观的形成,对学生的全面发展起到推动作用。

课程思政的核心在于立德树人,其目的在于育人,人是德育的中心。将立德树人作为课程思政的核心,与马克思主义理论当中的人的全面发展理论是相互关联的。在理论层面上进行分析,马克思主义对人的全面发展理论是这样阐释的,人的全面的发展体现在人的某些方面得到充分而自由的发展,这些方面包括人的精神和身体方面、个体性和社会性方面;同时,人的发展方向、发展方式、发展程度受到社会条件的影响。立德树人的教育任务主要体现在教育应当培养什么样的人,这个教育目的的确立与我国社会的发展有关。我国新时期对人才的要求是德智体美劳全面发展的综合型人才。新时代对于人才的培养需要使人在精神和身体、个性和社会性等方面都得到充分的发展,同时在这个时期培养的人才应当与社会的发展方向相一致,与新时代我国的发展特点相结合,培养出能够为实现"两个一百年"奋斗目标起到推动作用的人才。课程思政中的立德树人教育是对教育本质的阐释,因为教育的本质在于育人,育人是对人的全面发展的促进,体现的是以人为本。课程思政中的以人为本,就是以学生为本,以学生的全面发展为本,培养出德才兼备的学生。教育过程中的以学生为本主要在建构主义学说的前提下对学生进行教育。建构主义的学生观认为,学生内心世界是巨大且丰富的,是有巨大的发展潜力的,并且学生之间存在着差异,因此要根据学生自身的发展特点培养学生,实现立德树人教育。当然,除了要明确课程思政以学生为本外,在教育过程中,教师要始终明确自身的职责,起到对学生的价值引领作用,要发挥自身的引导作用,组织实施课程思政的建设。

此外,以人为本的原则还需要归结到高校教育目标上。高校的教育需要对"为谁培养人"进行明确的回答,教育目标的设定需要明确高校培养出的人才最终服务于谁。正如习近平总书记讲到的,高校培养的人才应当是德智体美劳全面发展的,能够对社会主义建设做出贡献的接班人和建设者,即高校培养出的人才需要在中国特色社会主义建设的过程中发挥出自身的优势,贡献出自己的力量。那么,我国的社会主义建设最终是为谁服务呢? 中国共产党的宗旨能够对这一问题进行回答,即全心全意为人民服务。社会主义建设成果的最终受惠者是人民群众,高校需要培养出为社会主义建设起促进作用的人才。因此,我国的社会主义建设是"以人民为中心"展开的,高校的人才培养是为人民群众服务的,高校是为了人民能过上幸福的生活而进行人才培养的。所以,教师在教学过程中始终要坚持以人为本的原则。

(三)整体设计原则

整体设计原则主要指课程思政的建设是一个全局、全程、全方位的过程。课程思政是推进高校三全育人的有效举措,课程思政涉及各类课程、全体教师以及育人的全过程。同时,高校课程思政建设的最终目的是培养出高水平的人才,因此,课程思政建设还需要在高校、家庭与社会之间形成教育合力,发挥三方面的作用,共同培养出适合当今时代发展的人才。

课程之间是一个整体,要逐步解决学科之间各自为政的问题,做到各类课程在育人目标和育人方向上保持一致;同时全体教师要加强学科之间的交流,找出课程中的德育资源;育人的全过程体现在课程思政的建设要求高校不仅注重课堂的育人,对实践、科研等方面也要体现育人的元素。课程思政涉及各类课程,贯穿于课程教学的全过程,涉及包括显性课程和隐性课程在内的全方位的过程。以整体性的视野开展思想政治教育,对各类课程中影响人的品德发展的因素进行有效的整合,发挥出整体的效用,使整体思维超越孤立思维,避免思想政治理论课单向度育人的孤岛化现状弊端。落实课程思政的整体性原则的前提是要明确哪些因素可以为课程思政的建设起到促进作用,即首先要确立起课程思政建设的各个要素,只有在目标确定之后才能发挥这些要素的整体性作用,促进课程思政的实施。习近平总书记讲到,要将做人做事的基本道理、社会主义核心价值观的要求、民族复兴的历史任务作为课程思政的讲解内容,将这三方面的内容体现在各类课程的目标设计上,是高校课程思政建设整体性目标的要求。

课程思政的整体设计原则还要注重对学校环境的建设,如学校的校园文化环境建设、教室文化环境建设等。课程思政建设的重点是充分发挥课堂的作用,实现对学生的教育。与之相应的,高校的文化环境能够对学生的教育起到隐性教育的作用,加强对校园文化的建设,利用好学校环境,如宣传牌、建筑设计理念的展现等都可以作为学生道德教育的方式。另外,学校的校风建设也可作为课程思政建设的助推力。

大学生的成长除了高校对其进行培养之外,家庭和社会也发挥着重要作用。家庭是学生个人品质形成的基础,高校是直接对学生进行品德培养,社会是对学生品质检验的介质。高校课程思政建设过程中,需要发挥家庭对学生教育的辅助作用,将社会所提出的良好家风建设通过一定的方式传递给学生家长,实现家庭对学校教育的支持与推动;再者,高校可以通过校企合作的方式与开展社会实践的方式,帮助学生接触社会,通过社会实践检验学生各方面的能力。学校与企业的合作,可以建立校外实习基地,聘请实践经验丰富的专家兼职学校教师,实现实践育人。同时,高校也要运用好社会资源实现对学生的德育教育,如,通过当地的博物馆资源、革命遗址资源、纪念馆资源等实现对学生的教育。因此,高校的课程思政建设不仅需要高校自身的力量得到发挥,而且需要将家庭和社会的力量进行联结,实现对学生全面的培养,塑造学生健全的人格,实现学生的立德树人教育。

(四)有机融入原则

课程思政与思政课程都是实现立德树人教育的重要途径,思政课程是对立德树人教育任务完成的关键课程,是具体性的课程;而课程思政需要发挥出所有课程的课堂育人功能,该理念的侧重点在于所有的课堂需要发挥出育人的作用,育人的主要形式是通过所有课堂作为育人的主要渠道,进行高校的人才培养,实现立德树人的教育任务。课程思政是在各类课程中融入思想政治教育思想,是对课程理念的更新与变革,是为培养全面发展的人才进行的路径拓展,是落实立德树人教育任务的有效措施,课程思政的建设需要遵循有机融入的原则。课程思政建设中落实有机融入原则,需要把握好各类课程与思政课程之间的联系,明确各类课程不能代替思政课程,在对学生进行思想政治教育中始终要发挥思想政治理论课程的主阵地作用,使课程思政对思政课程的育人目标起到有效的促进和补充作用。

遵循有机融入的原则,需要将各类课程与思政课程的育人方向保持一致。各类课程做好与思想政治理论课的有效衔接,需要做到在各类课程的教育内容设计上体现出课程思政的教育理念。各类课程与思政课程在大方向上保持一致,就需要将各类课程的教学理念与思想政治理论课程的教学理念进行有效的结合,使各类课程的教师明确教书的目的还在于进行立德树人教育。将立德树人的教育理念融入各类课程当中,使各类课程的政治方向、文化方向、育人方向与思政课程保持同向性。明确政治方向,运用马克思主义理论,确立正确的世界观和方法论,要将马克思主义的指导思想融入各类课程当中,这样才会避免思想政治理论课被边缘化,避免思想政治理论课所倡导的政治方向与其他课程产生脱节的现象。文化方向的一致,课程思政要与思政课程所要求的文化方向保持一致,就新时代我国的发展来讲,文化方向主要是指要弘扬中华优秀传统文化,坚持正确的价值观引领,即坚持社会主义核心价值观所提倡的目标。坚定文化方向的一致性,是对中华优秀传统文化的价值认同,通过对文化的价值认同促进受教育者在意识形态上对国家达到一种自信的状态,从而促进受教育者对国家的认同、对民族的认同,在认同的前提下积极投身于实现中华民族伟大复兴中国梦的实践当中去。教育的目的在于育人,课程思政的建设要与思想政治理论课的育人方向保持一致。课程思政的核心任务是实现立德树人教育,思想政治理论课是对学生进行德行教育的主阵地和主课程,在育人方向上课程思政要与思政课程的育人目标保持一致,促进各类课程与思政课程育人方向上的一致。

将其他各类课程与思政课程进行有机地融入,关键问题是要明确高校的教育培养人才的目的以及为谁培养人。习近平总书记在2018年的全国教育大会上指出,高校教育要为国家培养"德智体美劳全面发展的社会主义建设者和接班人",明确提出高校教育的目标和任务。因此,在实现课程思政与思想政治理论课程育人方向一致性上,要以培养具有新时代特点的青年人即有理想、有本领、有担当为目标,培养出为中国特色社会主义建设事业而实践的时代新人。遵循有机融入的原则主要是解决各类课程与思政课程共同育人的问题,融入的过程要发挥课程思政与思政课程相互促进、相互补充的功能。

高校的教育中一直以来主要将思政课程作为对大学生进行思想政治教育的主课程,并且当前的思想政治教育面临着边缘化、孤岛化的境地,因此,单靠思政课程来实现对大学生立德树人教育的力量是薄弱的,课程思政要发挥有效的功效做到各类课程与思政课程的合力育人。课程思政建设中,要善于发掘各类课程中的思想政治教育资源,结合各类课程的特点汲取理论营养,以学科理论知识为基础,调用课程中的思想政治教育元素,实现各类课程与思政课程合力育人,促进在其他各类课程中有机地融入思想政治教育元素。

(五)特色发展原则

特色发展原则是指课程思政建设的过程中要根据本校的特点、地域特色、校训、培养目标、办学理念来开展,即可以归结为"一校一特色"。课程思政在开展过程中,要结合当地的文化,体现出地域的特色。新时代,党中央高度重视地方特色文化,实施了"创造性转化、创新性发展"的战略,地域的特色文化可以作为高校课程思政建设的思想政治教育资源。

特色发展原则同时也需要注重发挥学院的特色,按照"一系一特色"进行课程思政的开展。不同系部的专业课程教育目标是不同的,系部在推行课程思政时可结合自身特色,以系部为主体,以教研室为单位,围绕课程思政建设的主体,进行课程内容以及教学方式的革新研究,规划和制定出适合本系部开展课程思政实施的具体对策,为系部教师开展课程思政提供标准和规范要求,发挥教学系部的作用,实现对课程思政的方向引领。各系部可以根据自身特色,通过科研竞赛以及其他的活动形式,探寻出能够推进课程思政建设的有效方式。

综上所述,高校进行课程思政建设时,要善于运用本校的优势,根据本校实际情况,结合当地的地域特色,运用好能够利用的思想政治教育资源,拓宽教师的教育视野,对学生进行有效的思想政治教育。

第三节　高校推进课程思政建设的
必要性及其作用分析

一、高校实施课程思政建设的必要性

学生是祖国的未来和希望,国家和社会对其寄予了热切的希望。从所处的时代背景来看,当今世界步入了经济、科技高度发展的时代。近年来,我国经济取得了飞速发展,人民生活水平日益提高,物质生活得到了极大的满足,同时也出现了许多我们不容忽视的问题,对学生尤其是生活在高校的大学生产生了一些影响,某些错误的舆论导向,对部分大学生世界观、人生观和价值观也同时产生了不良影响。生活在"象牙塔"的部分大学生受各种社会思潮的影响,价值观上发生了一定的变化。部分大学生认为人生的意义就在于个人价值的自我实现,"急功近利",认为自己生活在这个社会上就应该去实现自己的"个人价值",这使得他们往往忽视了"社会价值"的存在。

当前困扰部分大学生的问题主要有以下两个方面:首先,部分大学生对改革深层次的疑虑与隐忧有所增加。与我国社会主义改革成就相伴的另类现象是趋于形成固定格局的收入两极分化、失业下岗、竞争失序等不良现象的增多,这直接导致部分大学生对改革负面评价的增加,并产生一些深层次的忧患,因而对改革的前景持观望和说不清的态度,甚至有的大学生认为前途渺茫。其次,社会公德状况不尽如人意,并存在许多新的道德困惑。部分大学生认为深层次的道德观念和具体行为选择之间存在着差异,即对公德给予了很高的价值,强烈要求改善社会公德,但对自身的道德实践却缺乏同样严格的要求,对现实中反道德行为标准表现出无可奈

何、默认,甚至主动接受的态度。加上社会对一些现象不能做出明确的道德评判,直接影响部分大学生行为的选择或形成道德的困惑。同时,在思想意识领域近年来流行的"淡化理想""拒绝崇高""告别主义""改变话语"等思潮对学生也有不可忽视的影响。针对这些问题,则需要加强高校思想政治建设,以提升学生的综合素质水平。具体来讲,通过高校思想政治建设工作的开展,有助于大学生以下几个方面素质的培养,这也正是为什么说有必要加强高校思想政治建设工作的必要性所在。

(一)合格的政治素质

大学生合格的政治素质,首先要求具有社会主义和共产主义的理想信念。这是我们从事的社会主义事业对当代大学生的首要要求。大学时期是人生中追求理想最热烈的时期,大学生树立社会主义理想信念,前进就有了充足的动力,人生发展就有了正确的方向。"有理想"就是有共产主义的远大理想。现阶段,大学生则要树立为把我国建设成为富强、民主、文明、和谐的社会主义现代化国家而奋斗的共同理想。其次,合格的政治素质,还要求大学生具有爱国主义精神。爱国主义是当代大学生的基本人格。大学生要做到爱国与爱社会主义的一致,为祖国的繁荣昌盛贡献力量。

(二)科学的思想素质

科学的思想素质包括科学的世界观、人生观和方法论。在世界观方面,要求大学生掌握辩证唯物主义和历史唯物主义的方法,用唯物辩证法武装头脑,防止形而上学,并将其作为观察各种社会现象的唯一科学方法。在人生观方面,要求大学生树立正确的人生价值的目标,把劳动和对社会的奉献作为人生追求的价值尺度,而不是把金钱作为人生的价值尺度。同时,按照社会主义集体主义的总体原则正确认识和处理个人与社会的关系,社会为先、个人为后,"我为人人,人人为我"是解决好这一人生价值观的核心问题,大学生才能形成良好的风气,思想上才能健康发展。科学思想素质的形成,依靠的是在实践中锻炼将科学理论付诸运用。培养科学思想素质,提高思想理论水平,这是保证政治上清醒的前提条件。

(三)良好的道德素质

良好的道德素质来源于高尚的道德观念。大学生只有确立社会主义道德观念,才能使自己的道德观念和道德行为进入社会主义道德规范的轨道,具有社会公德、职业道德和家庭美德。社会主义的道德观念中诚实守信是道德之本,待人诚实是调解人际关系的基础。良好的道德风尚,来自社会主义的人生价值观的指导。社会主义道德观要求大学生在处理个人与他人和社会关系的时候,要想到他人和社会的利益,不损害他人和社会;先进分子则要做到先人后己,把社会主义置于至高无上的地位。社会主义道德观念否定利己主义、个人至上、损公肥私,倡导集体主义、克己奉公。培育良好的道德素质,既要靠社会主义道德观的指导,也要注重自身的道德培养。慎独,这一自古以来的道德修养准则,应该赋予新的时代含义。只有在一切复杂的情况下,把握住自己的道德行为,才能保持自己良好的道德状态。

(四)健康的心理素质

健康的心理素质是大学生顺利成长的必要条件,是事业成功的内在保障。大学生健康的心理素质,表现为具有坚强的意志。这就要培育抗挫折、抗压迫的能力,保持积极向上的生活态度,百折不挠,艰苦奋斗,临难而不失常态。坚强意志的形成,要靠自身在实践中的磨炼,没有任何捷径。

大学生健康的心理素质还表现为具有谦和宽容的气质。承认个体的气质,才能确立宽容的气质;承认人有所长,才能确立谦和的气质。谦和宽容的气质,是营造良好人际关系的必要条件,是吸纳能量汇集百川在未来竞争中展示优势的前提。与此相反,心胸狭窄、妒贤嫉能,则是缺少自信心的消极表现。

(五)全面的文化素质

全面的文化素质要求大学生具有人文修养,能够从中国传统的文史哲中汲取营养。还要具有现代化的科学知识素养,了解现代著名的新理论、新技术、新材料,跟上时代的步伐。同时,对待国外的先进文化,要兼收并蓄,不能一味地肯定或否定。

那么,究竟怎样才能解决大学生的疑惑,使他们具有以上提出的各项素质要求,从而能使自己的思想跟上时代发展的步伐呢?主要从以下几点来说明:

第一,教育者的教育方法和途径要有新的姿态,实现教育方法的更新。现在部分大学生对思想政治理论课程兴趣不高,感觉枯燥乏味,这与教育者有一定的关系。作为教育者首先要了解广大大学生的心态,根据大学生的心态来授课,要不断寻找新的工作切入点,绕过逆反心理的对抗,从思想不设防的地方入手,寻找思想症结的中心所在,只要角度新颖,不落俗套,就会激起大学生接受教育的热情;其次要不回避现实问题,认同同学们的正确判断,取得同学们的信任,提供说服同学们的理由,引导他们思想进入正确轨道;最后要肯定优点指出缺点,表扬要大处着眼,批评要讲究理论深度。

第二,社会在重视经济工作的同时,应该把大学生的思想政治工作当成"硬任务"来抓,要把它放到应有的位置,采取强有力的教育措施,确保这项工作取得良好的效果。

第三,高校在狠抓教学质量的同时,更要着手培养大学生的德育发展,应该把德育工作放在教育的首位,教育引导大学生只有先学会怎么"做人",才能更好地去读书、去学习、去思考。针对校园存在的同辈群体带来的压力,学校要给大学生营造一个平等的氛围,为每个学生提供发挥自己特点和长处的舞台。

第四,大学生要认识到"天将降大任于是人也,必先苦其心志,劳其筋骨,饿其体肤,空乏其身,行拂乱其所为"。这就要求他们从根本上意识到加强自己思想政治理论学习的必然性和紧迫性,在提高自己科学文化水平的同时,加强思想政治理论学习,净化自己的内心世界,提高自己的政治素养,从而在社会发展中找准自己的坐标和定位,确定自己正确的人生观、价值观和社会发展观。

当代大学生担负着把建设中国特色社会主义事业推向胜利的伟大使命,只有具备全面的素质才能当此重任。"人之初,性本善",良好的品德素质不是先天固有的,而是要通过后天培育的,思想品德代表人的素质,能够反映人的生活本领。作为当代大学生,要不断地学习和加强自己的思想政治理论水平,并把它付诸实践,这样才能成为德才兼备的人,成为社会所需要的人。

二、课程思政对大学生主体性发展的促进作用

(一)课程思政促进大学生主体性发展的必要性

促进主体性培养和发展是教育的目的,但是主体性的发展并不是一蹴而就的,而是一个教化的过程。教育的各阶段,承担着不同的教化角色:中小学阶段是学生主体性的萌生期,侧重教化和引导学生;大学是学生主体性发展的重要期,注重教化和引导学生自我教化、成长和发展;在成人阶段,个人主体性发展渐趋成熟,能进行自我教育和自我指导。由此可见,新形势下的课程思政要抓好主体性发展的重要时期,将推动大学生主体性发展作为课程目标,把促进大学生全面发展作为课程的本质要求,作为推动

个人发展、提高教育质量、适应社会主义市场经济发展的必然推手。

1. 实现课程思政目标

高等教育以人才培养为核心,以"以人为本"为宗旨,以"立德树人"为根本,其重心是要实现学生德智体美劳全面发展。《国家中长期教育改革和发展规划纲要(2010—2020 年)》明确提出,要把"育人为本"作为教育工作的根本要求,要以学生为主体、以教师为主导,充分发挥学生的主动性。由此可见,高校课程思政的目标是实现人的全面发展,充分发挥大学生的积极性、主动性、创造性,推动社会各方面要素和谐发展。因而,有必要通过课程思政,保证所有学科共同作用,将思想政治工作贯穿教育教学全过程,实现全程育人、全方位育人,开创教育新格局。在课程思政理论的统筹下,从人出发,强调学生主体性,培养学生具有认识人类社会发展规律的能力,能对现实社会实际发展方向独立做出正确判断的、真正坚持社会主义方向、具有各种独特才能和创造力,并具有健全人格和丰富个性的人。

2. 迎接新时代需要

随着我国社会主义市场经济的建立和完善以及知识、经济、文化领域的多元化,人们的物质和精神生活都发生了巨大改变。在深入社会改革和实现现代化的进程中,需要一批能引领时代潮流,具备高知识、强能力、强素质,有独立性、自主性、创造性的青年人才。因为他们不再盲从传统的道德价值观和道德规范,而是自主地选择适应时代发展的道德价值和规范。但是,目前的高等教育还未能培养大批量满足时代发展需求的优秀人才。同时,在互联网蓬勃发展的时代,"地球村"正在形成,多元文化思潮交汇并激烈碰撞。大学生是网络使用的主力军,不免受到网络上各种思潮的影响。这需要教育在课堂上除了教授专业知识之外,也要肩负起引领学生思想和价值观的工作。在新媒体环境下,信息获取和网络交流更依赖大学生的自主性、能动性和创造性。这对高校人才而言既是机会也是挑战。一方面,这要求教育提升学生的平等意识、主体意识、创新意识,促进学生全方面培养和发展;另一方面,如何改变传统教育模式,培养符合时代所需人才也是需要思考的问题。因此,充分重视大学生的主体性作用,培养全面发展的人才,成为当代大学亟待解决的教育问题。这需要在课程思政指导下,开展培养学生主体性的教学活动,帮助学生树立正确的价值观,激发学生的自主性、能动性和创造性,使他们学会学习、学会发展、学会创造,迎接新时代的挑战。

3. 满足大学生需求

在人才聚集、知识信息爆炸的时代,大学生是时代的弄潮儿。他们正处在世界观、人生观、价值观的形成阶段,表现在对外界拥有好奇心和求知欲,对外在的新生事物存在敏锐的感知力,对内希望自身取得进步,成长成才。同时,大学生的需要多种多样,既有物质需要、精神需要,也有主导需要、辅助性需要。其中,不断成长自我、发展自我成为大学生的主导性需要。但从大学生的心理发展特点来看,虽然"成人感"已出现,价值观念渐趋稳定,道德水平不断提高,但独立意识仍未成熟。因此,课程思政的基点是要培养学生的主体性,培养学生的独立思维能力,使大学生获得全面发展。

4. 改善现行高校课程设置弊端

在现行高等教育中,大部分课程的教育方法为依赖教师、形式单一、强制性的外部灌输方法,学生则始终处于静听状态,处于一种被动接受地位,形成了"我说你听,我打你通,以观念说教、行为约束、思想灌输为特征的单向教育模式"。在教育关系上,教师只是负责完成教学任务,没有真正指导和改变学生,而学生只是负责机械性或突发式地完成学业,修满学分,在学习过程中缺乏主动性、创造性。在教育评价上,教师是评价主体,是决定主体,学生很少参与教育评价。总体而言,高校教学的机械灌输与学生的被动接受现象仍相当严重,这扼杀了学生自主学习的积极性,不利于塑造独立人格,更不利于培养学生的自主性、能动性和创造性。因此教育一且失去了涵养性情、关切人生的追求,学生便沦为了被知识操控的机器人或工具人。毋庸置疑,传统教育在规范个体行为提升个体素质上起到积极作用,但是却忽视了学生的主体意识,没有尊重学生的自主、自立、自觉的主体精神。因此必须对传统教育进行改革,树立新型教育观,以课程思政为切入点,实现全员、全过程、全方位育人,充分调动学生的积极性和能动性,培养学生的主体意识和主体能力,形成主体性道德人格。

(二)课程思政促进大学生主体性发展的有效机制

在很长一段时间里,高校教育都忽略了学生主体性的发展,针对我国学校教育忽视主体性人格培养的状况和大学生主体性人格形成的特点,新时代下的课程思政应该从以下几方面推动大学生的主体性发展,提升育人合力。

1. 主体性发展的课程目标

教育主要有两大方向目的:社会本位论和个人本位论。从社会本位论教育目的来看,培养学生是为了个人更好地社会化,满足社会需求,服务社会。在当今市场经济形势下,社会需要主动性强、创新能力强的人才,课程思政教育理念指出要通过挖掘全部课程价值内涵,充分发挥主体的主观能动性、积极创造性和自主选择性,推动其个人的主体性发展,为社会、国家培养所需人才。因此,高校课程思政的目标不仅要强调社会发展的整体需要,还要强调个人的发展诉求。当代大学生是完整的、独立的,具有自主意识,处于一直发展中的个体。课程思政的教育者和实施者要牢记"立德树人是高校立身之本",将培养学生的德育素养视为教育的灵魂和首要任务,学习和掌握德育知识,要使"德"统帅"才";要意识到学生有追求人生价值、自我实现的内在需要,发展学生的能动性、自主性和创造性,使其成为有较强生存能力、适应能力和发展能力的个人;同时也要意识到学生主体性发展并不是开展外在的、强加的和压迫式教育,而是引导学生积极主动学习各类知识,并带领学生积极主动地将外在知识内化为自己知识,不断提高和强化学生思想上和政治上素养的水平。

总体而言,在制定各类课程思政目标的时候,在思想观念上要牢记社会本位论和个人本位论理念,培养和发展满足社会需求和个人诉求的学生。在课程中从学生实际出发,树立把学生主体地位还给学生的意识,培养学生主体性,为实现学生主动发展的课程目标服务。因此,课程思政目标体现的理念是:调动和激发学生的道德需要与动机,强化主体意识,让学生自觉、主动地追求高尚的道德行为,发挥主观能动性,最终使学生获得终身学习的知识、技能和方法,形成正确的世界观、人生观和价值观,促进学生人格完善与自由和谐发展。

2. 以人为本的主体性课程

(1)价值教育引导是课程思政培养主体性人格的核心内容

培养什么样的人、为谁培养,是高校教育的根本出发点和落脚点。切实把社会主义核心价值体系融入国民教育和精神文明建设全过程。培养德智体美劳全面发展的社会主义建设者和接班人是中国特色社会主义高校教育的本色。因此,课程思政要依据马克思主义的基本观点和方法,培养学生的主体性人格,促进学生全面自由地发展;要对学生进行理想信念教育,引导统一个人理想与共同理想;要传扬民族精神、时代精神和荣辱观,构成一个全面传导价值观念的教育过程。

(2)加强大学生心理素质培养是课程思政培养主体性人格的组成部分

心理素质是人对环境及相互关系的适应能力、自控能力以及为人处世的态度和素养。在市场经济大潮中,面对激烈的竞争与利益关系,面对个人得失引起的诸多困惑、压力、苦恼、焦虑,不少大学生存在如自卑、自傲、胆怯、任性等心理障碍。矫治心理上的疾病,虽然不是由课程思政完全承担,但也是课程思政不可推脱的任务,因为课程思政的目标是实现人的全面发展。因此,在课程实施的过程中,教师要学会观察学生的心理状态,识别出存在心理问题的学生。在必要的时刻,除引导学生进行心理咨询外,还应发挥大学生主体性人格的基本功能,对大学生进行引导教育、关心爱护,在课堂中多鼓励学生树立自信心、自尊心,多鼓励学生自我教育、自我管理,培养学生的自主性和能动性。

(3)培养学生的主体性意识是课程思政培养主体性人格的重要方面

主体性意识指作为认识和实践活动主体的人对于自身的主体地位、主体能力和主体价值的一种自觉意识,是主体的自主性、能动性和创造性的观念表现。大学生正处于主体发展的重要时期,主体性意识的强弱决定着学生的自知、自控和自主水平,决定学生的身心发展水平。在课程思政中,树立学生主体性地位的观念,培养学生的主体性意识,主要培养学生自我意识能力、自我实践能力、自我反省能力、自我监督能力、自我判断能力等。在其中较为重要的是学生自我实践能力的培养,主要在课程思政中引入活动课程,通过参与活动,使学生在实践中实现个人认知、情感和行为上的发展。

(4)融入各类课程的人文情怀是课程思政培养主体性人格的表现方式

教师应立足"立德树人"这个目标,充分挖掘各门课程中的思想政治资源。高校的各类课程,不仅蕴含着科学精神,也包含着人文精神;而挖掘和学习高校课程中的人文精神也是高校内涵建设的重要推手。在课程思政的实施过程中,精心梳理教材内容,提炼出各专业、各教材和各章节所涉及的思维、技术、人性、社会等多方面的独特育人价值,如在体育教学中,通过体育杰出人物、体育文化价值等对学生进行思想道德教育。传授课程的各方面内涵,既让学生明白专业课程的价值取向,也能让学生树立正确的世界观、人生观、价值观。

3. 双主体型、平等友爱的师生关系

课程思政不仅要重视学生的主体地位,吸引学生的主体参与,给予学生个体更大的发展空间,而且要提倡平等交往和对话。随着时代的发展,传统的教师角色也在不断受到批判。教师不再是毫无争议的社会代言人,不再是无可替代的知识传递者,亦不再是至高无上的知识权威,而是学生"平等中的首席"。教师们要转变自身的角色观念,成为学生的良师益友,与学生"打成一片"。组织者要从台前走向幕后,为学生创设民主、宽松、和谐的教育环境。

而所谓师生平等,不仅是地位平等,更是人格平等。这要求在课程思政教育理念下,要求每位教师以平等心态尊重学生的主体性人格,促进每个学生的身心发展。在课程思政教育理念下,要改变传统的师道尊严的想法,改变学生不敢说、不敢多说的现象,在课堂上营造和谐的学习氛围,让学生体验到不受压抑的愉悦感。建立平等交往的师生关系,不但有利于激发学生学习的积极主动性,而且有利于学生主体性品质的生成。

4. 主体性教学模式

教育模式指在一定教学思想或教学理论指导下建立起来的较为稳定的教学活动框架和活动程序。而中国的传统教育是一种灌输式教育,它以"课堂"为唯一教育阵地,以"教材"为唯一教学内容,以"讲课"为唯一教育手段。这种以严管、严控为主的教学模式,完全忽视大学生的主观能动性,使学生始终处于被动接受地位,令学生产生逆反情绪,拒绝教育,特别是思想政治类教育。同时,在全球化背景下,大学生主体意识的觉醒,让他们不再轻易相信和遵循什么,而是相信自己的判断和选择,这给高校教育带来新挑战。因此,新形势下的课程思政需采取人本主义教学模式或建构主义教学模式。前者强调个体在教学中的主观能动性,坚持个别化教学;后者强调个体以自己的方式通过别人的帮助,建构对事物的理解。

5. 发展性教学评价体系

发展性评价体系所指的评价不再仅仅是甄别和选拔学生,而是促进学生的发展,促进学生潜能、个性、创造性的发挥,核心是重视过程、关注个体差异,强调评价主体多元化。因此,新形势下的课程思政需要改变过去单一的、只重视教学结果的评价体系,调整和完善课程评价体系,形成发展性评价体系。其重点要做到以下几方面:

第一,评价形式的改变。过去的课程评价只注重结果,却忽视发展功能的发展性评价,这不能准确反映学生的实际情况,也忽略了学生是处于发展过程中的现状。课程思政教育改革的出发点是"以学生的发展为本"应开展全面的评价。因此,基于课程思政教育理念下的评价体系构建应以过程为导向,重视学生在课程思政过程中取得的改变。这有利于激发学生的主动性,引导学生在高等教育课程中注重个体的过程发展。

第二,评价内容的改变。过去的评价只注重专业知识结果。而课程思政的核心是立德树人,评价的内容倾向于课程的职业道德、人文素养、社会责任,学生对学科的情感、态度、价值观、认知度、未来职业选择等。通过多维度评价,调动学生的积极性,推动学生的全面发展。

第三,评价主体的改变。课程思政要实现评价主体从单一向多元的转变。过去单一的评价主体带有主观性和随意性,这不能成为准确的评价结果。因此,基于课程思政教育理念下的评价体系要依靠任课教师、学生本人、班级评定小组共同合作。其中自我评价是发挥和发展主体性的重要推手。通过自我评价,唤醒学生的参与意识,认识自身不足,主动寻求进步,实现个人主体性发展。课程思政要想促进学生主体性发展,还需做很多努力。例如,从学校层面上,思想要高度重视,实现课程思政从专人育人到全员育人的改变,倡导高校教师积极投身到立德树人的根本任务中。从教师层面上,一方面,要提高思想政治素养、人文素养;另一方面,要坚持"以人为本"的教学理念,牢记课程思政目标,积极推行课程思政,提升学生德育发展。更重要的是,基于课程思政教育理念下,需要始终把大学生主体性发展作为课程思政的目标,尊重学生的主体性,促进人才的全面发展,为我国社会主义建设培养全面发展的人才。

第二章　课程思政和体育课程思政的内涵和基本理论

第一节　课程思政的内涵界定与当代价值

一、课程思政的内涵界定

2016 年 12 月,习近平总书记在全国高校思想政治工作会议上发表重要讲话。他强调:"要坚持把立德树人作为中心环节,把思想政治工作贯穿教育教学全过程,实现全程育人、全方位育人,努力开创我国高等教育事业发展新局面。""要用好课堂教学这个主渠道,思想政治理论课要坚持在改进中加强,提升思想政治教育亲和力和针对性,满足学生成长发展需求和期待,其他各门课都要守好一段渠、种好责任田,使各类课程与思想政治理论课同向同行,形成协同效应。"①这是党中央在新形势下针对思想政治理论课提出的具有重大指导意义的原则和方针,也对明确高校思想政治理论课和其他课程之间的关系提出了新的具体要求。在此基础上,上海市推行课程思政改革,实现全市课程思政整体试点校 12 所、重点培育校 12 所、

---

①　习近平谈治国理政(第二卷)[M].北京:外文出版社,2017.11,376-378.

一般培育校 34 所,基本实现全市高校全覆盖。但是对课程思政的基本内涵,还有待进一步厘定。

部分学者认为:"课程思政实质是一种课程观,不是增开一门课,也不是增设一项活动,而是将高校思想政治教育融入课程教学和改革的各环节、各方面,实现立德树人、润物无声。"①即是要寻求各科教学中专业知识与思想政治教育内容之间的关联性,并在课程教学过程中,将思想政治教育的相关内容融于学科教学体系,通过学科渗透的方式达到思想政治教育的目的。还有些学者认为:"课程思政则是学校育人的所有教学科目和教育活动,以课程为载体,思政教育贯穿始终,充分体现课程的育人功能和价值取向。"②基于以上论述,笔者认为,课程思政主要应包含以下要点:在坚持传统思政课程为核心的基础上,结合各高校的办学特色,通过教育内容和模式的改革和创新,拓宽思想政治教育的渠道,将思想政治教育渗透到其他课程中去,实现全员育人、全过程育人、全方位育人。简言之,就是围绕"知识探究"和"价值引领"相结合的课程目标,发掘专业课思想政治教育资源,深入挖掘各类专业课的思想政治教育元素,适时融入中华优秀传统文化,实现价值引领、知识探究、能力建设、人格养成"四位一体"的人才培养目标。

从课程思政的外延上而言,实施课程思政还应明确几个重点。首先,从定位上而言,课程思政的理念需要课程作为载体,成为专业课教学的一种模式。具体而言,课程思政是依托课程这一载体,以隐性教育的方法,将思想政治教育的原则、要求和内容,与课程设计、教材开发、课程实施、课程评价等有机结合起来的一种思想政治教育形式。它不仅仅在于将思想政治教育的原则、核心内容与要求融入课程教学之中,更在于在思想政治教

---

① 高德毅,宗爱东.课程思政:有效发挥课堂育人主渠道作用的必然选择[J].思想理论教育导刊,2017(1):31-34.

② 朱美虹.提升专业教师思政育人的意识和能力,促使专业课与思政课程协同育人[J].当代教育实践与教学研究,2017(12):151-153.

育原则指引之下对专业课等进行深度开发,充分挖掘和激发其中的思想政治教育内涵,科学规划和有序开展思想政治教育,有效地推动思想政治教育活动。最终实现高校思想政治教育与通识教育、专业教学融会贯通,坚持以"全面思政教育、立体思政教育、创新思政教育"理念,主动转变思路,充分将思想政治教育的浸润作用与知识传授中的主流价值引领相融合,注重在培育人的综合素养过程中根植理想信念,并不断深化和拓展,促进包括综合素养课、专业课在内的各类课程与思想政治教育有机融合,挖掘和充实各类课程的思想政治教育资源,积极探索构建全员、全课程的大思想政治教育体系。此外,以课程为载体的课程思政还应注重建设具有特色的课程思政示范课程。课程思政示范课程不仅要遵循课程建设的规律和逻辑,而且要遵循大学生思想观念变化规律,并善于结合大学生最关心的问题、国家社会最需要解决的问题等,提炼核心课程。比如自 2014 年以来,上海市高校开设以中国为主题的课程"大国方略",在上海高校形成规模效应,目前已形成以中国为主题的系列课程,在课程思政的推广上形成了特色,在全国产生了较大影响。

其次,从目标上而言,课程思政应与思想政治理论课同向同行。习近平总书记在全国高校思想政治工作会议上指出"使各类课程与思想政治理论课同向同行,形成协同效应"。一方面,思想政治理论课是思政育人体系中不可或缺的一部分,发挥着主渠道作用。但是,思想政治理论课是有边界的,这种边界在某种程度上影响了思想政治理论课育人功能的发挥。课程思政理念的提出,就是对这种边界的有效补充。另一方面,从培养学生的思维方式和创新能力方面而言,我们要培养社会主义建设者和可靠接班人,不仅要讲政治、讲立场,还要讲能力、讲智慧、讲德才兼备。新时代,意味着中国在世界舞台将扮演更加重要的角色,这就需要国际化的人才培养,这些都要求人才培养必须要有新的理念、思维方式,要有适合全球化进程的创新能力等。课程思政在一定意义上补充了思想政治理论课的相对

"不足"。因而,推动课程思政与思想政治理论课同向同行,能够有效实现合力育人、全员育人、全过程育人。

最后,从方法论上而言,课程思政采取隐性的形式,渗透于专业课的教学过程当中,学生于潜移默化中接受主流价值观念的熏陶。课程思政要求专业教师不仅要有丰富的专业知识储备,而且要牢记课程育人的根本任务,在课程教学的过程当中运用合适的方法将专业知识与思想政治教育的内容联系起来,在专业知识的传授过程中关注学生的情感反应,用教师的人格魅力与渊博学识活跃课堂气氛,让学生在行为体验与情感体验当中产生共鸣,让知识的传授更有温度,在潜移默化中提升教学效果,实现思想政治教育的润物细无声的效果。当然,将思想政治理论课的内容通过隐性的形式贯穿于其他课程的教学当中,目的在于扩大思想政治理论课的影响力,并不是要削弱思想政治理论课在整个思想政治教育体系中的地位与作用,而应该坚持思想政治理论课的主体地位不动摇。思想政治理论课仍是引领主流价值观的中流砥柱,坚持思想政治理论课的主体地位,实质是坚守社会主义意识形态的主阵地,始终服务于党和国家的发展目标。

二、课程思政的当代价值

课程思政理念的提出,是高等学校为适应新时代的高等教育的新形势而进行改革创新的一种思路、措施,便于更好地发挥所有课程的育人作用和功能,在新时代课程思政理念的提出,具有以下的时代价值:

(一)实施课程思政是落实我国教育方针的迫切需要

高等学校是教书育人的地方,培养什么人、如何培养人及为谁培养人是关乎高等教育办学的方向性问题、根本性问题。习近平总书记在2016年12月的全国思想政治工作会议上指出,我国有自己独特历史、独特的文化和独特的国情,我国的高等教育必须走自己的发展道路,办出中国社会主义的特色来,要把高等教育发展方向同我国发展的现实目标和未来的方向紧密联系在一起。课程思政是"寓思政于课程,课程承载思政"的课程教育理念,是进行思想政治教育活动的一种新途径和方式,体现的是国家和人民的意志,充分体现了为人民服务、为中国共产党治国理政、为巩固和发展中国特色社会主义制度服务及为改革开放和社会主义现代化建设服务的思想。对于实现我国的教育方针,具有十分重要的现实和理论价值。

(二)实施课程思政是实现我国高等教育根本任务的现实需要

习近平总书记在 2018 年全国教育大会上指出,我国是中国共产党领导下的社会主义国家,这就决定了培养社会主义建设者和接班人是我国教育的根本任务,我们培养的是拥护中国共产党领导和社会主义制度,立志为中国特色社会主义奋斗终身的有用人才;同样还在 2016 年的全国思想政治工作会议上指出,做好思想政治工作,各类课程要守好一段渠、种好责任田,与思想政治理论课保持同向同行,形成协同效应。这就是对实施课程思政的根本诠释和具体要求。实施课程思政就是要在课程知识和技能的传授中挖掘课程的思想政治资源,加强价值引领和思想教育,积极弘扬社会主义核心价值观,厚植爱国主义,坚定大学生的理想信念,确保每门课程育人的正确方向,以实现我国高等教育根本任务。

(三)实施课程思政是确保"三全育人"理念的实践需要

我们的教育方针是培养德智体美劳全面发展的人,而全面发展并不是各育均衡等同地发展,教书育人以德为先,道德、品德、思想体现育人的价值方向,事关育人的根本,因此,加强思想道德素质的培养需要通过"三全育人"的理念加以落实,集众人之力开展全过程、全方位教育,以取得真正的成效。实施课程思政在育人力量上、在育人过程及在育人内容上做到全覆盖,保证了全过程育人、全方位育人和全员育人,以改变传统片面的思想政治育人观念,即认为思想政治教育工作要么是思想政治课老师、班主任、辅导员的事,或者是党团组织的事,真正以全课程立体式、全覆盖的形式和途径,把教书育人体现在课程上、教学实践、专业训练中,融思想道德教育于知识传授、技能训练和专业实践中,提升教师的教书育人的能力,既做经师,又做人师。

(四)实施课程思政是学科本位向教育本位理念转变的需要

高校人才的培养基本是以专业为背景进行的,传统的人才培养模式往往注重专业知识和技能的传授、训练,尤其是在毕业生就业相对紧张的时代背景下,对专业知识、专业技能的重视会更加突出,体现出专业学科知识、技能的本位思想,但专业的深层次必然涉及精神教育和价值观教育,如爱国情怀、责任意识、人文精神、科学精神、职业道德、职业态度等,而这些是人的根本性的素质,前者的教学是使人成为职业人或者专业人,而后者的教育则使人成为"人",涉及为谁培养人的问题。课程思政的实施,通过挖掘专业课程的思想政治资源结合专业教学教育引导学生,更能让大学生体会到专业课程的人文价值与魅力,从中学会并懂得做人的道理,把准人和职业发展的方向,理解职业精神、工匠精神的可贵,会加深对职业的认知度、认可度及崇敬感,真正使得专业的学科本位向教育本位转变,这是一种学科教育思想的转变,有利于提高专业教育的人才质量,也真正体现出"以人为本"的教育思想。

三、实施课程思政的时代意义

课程思政实施的时代意义在于,更好地发挥了高校立德树人的优势,提升了课程的育人质量,促进了广大教师的课程育人能力,具体如下:

(一)实施课程思政有利于发挥高校立德树人的优势

高校是人才培养的地方,"立德树人"是高校的立身之本,立德是树人的基础,树人是立德的目的。高校作为一个相对独立的社会组织,有着自身的文化特征,她承担着引领社会思想和精神方向,尤其是互联网高度发达的当下,世界文化互相撞击的时代背景下,更要有一种文化自觉,尤其是在培养人的精神领域,坚守育人以德为先,成人再成才,如今加强中国特色社会主义核心价值观的教育和中国优秀传统文化的传承及公民道德教育是高校的责任和使命,课程思政的实施为高校立德树人提供了足够的育人资源、载体与空间,体现了中国高等教育在新时代的改革创新与发展理念,从文化育人讲,也是中国高等教育改革的文化自信,也是高等教育思想性、科学性、精神性的充分体现。

（二）实施课程思政有利于提升课程的育人质量

课程思政的实施有利于发挥每门课程的综合育人作用,既能对学生进行相关专门知识、技能的传授与教学,更能通过挖掘每门课程中的思想政治育人资源,对大学生进行思想政治教育,提高学生的专业知识和思想品德等综合素养,主要是结合思想政治资源的教育,使学生在潜移默化中领悟爱国情怀、遵守法纪、乐于奉献、诚信待人、懂得宽容、合作助人等,充分发挥了课程的整体育人作用,提升了课程整体的育人质量;同时,通过课程思政的实施,也提升了课程自身的生命力、育人作用及地位。

（三）实施课程思政促进了广大教师的课程育人能力

传统的课程观念,尤其是专业课程更多地侧重于专业知识的传授,更多地培养学生职业能力、技术,而对课程本身的育人考虑得相对不足,而课程思政的实施,使得教师重新审视、挖掘课程本身所蕴含的思想政治教育资源,运用并在教育教学实践中,更好促进广大教师的课程育人能力,真正做到教书与育人相结合,价值引领与知识传授相结合,营造出良好的育人氛围,成为新时代高校教育一道独特的风景线,真正把培养德智体美劳全面发展的人落到了课程的实处,确保了高等教育的育人质量。

(四)实施课程思政为思想政治教育提供了丰富的载体和手段

实施课程思政改变了由原来传统的以思想政治理论课为主要思想政治教育工作载体和方法的局面,改变了单一的以理论教学为主的思想政治教育模式,开启了课程协同育人的模式,结合各课程的教育教学实际与育人资源,使高校思想政治教育的载体与手段更加丰富多样,也更贴近学生的学习、生活、工作,真正使思想政治教育做到了全覆盖、全过程、全方位,以达到良好的教育成效,是新时代高校思想政治教育的创新与发展。

第二节　课程思政研究综述

课程思政被正式提出后,为了全面贯彻党的教育方针,落实立德树人根本任务,发展素质教育,推进教育公平建设,培养德智体美劳全面发展的社会主义建设者和接班人,很多教育工作者都对课程思政的意义、执行方法和构建策略等提出了各自的看法,梳理了课程思政的相关内涵和育人功能、构建策略,在基础理论研究和试点工作实践的基本框架等方面做了探索。

目前,课程思政的教育观念日益得到认同,特别是在高校中逐渐掀起了一股关于研究课程思政的热潮。从公开论文的数量上看,2016 年以来,以习近平总书记在全国高校思想政治工作会议上的重要讲话为契机,如何在课堂教学中融入思想政治教育,如何使课程思政作用于高校思想政治工作,成为新的研究热点。以知网文献指数为工具进行检索,我们可以发现2014 年和2015 年课程思政相关文章发表量分别为 23 篇和 30 篇,而 2016

年这一数字达到56篇;2017年,随着《高校思想政治工作质量提升工程实施纲要》发布,课程思政相关研究的热度进一步上升,相关文献量为141篇,2018年则达到648篇。从公开论文的研究内容来看,以2016年为分界点,早期文献对于课程思政的研究以分析归纳上海、北京等地高校开展课程思政及类似思想政治教育方法的经验教训、提供可尝试方法为主要内容;2017年以来,学界在充分吸取已有经验的基础上,讨论的要点是课程思政的实施目的、实施路径和宏观方法;2018年开始,随着全国各地、各高校更多的一线思想政治教育工作者加入研究队伍中,相关文献主要以提出在某个具体课程或学科中融入课程思政的教学方法为主;2018年下半年以来,由于各高校纷纷建设了课程思政教育教研队伍、开设了一批践行课程思政理念的示范课程,涌现了一批讨论课程思政具体实践中的得失与改进方法的文章。这些研究成果对推动课程思政的进一步完善和成熟起到了较好的作用,但从总体上看,相关研究仍处于探索阶段。

一、聚焦课程思政的深刻内涵和育人功能

所谓课程思政,简而言之,就是高校的所有课程都要发挥思想政治教育作用。用好课堂教学主渠道,充分理解课程思政的丰富内涵,深刻把握课程思政的价值意蕴,系统规划课程思政的生成路径,对于高校坚持社会主义办学方向,培养德才兼备、全面发展的人才具有重要实践意义。

（一）探讨课程思政的基本概念

课程思政其实质不是增开一门课,也不是增设一项活动,而是将高校思想政治教育融入课程教学和改革的各环节、各方面,实现立德树人、润物无声。围绕"知识传授与价值引领相结合"的课程目标,强化显性思政,细化隐性思政,构建全课程育人格局。具体来说,是将高校所有课程划分为思想政治教育显性课程和隐性课程。显性课程即高校思想政治理论课

(四门必修课+形势政策课),是对大学生进行社会主义核心价值观教育中的核心课程,在大学生思想政治教育中发挥价值引领作用;隐性课程包含综合素养课程(即通识教育课、公共基础课等)和专业课(包含哲学社会科学课程和自然科学课程)。前者在思想政治教育中发挥浸润作用,注重在培育人的综合素养过程中根植理想信念;后者发挥深化和拓展作用,在知识传授中强调主流价值引领。通过推动思想政治理论课显性育人与其他所有课程隐性育人相结合,使思想政治理论教育与专业教育协调同步、相得益彰,真正实现在课堂教学主渠道中全方位、全过程、全员立体化育人。闵辉《课程思政与高校哲学社会科学育人功能》一文中认为,课程思政的提出旨在实现学生德智体美全面发展,其背景是各类课程之间的协同效果低下、思想政治课与其他学科课程相互割裂,虽然"大德育"的观点早有提出,但全方位、全过程育人机制与平台的建设需要更进一步的教育资源整合,推动其他学科、课程授课教师参与思想政治教育之中,通过发挥不同课程的育人功能,营造出同心协力的思想政治教育氛围。课程思政的特点在于思想政治理论课与其他课程整体化、思想政治教育的概念外延化、思想政治教育突破传统单向灌输方式,实现现代化。赵继伟在《课程思政:涵义、理念、问题与对策》一文中对课程思政的内涵进行了进一步的考虑,作者认为"思想政治教育"这一社会实践活动包括思想政治理论教育和思想政治实践教育,其中前者为主渠道,以课堂教学为主要形式,后者以实践教学为主要形式,他将课程思政的概念进一步理解为:依托、借助于专业课、基础课而进行的思想政治教育实践活动,或者是将思想政治教育寓于、融入专业课、基础课的教育实践活动。

(二)思考课程思政的育人体系

相较于以往以思想政治理论课为主的"点线式"课程体系,课程思政理念背景下的高校思想政治教育课程体系特点和价值在于:课程思政是一种整体性的课程观,有助于突破思政教育过于集中于思想政治理论课的瓶颈,缓解思想政治课程"孤岛化"的现实困境。课程思政以育人为核心目标,贯通不同学科和课程的功能,使得各学科课程都能真正参与高校育人工作,体现育人价值。

课程思政有助于高校思想政治教育内涵和外延的丰富与拓展,极大地拓展了思想政治教育的内涵体系,使得高校思想政治教育不再只局限于思想政治理论课,而是拓展至所有专业课程;其内容也不仅局限于马克思主义理论和相关学说,而是转化为以马克思主义理论为主,包含文、史、哲、美学、伦理学、宗教学、政治、经济、法律、物理、化学、生物等人文社科和自然科学在内的全方位内容体系。高德毅、宗爱东在《从思政课程到课程思政——从战略高度构建高校思想政治教育课程体系》一文中认为,课程思政是以习近平总书记提出的"办好中国特色社会主义大学,要坚持立德树人,把培育和践行社会主义核心价值观融入教书育人全过程"为指引,着眼"又红又专、德才兼备、全面发展"的根本要求,以社会主义核心价值观为核心内容,构建全方位、全过程、全员育人的高校学生思想政治教育体系。课程思政是在现有高校思想政治课基础上辅以隐性思政教育,即推动通识教育课、专业教育课在大学生思想政治教育中的价值引领作用,以期改善高校思想政治教育资源匮乏、渠道不通畅的问题。武文菲在《建构主义理论视域下高校课程思政实效性探讨》中提出,课程思政的全面育人体系实施者包括思想政治理论课教师、专业课教师、校内外专家和辅导员,实施场景包括传统思想政治理论课和各专业理论课及课程思政背景下涌现出的其他综合素养课程。课程思政体系的构建核心在于实施者群策群力构建教学中有高度价值的"情景",并通过对话合作来实现不同育人场景之间的对接,使大学生切实建构对思想政治理论课知识和内涵的意义,做到"真学、真懂、真信、真用"。

（三）辨析课程思政的转型功能

课程思政有助于高校思想政治教育的现代化发展,推进思政教育的现代化转型。在课程思政理念的指导下,各学科课程的育人功能依托其学科领域知识与实践方法的积蕴,将价值引领融于相应的知识传授,实现知识与价值教育的双重功能。不同学科知识、理论和方法的引入,将在更深、更广层次上推进思政教育突破传统教育理念局限,逐步摆脱单向灌输等传统教育方式的路径依赖,不断增进内容的知识性、学理性以及方法的多样性,从而形成更为科学、系统的教育体系,实现思政教育的现代化发展。王敏在《新时期推进课程思政改革的必然选择》一文中提到,长期以来高校思想政治教育没有能够兼顾"育德"和"育才"两者的统一,课程思政能够在分方向培养的大背景下,扭转能力教育重于价值教育的不利现状,切实将"育德"融入高校全方位教育之中。闵辉在《课程思政与高校哲学社会科学育人功能》一文中说,课程思政不仅不是要取代或者弱化思想政治理论课,相反,它是要在激发其他学科课程育人功能、促进育人合力的同时,不断强化和提升思想政治理论课本身的教育功效。

（四）研究课程思政的引领作用

课程思政坚守主旋律,强调所有课程同向同行,对大学生的价值观培养能发挥引领作用。思想政治理论课作为高校思想政治教育的主渠道,承担系统化开展马克思主义理论教育教学的主要职责;通识课等综合素养课程,则注重在培养人的综合素质过程中牢铸理想信念,以人文素养涵养人心、培育人格;而哲学社会科学和自然科学课程则作为专业课,在其具体的知识、学理、技术等的教育中凸显价值引领和精神塑造功能。各类课程相辅相成,体现课程思政"知识传授与价值引领相结合""显性教育与隐性教育同发展"的目标和导向,共同作用和服务于立德树人根本任务。张铨洲在《课程思政的价值意蕴及引导策略》一文中说道,课程思政以课程为载体,以立德树人为根本,在培育时代新人的过程中必须坚持正确的方向,在潜移默化中引导新时代大学生全面发展。国家层面,富强、民主、文明、和谐,在课程思政的推行中倡导主流意识形态,将主流意识形态融入显性教育和隐性教育中,指引新时代大学生树立正确的世界观、人生观、价值观;社会层面,自由、平等、公正、法治,将其融入新时代大学生的思想政治教育中去,用社会氛围熏陶高校大学生。邱伟光在《课程思政的价值意蕴与生成路径》一文中认为,实施课程思政的意义首先在于能引导学生坚定道路自信、理论自信、制度自信和文化自信,让教育始终坚持为改革开放和社会主义现代化建设服务,为培养中国特色社会主义合格建设者和可靠接班人服务。另一方面,也在于践行"立德树人是高校立身之本"的办学理念,对于应对多元文化碰撞的挑战、引导学生辨析各种不同价值观的真伪提供坚强保障,确保高校育人工作走在塑造学生良好品德、传输社会主义核心价值观的正路上。

二、探讨课程思政的构建策略

课程思政是对传统思想政治教育在观念上的突破、队伍上的扩充、载体上的拓展、内容上的丰富和方法上的创新。通过创新思想政治教育理念,主动转变思路,充分挖掘和充实各类课程的思想政治教育资源,促进包括综合素养课、专业课在内的各类课程与思想政治教育有机融合,从而扩展思想政治教育内涵及外延,实现全员育人、全过程育人、全方位育人的大思政局面。

(一)课程思政必须牢牢把握五个关键环节

课程思政建设的基础在于课程。没有好的课程建设,课程思政功能就成为无源之水、无本之木。为此,尊重课程建设规律,强化课程建设管理是课程思政建设的根本基础。课程思政建设的重点在思政。没有好的思政教育功能，课程教学就会失去灵魂，迷失方向，从而导致课程教学中知识传授、能力培养与价值引领之间的割裂甚至冲突。课程思政建设的关键在教师。教师是教书育人实施的主体，也是课堂教学的第一责任人，同时教师个人的思想品德、学识、气质、素质都潜移默化、无处不在地感染和熏陶大学生的思想和行为。

课程思政建设的重心在系部。课程思政教育教学改革，不局限于某些个别专业点，既要求老师要及时转变教育观念，也要求老师要不断优化教学内容、创新教学方法。因此，这给高校教育教学改革布局、教学活动组织带来了新的问题和新的挑战，需要建立起上下贯通、多元参与的运行机制，特别是在以系部为实体的制度改革下，系部要发挥积极性和主动性，建设一批有思政特色的专业课。

课程思政建设的成效在学生。学校一切教育教学活动的根本目的在于培养出更高质量的人才。因此，课程思政改革的效果如何，最终必须以学生的成长成才为检验标准。

(二)课程思政应打破课程壁垒、学段壁垒和教学模式壁垒

课程思政既是贯穿大中小学一体化的教育理念，又是要求在所有课程中都要贯彻执行的教育理念，各门课程、各个学段的教育都要做到因地制宜。邱伟光在《课程思政的价值意蕴与生成路径》一文中认为，高校教育是分专业展开的，课程思政的推行过程中不仅要重视思想政治理论课对其他学科课程的引领作用，也要重视思想政治理论课与各学科专业教育中潜移默化育人效应形成合力；这意味着，课程思政体系需要打破各学科之间，尤其是人文学科和科学学科之间的壁垒，实现各学科知识与人、与生活的多向交流关系；同时他提出课程思政的内容聚焦应做到因地制宜，如在应用型高校突出敬业精神、研究型高校突出创新意识等，并能够结合校风校

训,使课程思政符合教书育人的客观规律,具有亲和力、感染力。卢诚在《高校思政新课程实践性教学改革的几点思考》一文中提出为适应不同阶段学生特点,任课教师要不断探索新的教学方法和手段。课堂讲授和理论灌输依然是中学和高校思想政治理论课教学必不可少的教学方法,但高校思想政治理论课教师也应从大学生年龄、专业特点,从充分发挥学生主体作用入手,坚持以教师为主导、学生为主体,倡导专题式教学、任务驱动式教学、互动式教学,重视锻炼学生理论联系实际的能力,鼓励学生参加社会实践,培养学生独立完成任务能力,培养团队的创新精神和合作意识。

(三)课程思政在不同类型院校中的实施要区分重点

每一门课程都具有自身的特点,不同类型的院校也有不同的特色,贯彻落实课程思政理念应该要有所区分,明确重点。李静在《理工院校实施课程思政教学改革的几点思考》一文中提出,专业课、思想政治理论课从来不曾割裂,每一门课程在传授专业知识的同时,都应该传递价值,不仅要帮助学生"专业上成才",更要促进"思想上成人"。对于不同专业领域应该有不同的载体和重点,如理工课程更注重技术的掌握和应用,所学的知识也是为了技术的研究和开发,理工科专业教师在理工课程中发挥思想政治教育作用,不是要改变专业课的本来属性,不是每门课都要体系化、系统化地进行德育教育活动,也不是每堂课都要机械、教条地安排思政教育内容,而应该是坚持学科专业的性质不变、本位不变,充分发掘专业课程德育功能,鼓励团队专业教师开设学科通识课程,通过打通专业课、基础课、通识课之间的壁垒,让学生发现专业科学的真、善、美。张晓荒在《构建适应工学结合人才培养模式的思政课程新体系》一文中认为,在工科院校,思政课程作为公共课程不受重视,存在思想政治教育与学生职业发展脱节、学生价值观塑造途径不畅的问题。适合工学人才培养模式的课程思政体系应当能够结合我国改革开放浪潮中行业发展的特点与学生专业所需的操守与规范,具体而言,首先应该着力塑造工科学生的家国情怀,令其意识到社会主义现代化整体建设与其所在行业发展的相互作用;其次应该结合行业道德操守与职业精神开展课程思政教育。

(四)课程思政要准确理解综合素养教育与思想政治教育的异同

从课程体系来看,高等教育课程主要可分为思想政治理论课、综合素养课和专业课,三者间既有不同的教育任务分工,又相互联系、相互支撑。在这个问题上,不少学者常将综合素养课与通识教育课通用。石书臣在《高校思政理论课与通识教育课程的关系探讨》一文中认为高校通识教育与思想政治教育的根本教育目的均是促进大学生的全面发展,二者均不是以"致用"为导向的教授专业知识与一技之长的课程;但二者也各有所侧重,通识教育课程侧重文化素质教育、淡化意识形态教育,而思想政治教育则侧重德育教育、具有鲜明政治立场和教学制度安排。因此,在课程思政改革中应避免思想政治理论课的通识化,思想政治理论课的教育应当围绕课程教学大纲、紧贴教育实际与育人目标的需要展开。同时,高校思想政治理论课应当做到与通识教育功能互补,共同培养学生健全的完整人格,以塑造大学生的全面素质。高校思想政治教育也可以借鉴通识教育灵活多样的教学方法,如经典阅读与案例分析相结合,发挥教师主导作用与学生自我学习的合力效应的同时,坚持正确的价值导向,确保通识教育课程的健康发展。

(五)课程思政建设要重视教师、教材、教育资源三要素

课程思政实施效果如何,很重要的一个因素就是教师。彭小兰、童建军在《德育视阈中的隐性教育生成研究》中说到身先垂范、为人师表是每一位教师的基本素质。教师的理想信念、言行举止、学识观念、爱好习惯等

都潜移默化地影响着学生。首先,从思想层面上,教师要转变教学理念,把关注学生发展作为教育追求之一。其次,从行为层面上,教师要成为知行合一的道德实践者与示范者。只有教师道德认知与其道德行为一致,才更有利于促进学生道德认知指引其道德行为,达到"亲其师"而"信其道"。教师在显性教育中发挥着价值导向的功能。教师是课程思政生成的关键因素,教师应扭转对传授知识的偏重,树立牢固的育人意识、具备传播价值的倾向,利用教学艺术提升课程思政的亲和力。

教材建设是育人育才的重要依托。教材的意识形态属性较强,反映了执政党、国家和社会的主流价值观。教材的建设既要兼顾知识传授,又要内隐价值观建设,在内容上要尽力避免脱离实际、在规范上要做到继承完善现有学科体系。中国科学院院士、原上海交通大学校长张杰曾在接受访问时说过,应该通过加强高校思想政治课程体系建设,认真分析社会转型期的经济社会变化对大学生的生活方式、心理结构、价值观念等造成的影响,根据大学生的身心特点、成长规律、情感需要、接受能力和个体差异,编写教材,设计课程。熊晓琳在《创新高校思想政治理论课建设体系要做到三个必须》一文中指出,要加强立体化教材体系建设。立体化教材包括书本教材和网络教材、课本和教辅读物。教育部门应适时组织马克思主义理论建设工程专家学者编写修订专用教材和教学用书,教材应构建马克思主义理论学术话语体系,体现出权威性;应将马克思主义中国化最新理论成果以学生能够读得懂、记得住、用得活的形式及时收编,增强马克思主义理论的生命力,体现出教材的科学性和可操作性;教材内容应注重对社会热点问题的探讨,对经典案例的分析,能够启发学生独立思考,体现出教材的思想性。在使用统编教材的同时,应加大各地各高校网络教学资源的整合力度,加快共建特色突出、影响力广、思想性强、时效性强的思想政治理论课教学网站,及时建立微博、微信等新媒体公众平台,使优质思想政治理论课教育资源及时共享。

对思想政治教育资源的深入挖掘,是每门课程践行课程思政理念的重要保证。如应用技能型的工科课程可以在工程实践环节探讨有效形式来融入思想政治教育元素,自然科学类的课程可以挖掘知识体系以外的求知品德、爱国精神等人文精神与育人价值。卢诚在《高校思政新课程实践性教学改革的几点思考》一文中提出,在思想政治理论课新课设置实施方案中加强实践环节的教学,有力地推动思想政治理论课的教学改革与创新,既能提高学生的学习积极性,又能有效解决长期困扰思想政治理论课教学中的一些难点问题,真正达到"学马列要精,要管用"的目的。同时,课程评价体系也应与时俱进,不断明确各门课程的思想政治教育元素,从教学内容、方法、平台等维度来保障课程思政教育教学质量。

三、研究比较他国类似的教育实践活动

(一)美国高校的公民教育

美国的公民教育承载了向学生进行品行道德教育、输入主流价值观念、塑造服务社会型人格的作用,美国的公民教育广泛采取了非直接、潜移默化的隐形教育方式,主张把思想教育的相关内容,渗透在受教育群体的生活、学习、工作和实践中,使其在无意识的情况下潜移默化接受德育教育,符合美国文化多元的国情和美国学生反感强迫灌输的心理。美国公民教育主要分为爱国主义教育和法制教育两个层面:通过"学校、家庭、社会"的三位一体爱国主义教育,使得学生对"自由、平等、民主"等美国社会价值体系深信不疑,进而转化成对于国家的强烈自豪感;①美国的法制教育承载了教育学生遵循国家制度和公民权利义务的责任,其不仅包括理论性的教学,也包括一系列校外参观、与实践课程联动等其他形式,从学生的

---

① 杨芝.美国隐性教育途径对中国高校思想政治教育的启示[J].新西部,2018(33):161-162.

认知规律出发,引导学生全面、自发地接受并理解思想教育的内涵。①
美国的公民教育是一种政府宏观调控下的全民性、主体性教育方式。具体
来讲,美国形成了一整套宣扬积极本土价值体系的教育网络,包括学校、社
会实践机构、非政府组织等,而政府对于各类教育组织不施加直接的干涉
而佐以适当引导和鼓励,促成了美国公民教育的隐蔽性、渗透性,从而建立
起了美国人强烈的公民意识。②

(二)新加坡高校的共同价值观教育

20世纪80年代以来,品格与公民教育一直是新加坡用于抵制外来文
化侵蚀、培养公民认同感的重要方式。服务于本国实际国情,新加坡政府
于1991年提出了五个“共同价值观”:一是以国家和社会为重;二是以家
庭为根,社会为导向;三是支持和关注,尊重个人;四是求共同立场的同时
把分歧放在一边,协商一致;五是种族和谐和宗教宽容。

在实施方式上,新加坡将传统华人教育理念与西方教育思想相结合。
部分高校开设有专门的德育课程,强制学生参加;但不论大学开设相关课
程与否,“共同价值观”教育都被融进了新加坡大学专业课、选修课的教学
过程中。此外,新加坡教育部门规定高校按照实际情况要求学生参加社区
服务与学生自治活动,为课堂上的价值观教育建立一个良好的实践平台,
助力于学生道德品格的养成。③

此外,与中国相似,新加坡的德育教育早在学生进入大学校园之前便
已经逐步开展。新加坡各个学校均专设“品格与公民教育部”,用于监督

① 张露予.美国公民教育对中国思想政治教育的启示[J].现代交际,2018(18):
244-245.
② 高雪冬,王轩,齐巧玲.中美思想政治教育比较研究[J].教育现代化,2018(33):
138-141.
③ 陈光军.中国与新加坡高校思想政治教育比较研究及启示[J].北京青年研究,
2018(03):108-112.

本校课程、年级辅导课程、语言课程的价值观全方位连贯传递,使得学生在成长过程中对国家价值观的认同感逐步建立,呈现出润物细无声的生长姿态。①

(三)日本高校的个人素质教育

日本的《教育基本法》将个人素质教育放在高等教育要求的首位,规定高等教育就是要把大学生培养成具有完整人格,勤劳并且有责任感,热爱真理,有正义感的人。作为经历两次西方化热潮的东方民族,日本高校既对个人素质教育倾注了极大的精力,同时又兼顾本国传统文化与西方文化的特色,形成了一套西方化色彩浓重的特有教育模式。

日本高校的课程设置上,给予了人文社科类课程极大的比重,在保障学生受到德育教育氛围熏陶的情况下给予学生较大的自主选择权。这一课程设置的背景是日本的大学生在进入高校之前已经经受了严苛的社会道德教育和中小学礼节纪律教育。因此,日本高校虽然没有专门开设品德理论课程,但是能够通过一系列的人文社科选修课,以及严格的学校校园文化建设,强化学生成长期间受到的品德教育成果,形成一套渗透于教学、管理过程中的德育教育模式。②

(四)英国高校的课程思政

英国作为老牌资本主义国家,极力避免填鸭式的思想政治教育。在独立设置德育课程之前,英国主要以学科渗透的手段进行道德教育,时至今日这仍然是重要的教育方式之一。例如,通过文学艺术课使学生认识到国家深厚的文化底蕴,在历史课程中培养学生的爱国情感等,都是英国常见

---

① 黄慧.解码新加坡德育[J].中学政治教学参考,2018(26):17-19.

② 王珊珊.日本高校德育教育对我国高校品德教育的启示[J].吉林省教育学院学报(上旬),2015(07):40-42.

的学科渗透教学方法。另外,作为大学的发源地,英国尤其注重校园环境对于学生潜移默化的影响和熏陶。校园环境一方面是指雕塑设计、环境布置等能够体现出大学人文精神和办学理念的实际环境设施;另一方面是指大学文化软环境的建构,比如设立校友墙、对历史事件发生地进行标注等。

　　与其他西方国家一样,英国高校在德育教育过程中特别强调实践作用的发挥,在医院、工地等公共环境内积极开展第二课堂建设,甚至将学生的实践表现列入升学和毕业的考核范畴。而为了与实践课程相配套,英国许多高校一方面大力建设高素质、综合能力过硬的具有实践与理论双重指导能力的教师队伍,另一方面积极动用家庭和社会资源,配合学校教育,实现对学生思想价值的"三位一体"引导。

四、研究述评

　　通过梳理现有对课程思政问题进行探讨的主要文献,我们发现:

　　在课程思政的背景内涵和宏观思路问题上,学者们普遍认同虽然"德智体美全面发展""大德育"等概念早被提出,但课堂教学主渠道中的德育协同机制尚未在我国真正建立。学者们指出,课程思政能够实现知识传授与价值引领相结合的目标,要依靠显性思政和隐性思政相结合,即从思想政治理论课、综合素养课、专业课等多个层面同时发力,发挥不同种类课程在思想政治教育中的独特作用,各类课程相辅相成,共同实现对德育的浸润。但是,由于高等教育的跨学科性较强、学科间差异性较大,不同的课程对于思想政治教育内涵的承载能力也有所不同。强化多课程场景中隐性思政的作用发挥,固然是课程思政推进中的一个要点,但关于如何差异化地赋予不同课程以德育内涵的问题,目前的论述尚不够充分,需要进行进一步的研究与精准界定。

　　在课程思政的具体建设路径问题上,目前学者们对课程思政的建设主题基本达成了共识,可以概括为:课程思政的建设基础在课程,重心在思想政治教育,中心在院系,关键在教师,成效在学生。与此同时,学者们对课程思政的建设落实和平稳运行也提出了不少建议,如:课程思政推行的前提是建立上下贯通、多元参与的运行机制,发挥院系积极性,建设一批有思想政治教育特色的专业课。在课程思政的推行过程中应注重打破学科壁垒,实现各学科与人的多向交流;也应注重多样化的教学方式,根据学生年龄专业特点开展主题式教学、互动式教学与社会实践,以锻炼学生理论联系实际的能力。课程思政的平稳推行还有赖于细节全面、紧跟时代的教学指导和配套教材的编制,保证课程思政的推行正规化、有序化。此外,还有学者提出教师的理想信念决定了其是否能在课堂发挥身先垂范、为人师表的作用,等等。但如何才能形成较好的工作机制、如何才能把所有要素的积极性调动起来、如何才能算得上是同向同行、如何优化课程思政的评价体系、如何才能不断提升对课程思政的认同度与践行效果等系列问题,还有待进一步深入研究。

在对课程思政的核心内涵上,现有研究成果对此的相关论述已经较为充分,不少学者分别从不同的视角进行了解读。然而,一方面由于专业背景的限制,"多学科"配合式的课程思政目前仍较多停留在表面,真正落实到"何时开展、何人带头、何处进行"的系统设计,打破课程思政学科壁垒的方式突围等问题并没有得到明确解答;另一方面,虽然大多数学者就打造课程思政的系统化效果评价体系、编写教材和指导意见达成了统一,但在对于课程思政指导纲要中具体应包括哪些环节、涉及哪些思想政治教育场景等问题上却有着较大的分歧。这既需要从理论探讨上进一步破题,又需要在课程思政的教育实践中进一步提供支撑。

在国际比较问题上,各个国家根据自身的社会文化、现实国情,提出了一套适合本国高校的全方位的德育培养方案,强调从课堂、社会、家庭多角度,理论、实践相结合的方法,促进高校培养出德才兼备、素质过硬的优秀人才。通过比较,我们可以发现,虽然不同国家的主流价值观念、政治模式和文化种族存在差异,但各国都大力支持高校开展思想政治教育,在方式上都采取了强调隐性教育的方式,这与我国目前正在践行的课程思政建设思路不谋而合。此外,国外不少高校开设大学配套课程、动员社会相关资源的方式,也值得我们进一步学习和探讨。但如何才能科学借鉴,如何取其精华等相关研究,尚有待进一步开展。

第三节 高校体育课程思政研究综述

体育作为高校育人的重要内容和载体,有着丰富的育人资源,其对大学生的思想政治教育有着其独特的作用。一直以来,高校体育作为一门公共学科和必修课程,在教学目标上,强调对大学生进行运动技术、技能传授和增强身体健康的同时,也应在课程中融入思想品德的教育和意志品质等心理素质的培育,随着近些年来,课程思政研究的兴起,不少体育教育教学工作者、学者、研究人员,就体育课程如何贯彻好课程思政理念也进行了认真的探索与实践,本节就阶段性体育课程思政进行研究综述,以期厘清当前高校体育课程思政进展的现状、取得的成绩及存在的不足,为更好地开展体育育人、体育课程思政研究提供参考。

一、体育课程和思想政治教育的概念及内涵

(一)体育课程概念

教育部于 2002 年发布了《全国普通高等学校体育课程教学指导纲要》(以下简称《纲要》),其中认为体育课程是大学生以身体练习为主要手段,通过合理的体育教育和科学的体育锻炼过程,达到增强体质、增进健康和提高体育素养为主要目标的公共必修课程;是学校课程体系的重要组成

部分;是高等学校体育工作的中心环节。作为必修课体育是促进大学生身心健康的重要手段与途径,是高等教育的重要教育内容。为实现体育课程目标,体育课程在结构上还包括课外体育锻炼及竞赛等。

(二)体育课程性质

《纲要》认为体育课程的性质是寓促进身心和谐发展、思想品德教育、文化科学教育、生活与体育技能教育于身体活动并有机结合的教育过程;是实施素质教育和培养全面发展人才的重要途径。体育作为一门以身体练习为主要手段的课程,其对大学生的全面发展不仅限于生理上体质的增强,同样在思想、心理、品德等方面具有其独特的作用和教育价值。

(三)思想政治教育的概念

思想政治教育是指一定的阶级、政党、社会群体按照一定的思想观念、政治观念、道德规范,对其成员施加有目的、有计划、有组织的影响,使他们形成符合一定社会、一定阶级所需要的思想品德的社会实践活动。概念明确了思想政治教育具有一定的阶级性和政治性,体现的是国家意志和阶级思想,具有时代性。

(四)思政政治教育的内容

思想政治教育的内容随着社会的发展变化而逐步扩展与丰富,进入新时代大学生思想政治教育的内容涵盖政治教育、思想教育、道德教育、心理教育及法制教育等,是促进大学生成为全面发展的人的必要教育课程内容和途径,关系到高校培养什么人、为谁培养人的根本性问题,最根本的是解决学生的思想认知、价值观的形成、心理健康及法纪意识等。

(五)体育课程思政的概念与内涵

目前已有不少体育科研人员开始研究体育课程思政,但对于体育课程思政的概念并没有统一的定义,结合课程思政概念及基本内涵,我们认为体育课程思政是指利用体育课程的特点、优势及蕴涵的思政资源对大学生进行思想政治活动教育的过程,使大学生通过育体达到育心立德铸魂的思政教育目标的教育

二、体育课程思政资源的涵纳度及其主要内容

所谓体育课程思政资源的涵纳度是指体育课程所蕴含的思政教育价值或反映思想教育内容的多少。作为以身体练习为基本手段的实践性课程,体育课程的思政涵纳度需要体育教师的深入挖掘和理性分析。

有关体育教学中进行思想品德教育较为经典的教材有 1994 年由刘清黎主编、高等教育出版社出版的《体育教育学》,概括了体育教学中思想品德教育的内容,主要包含以下几个方面:其一,社会主义思想品德教育,培养顽强的意志品质和道德信念教育;其二,爱国主义教育,为建设和保卫祖国锻炼身体;其三,集体主义教育,爱祖国、爱人民、爱护公共财物,集体利益高于个人利益;其四,民主法制和组织纪律教育,坚持体育规则面前人人平等;其五,劳动教育,培养学生热爱劳动、爱惜劳动成果和尊重劳动者的品质。为后继体育教学中开展思想政治教育提供了基本的内涵。

2008 年学者李倩、朱晓春[1]等认为体育教育对提高学生思想道德素质有重要作用:(1)体育教育是对学生进行爱国主义教育的最佳手段;(2)体育教育可以培养学生优良的思想品德;(3)体育教育可以培养学生良好的心理素质;(4)体育教育对提高学生审美素质有重要作用。2009 年黄广谋[2]从校园体育文化的角度论述了体育课程的思政教育内涵与作用。其

---

①　李倩,朱晓春.大学体育与学生思想道德教育探讨[J].体育文化导刊,2008(02):100-101.

②　黄广谋.校园体育文化建设是推动高校思想政治教育的重要途径[J].教育与职业,2009(01):168-169.

认为校园体育文化是作为校园范围内的关于体育运动的物质和精神文明的总和,既是体育文化的一个重要组成部分,又是学校教育的重要组成部分。校园体育文化建设推动爱国主义教育;校园体育文化建设推动集体主义教育;校园体育文化建设激发大学生的进取精神;校园体育文化建设促进大学生心理调适;校园体育文化有利于健全学生的人格。2015 年金炜①在其硕士论文中也阐述了高校体育是道德培养的有效载体,认为内蕴于体育的爱国精神、拼搏精神、合作精神,调节心理、增强审美等对大学生的道德素质培养有着极其重要的作用;学者王洪琴②从体育课如何配合大学生思想政治教育的论文中阐述了体育所蕴含的思想政治教育内容和作用,其认为体育课程的教学过程是学生身体、心理和思维同时修炼的过程;体育课程教学较强的生理和心理负荷有助于意志品质培养;体育课程教学中的体育竞赛规则有助于培养公平公正平等法治意识;体育课程教学中的团体项目有助于团队和集体精神的培养。学者钱利安③从精神教育视角分析了体育教育中培养大学生思想道德素质的主要内容有:培养大学生的积极参与精神,顽强拼搏精神,"公平、公正、公开"精神,团队合作精神,超越精神,意志品质的培养等。常益在其博士论文中认为,高校体育教学中对大学生思想政治教育体现在:对大学生爱国主义精神、集体主义精神、大学生竞争精神、意志品质、加强审美意识的培养,提高大学生的思想政治素质,引导大学生为建设社会主义事业做好准备。

综上研究内容,结合大学生思想政治教育的基本内容,基于体育课程的特点,我们认为体育课程开展思想教育的主要内容包括:意志品质的培养,如顽强拼搏、抗挫品格等;思想道德品质的培养,如爱国、诚信、合作互

---

① 金炜.论高校体育的道德培养功能[D].北京化工大学,2015-6.

② 王洪琴.关于体育课配合大学生思想政治教育的思考[J].思想政治教育研究,2015(10):120-122.

③ 钱利安.精神教育视阈下体育促进大学生精神成人的研究[M].浙江工商大学出版社,2018-11.

助品质等,精神素质的培养,如"公平、公正"规则精神,团队合作精神,超越精神的培养等,基本涉及思想政治教育的各个方面,是思想政治教育内容涵纳较高的课程,无疑作为人文类课程体育是开展大学生思想道德素质教育的重要途径与载体。

三、体育课程思政教育的基本特点

(一)体育课程思政育人的开放性与直观性

以身体练习为主要教学手段的体育课程,不同于其他学科教学,一般在开放的室外场所进行教学,活动范围大,需要知行一致,体育课程往往注重大学生行为的积极参与,注重良好的心理体验和个性释放及良好人际关系的营造,大学生在体育运动中易显露自我的个性,流露自我最真实的情感、道德禀性等,体育是对大学生进行思想道德教育和实践检验的一个良好机会与有效途径。

(二)体育课程思政育人的动态性和实践性

体育课程的身体练习性注定了课程是动态的,且为了增进身体健康,增强体质及掌握体育运动技术等,需要大学生在体育运动实践中承受运动生理负荷,运动实践中大学生是否能坚持吃苦耐劳,是否能正确面对相对枯燥的重复练习保持较乐观的心态,是否能积极与同学合作、服从团队的安排等,都能体现大学生个人的思想品德与修养,和以理论说教为主的思想政治课程有着截然不同的风格与要求,真正彰显了以"体"育人的特点,也体现了道德养成的基本要求,即不仅要听其言,还要观其行,真正使道德知识转化为道德认知,并把道德知识内化为道德素养,形成良好的道德情感,外化为道德行为。

（三）体育课程思政育人的突发性与即时性

体育课程的身体练习是显性的,作为一种身体动作、行为,是随时都在进行的,无论是一般的动作练习,还是激烈的竞技比赛,都体现了一个人的思想道德状态。体育的技能规律需要大学生学会不放弃和秉持熟能生巧的工匠精神,体育的竞技性需要大学生不断超越自我,同时又需要遵守比赛的规则,以达到公平、公正。由于对比赛胜负的不同态度,往往易出现冲突,有的甚至为了获取胜利不择手段、违反规则等不良行为,反之,也会表现出精诚团结、敢于克服困难、拼搏进取等积极向上的行为,这些都是进行大学生思想道德教育的良好契机。体育教学中这种具体的案例和行为的突发性强、瞬间即逝,要善于把握,这是体育课程思政教育的又一重要特征。

四、体育课程实施思政教育的策略与路径综述

（一）体育教育中大学生道德素质培养的基本途径

学者刘清黎[1]认为体育教育中进行德育的基本途径有以下几点:(1)严格课堂教学,坚持教书育人,做到突出教师榜样作用;同时要结合体育教学的特点,结合教材内容特点深究教材思想性;要坚持规范性指导,认真、合理地处理突发性事件等;(2)加强课外体育活动教育性,结合评比等培养学生锻炼习惯和意志品质;学者胡启良[2]等从文化学的视角,认为高校校园体育文化对大学生思想政治教育互动的途径主要有:(1)高校校园体育文化与大学生思想政治教育在物质文化方面的互动,如外观性、实在性

① 刘清黎.体育教育学[M].高等教育出版社,1994(6)129-132.
② 胡启良,兰自力,王云玲.论高校校园体育文化与大学生思想政治教育互动的策略[J].首都体育学院学报,2010(3):70-73、89.

和想象性的体育物质文化;(2)高校校园体育文化与大学生思想政治教育在精神文化方面的互动,如持之以恒不放弃的精神、拼搏的精神等;(3)高校校园体育文化与大学生思想政治教育在制度文化方面的互动,如公平竞争、重在参与等;促进高校校园体育文化与大学生思想政治教育互动的策略研究:(1)通过校园体育物质文化建设,为大学生思想政治教育提供良好的育人空间;(2)通过校园体育精神文化建设,为大学生思想政治教育提供良好的育人氛围;(3)通过校园体育制度文化建设,为大学生思想政治教育营造规范、有序的环境;(4)发挥大学生思想政治教育在校园体育文化建设中的导向作用。

(二)体育课程中融入思政教育的基本方式

王秀阁[①]认为从体育课程思政的实践来看,体育课程中进行思政教育的基本有两种方式:一种是"融入式",就是在体育教学过程中融入与体育专业课程知识密切相关的先进人物、辉煌历史及经典事件等内容;二是"挖掘式",就是深入挖掘专业课程知识或体育专业技能中蕴含的发展历史、内在精神及崇高品质等思政元素。

五、提升大学生思想政治教育效果的体育教学策略述评

王洪琴[②]认为在体育教学提升大学生思想政治教育的基本策略是:①运用不同教学方法和教学形式的策略和设计,如采用竞赛法、角色交换法、示范观摩法、结对互助法等;②规范学生行为培养良好习惯的策略和方法,

---

① 王秀阁.关于课程思政的几个基本问题——基于体育课程思政的思考[J].天津体育学院学报,2019(3):188-190.

② 王洪琴.关于体育课配合大学生思想政治教育的思考[J].思想政治教育研究,2015(10):120-122.

即把大学生道德素质的培养融入日常的体育练习、体育管理工作中。

王秀阁认为要加强体育课程思政建设效果,教师应明确建设的基本要求:(1)在体育课程内容上要实现知识传授、价值观引导的有机统一。即在体育课程教学中要做到寓价值观引导于知识传授之中;(2)实现体育知识传授、价值观引导统一的规范化;(3)在选择体育课程思政元素时,不仅要注意与体育课程的内容相适应,而且要注意与学生的特点与思想现状相适应,让思政元素能够反映学生体育需求与存在的思想问题,以满足学生成长发展的需求。

六、不同体育课程及项目开展思政教育的现状研究

王佃娥、杜发强①就体育类专业课程如何进行思政教育进行了分析论述,文章分析体育类专业课程要结合国家整体战略安排,分别就体育专业课程的思政目标、具体的思政内容体系、实施途径及其实施的效果评价等展开研究。研究认为体育教育专业课程主要围绕体育教师的职业素养和家国情怀展开教育,运动训练专业课程主要结合教练员的职业素养和民族使命感进行,社会体育指导与管理专业课程主要对社会体育工作专业素养和服务意识进行教育,民族传统体育专业针对业务能力和中国体育文化自信与道路自信的构建而展开,运动人体科学专业主要集中在夯实理论基础、强化实验研究能力和践行科学精神三个方面。

韩耀刚、刘树军②等对民间体育专项教学育人进行了思政融入研究,调查表明对体育课程思政的认可度高,且前 5 位的育人元素依次是坚持、

---

① 王佃娥,杜发强. 课程思政背景下体育类专业课程建设思考[J]. 学校党建与思想教育,2020(2):56-58.

② 韩耀刚,刘树军. "项目育人"民间体育专项课程思政的教学实践研究[J]. 教育教学论坛,2020(3):68-69.

团队、自信、包容和分享;王稳、李晓华[①]等认为在武术中进行"情义"思政元素的挖掘有利于武术道德教育,有利于大学生对"中国心""民族魂"的认同;郭张箭、张雅琪[②]等认为结合体操专业课技术技能的学习逻辑,结合礼仪教化是体操专业课程进行思政教育的一个理想途径;黄晓波[③]以乒乓球课程为例,对体育课程思政进行了探索;王钰、孙延林[④]等以运动心理学课程为载体,探索课程思政,主要从自我决定理论出发,立足学生个性特征和对学习的不同需求进行分析,围绕如何满足其自主性、能力感和归属感设计教学并实践激发和内化学生协同吸收专业知识和思政资源的动机环境,在日常教改中实现了5个加强:坚持以生为本,精心挖掘课程思政资源并进行有机融合;教师是基础,着力构建和提升专业教师团队的育人能力确保课程思政教师队伍上的"专";问号课堂,解惑—融会贯通专业知识和思政资源的逻辑性及价值意义;活学活用,设置课堂情境促进思政资源内化的教学设计上的"活";知行合一,做中学,磨砺意志深度夯实思政教育的教学手段上的"实";张娟、周红萍等为了实现《体育概论》课程思想政治教育目标,对其课程思政的教学方案分为三个阶段进行设计,即为分析阶段、规划阶段和反馈阶段。分析阶段主要从社会、学生和课程本身进行分析;规划阶段则对课程育人目标以及各章节育人目标进行具体设定,并挖掘课程内容的切入点,对教学方法手段和教学过程进行合理设计;反馈阶段是对教学方案实施后的反馈与修正。其他也有羽毛球、篮球项目进行思政教学探索的教学和科研论文,但数量并不多见。

① 王稳、李晓华.承继"情义"文化:促进大学武术课程思政建设的有效途径[J].南京体育学院学报,2020(2):77-78.
② 郭张箭,张雅琪.礼仪教化:高校体操专业课实施课程思政理念的突破口[J].体育科技,2020(1):119-121.
③ 黄晓波.课程思政背景下高职体育教育选项教学探索——以内江职院乒乓球教学为例[J].福建茶叶,2020(1):130.
④ 王钰,孙延林,戴群.自我决定理论视域下运动心理学课程思政改革创新研究[J].天津体育学院学报,2020(1):7-22.

七、体育课程实施思政教育的现状与不足

对于体育课程实施思政教育的不足,较有代表性的观点如下:2007 年李静波①等通过实验调查研究发现,在体育教学中存在教育不到位的现象:(1)有些教师只教书不育人等问题,轻视或忽视对大学生的思想品德教育;(2)有些体育教学存在教学内容思想性不足、放任自流、见物不见人的问题;(3)从学生的抽象调查来看,有些体育教学只注重体育技术技能的练习和身体素质的练习,只侧重比赛的胜负,而忽视对大学生的思想教育和体育道德的培育;(4)在体育教学中存在着个人英雄主义、自私自利、恃强凌弱、小团体主义、盲目的明星崇拜,以及狭隘民族主义等倾向;(5)有些学校体育比赛存在着弄虚作假、裁判不公以及球场暴力、攻击裁判等不良现象。

2015 年金炜在其硕士研究生论文阐述了高校体育道德培养的不足:(1)对高校体育道德培养功能的认识不够。原因之一就在于高校没有建立相对完善的考核体育教师的合理制度和科学体系,在实际教师考核中过多强调课时和科研,而没有把"对学生进行道德教育"的考核纳入教师工作评价的体系;体育课不仅能够锤炼大学生的意志品质,而且还可以培养他们良好的个性和性格。调查显示,学生认为部分体育教师自身还不能充分认识到体育的道德培养功能,且不能在传授运动技术、技能的同时,兼顾到对大学生心理健康和人际交往能力的教育、引导和培养。(2)高校体育道德培养目标不明确,重视爱国主义、社会主义教育,但道德信念教育、心理健康教育、人际交往能力教育等方面未能够有清楚、深刻的认识;体育教学目标中抽象的道德教育目标与体育教学的内容和实践联系不紧密,导致其指导现实的功能差;教育目标不明确,往往导致学校和教师更加不能充

---

① 李静波,曹策礼,石宏.体育教学对我国大学生思想品德影响的研究[J].北京体育大学学报,2007(10):1404-1406.

分认识教学情境与学习环境建设的意义,从而导致高校体育道德培养功能的发挥不够充分。(3)高校体育道德培养实践相对空洞。体育自身的基本功能是陶冶情操、培养合作精神、民族自尊、意志品质等,所以社会主义、爱国主义、集体主义教育等目标就能很自然地成为体育课程思政教学目标,但是体育实践存在的一个很重要问题就是目标如何真正的具体化,融入每门课程、每个运动项目中去;教师和评价标准往往只注重学生运动能力、运动成绩的提高,而不去关注学生在体育教育中学生道德素质的成长与发展,如大学生心灵的自我体验、道德情感的认可等,使得体育课程思政教育落地难,成为一种理念而高高挂起,从而失去实际的教育意义。

八、关于体育课程思政理论研究的现状及趋势

(一)体育课程思政教育研究的现状

有关体育课程思政的研究截至 2020 年 6 月 20 日,从中国知网搜索主题"体育课程思政",共有 108 篇相关论文,其中涉及课程思政研究 39 篇,"思政教育"35 篇,"体育课程"25 篇,"大学体育"22 篇,"高职体育"18 篇,"体育教学"17 篇,"体育运动"12 篇,"教学内容"2 篇,实证研究 2 篇。从年度研究文章数来看,2015 年 2 篇,2017 年 2 篇,2018 年 17 篇,2019 年 45 篇,2020 年上半年 42 篇,体育作为一个人文社会科学在思政教育上有着独特的优势,但研究的广度和深度均有发展的潜力和空间。

(二)体育课程思政研究的发展方向

基于上述体育课程思政的研究现状,体育课程思政研究尚处于起步阶段,理念研究的深度和广度都有待进一步提升,主要在以下几个方面需要深入探索:第一,要在教材建设、不同体育运动项目思政资源的挖掘上下功夫,要使思政教育内容进教材,这是基础,以保证思政教育真正进课堂、进

头脑;第二,加强体育课程思政教育的实证研究,以了解学生对体育课程思政教育的诉求;第三,体育师资队伍能力的培养是关键,要加强对体育教师思政教育能力的培养,研究体育教师的育人能力;第四,体育课程思政教育教学模式的研究需要更进一步深入探索,以提供可参考、有效的育人模式,这些将更有利于提升体育在育人中的地位和良好效果;第五,如何构建一个适合体育课程思政的评价体系同样值得我们深入研究与思考。

第四节　高校体育实施课程思政的文化自信

一、文化自信的基本内涵

(一)文化

从现有的文献资料来看文化的概念是多种多样的,按《现代汉语词典》(第六版,2016 年)对文化的定义:"人类在社会发展过程中所有物质财富和精神财富的总和。"张岱年和方克立在著作《中国文化概论》中认为文化的含义是人化或人类化,是人类通过社会实践活动,适应利用改造自然界客体而逐步实现自身价值的过程。文化一般包括物质文化、制度文化、行为文化和精神文化。

(二)文化自信

自信是指主体对自我达到目标能力的高度认可。所谓文化自信是指文化主体的一种满足心态、价值追求和精神向度,是文化主体身份认同的诉求和标志,是文化主体在文化上扩展自我、提升自我的表现。通俗意义上讲,文化自信就是文化主体对自身文化高度认可的信心和自豪感,其特点表现为：一是对自身文化认可和传承的信心；二是对吸收外来文化的勇气和魅力；三是对自身文化发展前景的憧憬和决心。习近平总书记多次强调："文化自信，是更基础、更广泛、更深厚的自信"①"是一个国家、一个民族发展中更基本、更深沉、更持久的力量"②。文化自信从精神价值上理解是人们更好开展工作的精神动力和文化指引，给人以更强的前进动力和勇气。

二、高校体育的性质与特点

（一）高校体育课程的性质

《全国普通高等学校体育课程教学指导纲要》（以下简称《纲要》）中指出体育课程是大学生以身体练习为主要手段，通过合理的体育教育和科学的体育锻炼过程，达到增强体质、增进健康和提高体育素养为主要目标的公共必修课程；是学校课程体系的重要组成部分；是高等学校体育工作的中心环节。体育课程是寓促进身心和谐发展、思想品德教育、文化科学教育、生活与体育技能教育于身体活动并有机结合的教育过程；是实施素质教育和培养全面发展的人才的重要途径。

（二）体现运动项目本身特点

高校体育课程和其他课程相比较有以下六个主要特点：第一，高校体育课程主要是以大学生身体练习为手段掌握体育基本知识、技术和技能为特征的"技艺性"特点；第二，是以发展身体实践体验与情感交流为主要特

① 习近平.在庆祝中国共产党成立95周年大会上的讲话[N].人民日报,2016-7-2(02).

② 习近平.决胜全面建成小康社会　夺取新时代中国特色社会主义伟大胜利——在中国共产党第十九次全国代表大会上的报告[N].人民日报,2017-10-28(01).

征的"情意性"特点;第三,是以承受较大运动负荷来增进身体健康为主要特征的"艰苦性"特点;第四,是以加强沟通、适应角色转换来提高个体社会化程度为主要特征的"人文性"特点;第五,是以加强大学生体育锻炼习惯来培养大学生体育精神为主要特征的"精神性"特点;第六,体现运动项目本身特征的竞技性和趣味性特点。

三、高校体育实施课程思政文化自信的论析

高校体育是大学生接受高等教育的重要基础课程之一,是学校培养德智体美劳全面发展人才的有机组成部分。在新时代高校全面推行课程思政的教育教学改革背景下,体育作为大学生的必修课,有责任、有使命在以"体"育人方面发挥自身的课程优势。高校体育在开展课程思政中的文化自信是基于高校体育在课程中进行"思政育人"的使命感、责任感和自信心,这种自信本质上源于学科本身的特点,主要来源于课程的政治制度自信、源于课程自身的文化自信包括:体育课程育人目标的自信、体育课程所蕴含的丰富育人资源的自信、体育课程实践性与大学生道德品质形成实践性规律相融合的自信、体育课程文化与大学生"思政教育"文化相契合的自信。

(一)高校体育开展课程思政的历史文化自信

体育的育人作用,一直以来受到我国党和国家领导人的高度重视,并得到国内外教育家、哲学家的高度认可和重视,有着悠久的历史文化自信。

首先,我国历届党和国家领导人高度重视体育的教育作用。毛泽东主席在《体育之研究》中阐述了体育与道德的关系:"欲文明其精神,先自野蛮其体魄。苟野蛮其体魄矣,则文明其精神随之。"体育不仅增强人的体质,同时能调情感、强意志、促精神,认为体育是三育中的前提条件。

党的第二代领导核心邓小平同志高度重视体育,认为体育是社会主义

精神文明建设的重要组成部分,创造性地提出了"体育是精神文明建设的重要方面"的论断;在他的领导支持下,中共中央出台了《中共中央关于进一步发展体育运动的通知》,《通知》强调:"体育关系到人民的健康,民族的强盛和国家的繁荣,对提高广大人民群众的思想觉悟,实现党的新时期的总任务,发展国际交往与加强同世界人民的团结和友谊,加强国际力量,都有重大的作用。"

江泽民同志作为第三代党的领导核心,继承了毛泽东、邓小平的体育思想,他在1996年8月8日会见参加第26届奥运会代表团讲话时说:"发展体育运动,增强人民体质,对促进社会主义物质文明和精神文明建设有重要作用。中华体育精神是我国社会主义精神文明的重要组成部分,是中华民族的宝贵财富。"

胡锦涛同志也一贯重视体育运动,在参加会见第28届奥运会的中国体育代表团全体成员时强调,我国体育健儿在奥运赛场上所表现出来的顽强拼搏精神和良好体育道德,极大地激发了全国各族人民的爱国热情,增强了全体中华儿女的民族自信心和自豪感,成为推动我们事业前进的强大精神力量。他还亲切勉励广大体育健儿,发扬成绩、再接再厉,不畏艰险、继续攀登,努力在北京2008年奥运会上再创佳绩,为促进我国体育事业的发展,为全面建设小康社会、实现中华民族的伟大复兴做出更大贡献。

进入新时代,习近平总书记站在实现"两个一百年"奋斗目标和中华民族伟大复兴梦的历史视点高度重视体育工作。2013年8月,他在会见全国体育先进工作者时强调:"广大体育工作者在长期实践中总结出的以'为国争光、无私奉献、科学求实、遵纪守法、团结协作、顽强拼搏'为主要内容的中华体育精神来之不易,弥足珍贵,要继承创新、发扬光大。"习近平总书记还强调:"少年强、青年强则中国强。少年强、青年强是多方面的,既包括思想品德、学习成绩、创新能力、动手能力,也包括身体健康、体魄强壮、体育精神。"

其次,国内近现代教育家对体育育人的历来重视并践行,如梁启超在其《论尚武》中讲道:"体魄者,与精神有密切之关系者也。有健身强国之体物,然后有坚忍不屈之精神。"蔡元培作为我国近代著名的教育家,他从教育的视角提出了"完全人格,首先在体育,体育最重要之事为运动"。所理解的体育,是具有身体教育的内容、思想和方法的教育过程,认为教育的目的在于"养成完全之人格,必须体、智、德、美四育并重"。① 我国近代著名的体育教育家徐一冰曾讲道:"强国之道,重在教育,教育之本,体育为先。"

最后,国外著名教育家、哲学家对体育育人的高度重视与认可。曾经是体育健将的哲学家柏拉图说:"音乐和体育联合的潜移默化,可以使两者(指理性与情感)和谐,因为它们以高贵的文字、榜样来强化、支持理性,并用和谐与节奏来节制、抚慰和文明化感情的狂放不羁"②。古罗马思想家朱维纳利斯指出:"健全的精神;寓于健全的身体。"亚里士多德曾明确提出,"读书和绘画大家都认为在人生许多事务上可以得到认同,而练操则通常都用以培养勇敢的品德"。在他的体育思想中,体育经常与"勇敢""公正"联系在一起。文艺复兴后期的人文主义者蒙田说:"一切运动和锻炼,如长跑、击剑、音乐、舞蹈、打猎、骑马都应该是学习的一部分。"宗教改革家马丁·路德认为,体育应该成为教育的一部分,应该作为培养精神和道德的重要手段。英国唯物主义哲学家、教育家约翰·洛克在其绅士体育思想中认为,没有健康的身体是不能成为既能为现实谋取个人幸福,又能为国家尽责的绅士的。18世纪法国著名启蒙思想家和教育家让·雅克·卢梭在其自然体育思想中认为,体育是一切教育的前提。卢梭说:"如果你想培养你的学生的智慧,就应当先培养他的智慧所支配的体力,不断地锻炼他的身体,使他健壮起来,以便他长得既聪慧又有理性。""教育最大

---

① 卢兵.中国民族传统体育文化导论[M].北京:民族出版社,2005:256.
② (古希腊)柏拉图.理想国[M].北京:北京外语教学与研究出版社,1998:221.

的秘诀是使身体锻炼和思想锻炼互相调剂。"19 世纪瑞士著名的民主教育家裴斯泰洛齐认为:体育在形成人格的过程中应占有重要地位。体育可以培养勤奋的习惯、坦诚的性格、个人勇气和吃苦耐劳的意志品质。

（二）高校体育开展课程思政的政治制度自信

我国教育法明确规定我们的教育方针是培养德、智、体、美、劳等方面全面发展的社会主义事业建设者和接班人,体育作为学校教育的有机组成部分其地位和作用均十分重要;教育部在制度上明确规定了从小学到大学都要开设体育课程,彰显了体育课程在学生成长成才过程中的不可或缺性,也充分体现了体育在育人中的重要价值,2017 年国务院再次强调要把开足开齐体育课作为基本要求列入中小学校体育工作考核的范围内;2018年 9 月在全国教育大会上习近平总书记更是旗帜鲜明地提出:"要树立健康第一的教育理念,开齐开足体育课,帮助学生在体育锻炼中享受乐趣、增强体质、健全人格、锤炼意志。"作为一门课程,这是体育课程始终能陪伴学生成长成人的政治制度优势、更是一种学科优势,我们有责任把制度优势、学科优势转化为育人优势,尤其是对开展课程思政的教育教学改革上,要充分体现政治制度优势与自信,从系统性、全面性、持续性思考体育对大学生的育人功能,发挥育人实效。

（三）高校体育开展课程思政的理论自信

体育开展课程思政的理论自信主要有两个方面:首先是马克思、恩格斯关于人的全面发展的理论。他们认为体育是造就全面发展人的唯一方法,马克思谈到在资本主义条件下对青少年一代的教育时指出,教育应包括三方面即智育、体育、技术教育。他认为,生产劳动同智育、体育相结合,不仅是提高社会生产的一种方法,而且是造就全面发展的人的唯一方法。马克思所讲的体育,是以体力和智力的结合为核心的劳动者全面发展教育的组成部分。恩格斯也是把体育作为教育的主要组成部分来认识的,他说:"教育是指体力和智力的发展以及社会生活。"①

其次是毛泽东关于"德智皆寓于体"的理论。毛泽东于 1917 年 4 月 10 日,在《新青年》第 3 卷第 2 号上,以"二十八画生"的笔名,发表了《体育之研究》,其在"体育在吾人之位置"的论述中明确了"体者为知识之载而为道德之寓者也,其载知识也如车;其寓道德也如舍,体者,载知识之车而寓道德之舍也""体育于吾人实占第一之位置,体强壮而后学问道德之进修勇而收效远。于吾人研究之中,宜视为重要之部""学有本末事有终始知所先后则近道矣",更突出了体育在"三育"中的位置及教育的规律。同时,毛泽东也科学地指出了体育的育人多种功能,即"欲文明其精神,先自野蛮其体魄。苟野蛮其体魄矣,则文明其精神随之""调情感、强意志"。

马克思恩格斯关于人的全面发展理论和毛泽东关于"德智皆寓于体"的理论,为当下高校体育课程开展思政教育提供了理论指导和方向。

(四)高校体育实施课程思政的学科育人自信

1. 高校体育课程具有十分丰富的"思政"育人资源

高校体育作为实践性课程,其自身拥有十分丰富的"思政"育人资源。首先,体育课程在目标设置上已经规定了育人是该课程应有的题中之义,《纲要》中对大学生心理健康目标和社会适应目标的制定,明确了要在体育课程中培养大学生的合作精神、意志品质、奉献精神、规则意识等;其次,体育课程具体以运动项目为载体进行教学和教育,有很多项目本身具有教育意义,如集体项目要求大学生学会合作与配合,如篮球、排球、足球等,长跑项目要求学生学会坚持不放弃等;第三,体育具有竞技性特点,在运动竞赛中让大学生学会遵守公平、公正、公开等规则,懂得顽强拼搏的意义,正

---

① 华东师范大学教育系编. 马克思恩格斯论教育[M]. 北京:人民教育出版社,1986:358.

确面对胜利与失败,真正领悟超越的真谛等;第四,体育课程以学习基本技术、技能为主体内容,其中有很多内容与环节需要同学之间互帮互助,共同完成,培养同学之间的互助精神和友谊;第五,体育课程中大学生要承受相当的运动负荷,通过不断地实践锻炼与练习,有利于培养大学生吃苦耐劳的优良品质;第六,通过介绍我国近现代体育辉煌史或讲解体育经典故事,激发大学生的爱国热情,帮助大学生牢固树立爱国主义精神。

2. 高校体育实施课程思政的道德实践性优势

课程思政的开展不仅需要通过理论教学给予知识的传授,大学生思想品德的养成更需要在实践中进行培养和考察,真正要做到知行合一,必须经过道德实践的检验与锻炼,大学生的思想品德才能真正经得起实践的考验,思想品德的形成是一个从知到行,以行促知,知行合一逐步养成的过程。目前,2018 年教育部关于《新时代高校思想政治理论课教学工作基本要求》,主要侧重于通过理论教学向大学生进行社会主义核心价值观和道德教育,大学生思想政治课程的最显著特点在于知识的传授,理论的讲解,形式单一而且实践性相对缺乏;理论是实践的先导,思政课程的理论教学对大学生思想品德的培养是需要的,但没有道德实践的锻炼,要形成真正的道德品质、诚信品质是不完善的。体育教育作为一门以身体练习为主要手段的课程,其最大的特点在于实践性,在于行动上的体现与落实,在于技术、技能学习和体育竞赛过程中人与人之间的交往性、情景性,在这样一个以实践活动为主的教育情景中,能更好地培养大学生思想品质和道德情感。从大学生思想品德的养成来讲,体育教育中的道德实践性是体育课程开展课程思政的最大学科优势。

3. 高校体育课程开展课程思政符合大学生思想道德养成规律

开展课程思政教育改革旨在培养大学生良好的思想品德,而大学生道德品质的养成需要符合道德养成的规律,即需要经过道德知识的传授、个人的道德选择及道德实践的过程,是一个渐进式的过程。思想道德品质的养成并不是一蹴而就的,会因社会环境、自身认知水平、身心发展的不平衡等会有反复性、波动性。因此,经常性、反复地开展道德实践有助于大学生思想道德的养成,在高等教育众多的载体中我们需要有适合大学生容易开展和喜欢的平台与途径,而体育项目的多样性、趣味性、竞技性、休闲性、合作性等,均能吸引大部分大学生积极参与到体育学习和锻炼中来,且多年来的体育教学为学生从事体育锻炼打下了较好的运动技术、技能基础,这使得体育课程更适合成为开展大学生道德实践和培养的合理途径和有效手段。

尽管多年的思想政治教育和道德理论教育,使得大学生对思想和道德知识的掌握基本已烂熟于心,但如何真正内化于心成为自身的一种内在品质,还不能仅停留在心中、思想认知上,更需要通过实践的不断磨炼和培育。随着"每天锻炼一小时,健康工作五十年,幸福生活一辈子"体育锻炼理念的提出,体育已融入了每个大学生的生活,不论是学校要求的体育锻炼,还是大学生自己积极参与运动,当前学校搭建的各种 App 跑步平台,各种体育活动和不同距离的马拉松跑等项目已然成为大学校园和社会体育的一道风景线,大学生参与运动也已然成为一种新时尚,体育作为一种文明、健康、科学的道德实践手段无疑是最佳之选。

4. 体育课程的"人文性"特点符合大学生思想品德养成的心理规律

班杜拉的品德社会认知理论告诉我们,人在一定的环境下通过行为交互作用获得道德行为、文化习俗等方式有两种:一种是通过做出社会性行为并直接获得奖惩性结果的学习,即通过反应结果进行的学习;另一种是通过观察他人行为示范的学习。体育课程的交往性特点有利于大学生道德品质的养成,体育课程的开展其所在的场所不同于其他课程,以身体练习为主的体育课程,大多数的运动项目在开放的体育公共场所进行教学与锻炼,参与人数的众多性、项目本身要求的集体性均是体育运动的一些特点,大学生要积极参与到运动中与人进行沟通,融入集体,他们在场上所表现出来的一切行为均会受到其他人的监督,道德实践的对与错、好与坏都会受到其他人的评判。大学生在体育运动中所呈现的行为,一方面会受到自身道德认知的影响,但更大一方面会受到来自外界公开监督力量的制约,如体育老师、同学、裁判员及社团成员等的评判,集众人的力量对于大学生道德行为进行评价与监督,是体育检验大学生思想品德最直接、有效的干预教育方式。体育运动就是一个加强大学生思政道德教育实效性的一个重要手段,实效性是思政教育的直接目的和最终目的,也是思政教育的出发点和归宿。没有实效性,一切思政教育都会失去其意义。应该说高校体育课程开展课程思政是符合大学生思想道德养成心理规律的。

5. 高校体育开展课程思政的文化契合性优势

体育作为一门课程,有其自身的教学要求,每个运动项目有自身的规则,更有体育教学自身的文化和规律。如体育技能的掌握与形成需要遵循运动技能的形成规律,体质的增强同样需要遵循超量恢复的原理等,体育倡导持之以恒不间断地学习和锻炼,如我们经常所说的夏练三伏、冬练三九,就是体育对每个参与体育人的一种考验,更是对人自身思想道德品质的考验。体育比赛倡导"公平、公正、公开"精神,崇尚"更快、更高、更强"的超越精神,但这些都是建立在对运动热爱、积极参与的思想品质基础之上的,没有对运动技术一招一式的诚信练习,没有长年累月的体能锻炼和虔诚的辛苦付出,奥运文化就不会有"更快、更高、更强"的精神格言。因而,体育课程文化所追求的目标和过程就是铸造思想道德品质的过程,是完全与思想政治理论课保持同向同行的,是高度一致的。因此,参与体育的过程就是一个培养大学生思想道德品质形成的过程,高校体育课程蕴含着滋养大学生思想品德养成的文化优势。

第五节　高校体育课程思政应遵循的基本规律

习近平总书记在党的十九大报告中要求："全面贯彻党的教育方针，落实立德树人根本任务，发展素质教育，推进教育公平，培养德智体美全面发展的社会主义建设者和接班人。"课程思政教育理念的提出是学校对我国教育方针的积极呼应，各门课程开展思政教育是对坚持"育人为本，立德为先"要求的真正落实，坚持立德树人，是各门课程突出了德育在学校教育中的重要地位，充分反映了德性的成长是学生全面发展的根本保障。课程思政作为课程教育新理念，更加注重课程思政元素的育人作用，在知识传授和技能培养中，加强专业课程对大学生的价值引领和思想教育，真正体现出教书育人的价值本源，是学校教育理念与时俱进的充分体现，更是所有课程对学生进行教育的重要体现。思想政治理论课是显性课程，而其他课程相较于思政课来讲均是隐性课程，为使课程思政达到预期的育人效果，一定要使各门课程的教育教学实践符合客观规律，为此，梳理体育课程思政教育教学所应遵循的相关规律就显得十分重要和必要。

体育课程是一门公共必修课，为高等教育的有机组成部分在育人中有着独特的作用。体育课程中进行思想政治教育是一种隐性的教育，并不是把体育课上成思想政治课，但在体育课程中进行思想政治教育，必须在熟练掌握体育课程教学规律的基础上，对大学生成长规律和思想政治教育过程规律也要做到了然于胸，这样才能更好地开展体育课程思政，确实收到课程思政的教育效果。以下进行逐一梳理：

一、体育教学过程的基本规律

体育教学过程的基本规律是指体育教学过程中各种教学现象、因素内部本质的联系。体育教学规律对体育教学采取合理的教学方法、组织形式和评价措施等都有十分重要的指导作用。结合社会学、体育学、教育学、心理学等学科的基本原理,体育教学过程基本规律具体如下:

(一)社会制约性规律

体育作为一门独特的课程,其根本使命也在于培养德智体美劳全面发展的中国特色社会主义合格建设者和可靠接班人,这是由国家教育方针所决定的,也是我国社会发展所要求的,目前中国特色社会主义进入新时代,体育要为人的身心健康和幸福生活发挥自身应有的作用,体育要牢固树立"健康第一"的指导思想,坚持"以生为本"的教育理念,服务好广大学生对体育的需求、对促进健康的需要。

(二)教与学的辩证统一规律

体育与其他学科一样,教学过程中都有老师的"教"与学生的"学"两个方面,教师必须在教学过程中发挥好"教"的主导作用,学生则必须承担起"学"的主体责任,在教学过程中,教是外因,而学生的学是内因,教师在教学过程中不仅要发挥好自身的主观能动性,更要注重引导学生主体作用的发挥,达到教与学的良性互动。

(三)教学内容和教学过程相统一的规律

教学理论认为,课程包括教学过程和教学内容,在教学内容的选择上要体现学校体育的目的,教学内容的客观标准就是科学性,教学内容不仅决定着教学形式、教学方法,还在一定程度上决定着教学过程的进度,而教学过程的有效性又要求教学内容的选择必须要有整体性、系统性,按照教学目标进行,以更好地符合学生的学习需要。

（四）大学生身心协调发展规律

体育作为以身体练习为主要手段的课程，不仅是改造自我身体的过程，更是磨炼自我心理的过程。因此，体育教学目标的制定、教学内容的安排、教学方法的采用及教学形式的组织，都要根据学生的身心发展状况来决定，使体育教学有更强的针对性，满足大学生的体育需求，激发大学生对体育的兴趣，以促进大学生身心健康，养成良好的锻炼习惯。

（五）体育技能形成规律

体育课程是一门以掌握和运用运动技术技能为主的课程，动作技能的形成是有规律的，一般要经过三个阶段：第一阶段是动作泛化阶段，是初步掌握动作的阶段，其特点是大脑皮层兴奋过程扩散，内抑制不够，表现出动作不协调、紧张吃力；第二阶段是动作提高阶段，其特点是大脑皮层兴奋抑制过程处于分化阶段，兴奋相对集中，内抑制逐步发展巩固，基本建立动作定型，较正确地完成动作，紧张、吃力现象逐步消除，动作协调，但还不够熟练；第三阶段是动作的巩固与自动化阶段，其特点是大脑皮层兴奋过程高度集中，内抑制已相当牢固，形成了牢固的动力定型，动作表现为熟练、准确、轻快、协调，能灵活运用自如。

（六）人体生理机能变化规律

在体育教学中，通过反复的身体练习，大学生的生理机能活动能力会发生变化，具体表现为开始练习时，机能活动能力上升，达到一定程度后保持较高水平一段时间，最后会逐渐下降。生理机能状况与大学生的身体健康状况、锻炼水平及气候环境等条件有一定的关联和影响，要合理运用人体生理机能变化规律，科学安排体育运动负荷、教学内容，以更好地完成教学任务。

（七）人体机能适应性变化规律

大学生在运动过程中，机体会产生一系列的变化与反应，这些变化会遵循"工作阶段—相对恢复阶段—超量恢复阶段—复原阶段"的规律。体育运动必然会需要消耗体内的能量，从而产生疲劳，造成机体机能的下降，但经过一定的休息会使体内的能源物质和各种功能逐渐恢复，形成机体的相对恢复，经过科学的调整与合理的休息后，物质能量的储备甚至可以超过原来的水平，以提高机体的工作能力，这就是我们需要的超量恢复，以此来达到增强大学生体质的目标。

上述体育教学过程规律中前面四条主要是教学论中的一般教学规律，而后三条主要是体育教学中自身所具有的特殊规律。

二、大学生成长规律

大学生成长规律是指在大学生成长过程中形成的、体现和反映大学生成长问题本质及必然联系的存在，是大学生成长过程中诸多要素之间的本质联系及其矛盾运动的必然趋势。

（一）阶段性发展规律

阶段性发展规律是指大学生在大学期间完成各阶段学习与发展的目标和任务，成为对社会有用的人的转变过程，呈现出梯次渐进式成长的规律，一般有三个阶段。第一是适应性阶段，大学生刚步入大学，需要去适应新环境下的学习、生活、人际交往、社团活动。第二个是稳定发展阶段，这一阶段是大学生进入大学后通过自身不断主动的调整，已经适应了大学生生活与学习，对自身的专业、学业都有了一定了解，对自己所处的学习环境、方式都相对熟悉，对自己的学习目标和方向比较明确，是形成专业知识技能的重要阶段，也是培养自身意志品质的良好时期。第三是职业生活准备阶段,这一阶段直接影响大学生未来职业和工作,更多的是对大学生学习成果的总检查、总考核和总评价,更多的大学生是通过这一阶段完成就业走向社会。大学生的阶段性成长规律是清晰的,大学生要在不同阶段,经常审视自我、确立自我发展目标、寻求自我发展途径,进而付诸行动,逐步提升自我素质和综合能力。

(二)时代性发展规律

时代性发展规律,是指大学生的成长离不开时代发展和社会经济的基本情况。不同的时代,需要培养和造就不同的人,当代大学生是新时代环境造就的群体。中国特色社会主义制度的优越性和经济发展的富足性,在当代大学生身上呈现了许多新的特点:如当代的大学生们,在政治思想上,表现为主流是积极向上的,信仰马克思主义,认可中国特色社会主义,政治认同感强,拥护中国共产党的领导,表现为积极乐观,更加注重自身利益和自我价值的实现;在学习上,表现为学习态度主动性强,学习动机明确,兴趣浓厚,但功利性和实用性强,以自主学习为主,但学习规划系统性欠缺;在交往上,表现为横向交往范围扩大,交往圈日益增加,随着互联网技术的快速发展,虚拟交往成为新时代大学生的一个重要交往手段与途径,交往动机上追求精神需求和现实需要并重,恋爱观念相对开放等;在心理发展上,新时代大学生心理问题日益突出,其中发展性问题成为主要问题,对于心理问题应对方式多元化;在网络行为上,表现整体理性,普遍运用网络语言,通过网络进行学习、购物、玩游戏成为大学生的主要网络行为;在消费行为上,表现出一定的盲目性、超前性、攀比性。大学生的成长和发展,在很大程度上受时代环境所给予的物质和文化水平的影响。

(三)个性化发展规律

个性化发展规律,是指当代大学生的自我成长规律。目前中国特色社会主义进入新时代,大学生在成长过程中,一方面注重客观环境给予的条件,同时更加注重自身内心需要的满足,渴望在平等的交流中获得别人的尊重,关注社会现实并对有关切身利益的问题进行思考。具体表现为,一是自我意识不断增强。新时代大学生有着强烈的自我意识、积极关心自我发展,注重提高自身的专业能力和综合素质,努力追求自我价值的实现。二是创新意识日益增强。以"00"后为主体的现代大学生,他们视野广阔,知识量大,善于接受新观点、敢于接触新鲜事物;他们是互联网的原住民,想法大胆,思维活跃,乐于创新,善于独立思考,喜欢挑战传统,往往有自己的思想观点与价值理念。三是实用功利意识逐步显现。随着我国社会主义市场经济的快速发展,面对社会现实,他们在追求自己的理想,选择自己的专业和职业岗位,在遇到集体与个人利益相冲突时,甚至在担任学生干部方面等均会呈现出实用、功利性。四是大学生也存在着缺乏意志力、自制力弱、易冲动的一面。面对困难与挫折,有些大学生会感到沮丧,缺乏坚持的毅力;碰到一些关键问题、重要抉择时,不知做决断,缺乏理性;对于一些委屈不易控制自我的情感,不够理性,易冲动,等等。

（四）矛盾发展规律

矛盾发展规律,是指大学生在其成长过程中由基本矛盾推动而不断成熟和完善自身的发展规律。大学生成长的矛盾是多样的,具体如下:一是人格上独立与依赖的矛盾。随着大学生生理的不断成熟,毫无疑问独立可以给大学生的成长带来较大的自由空间,但大学生的成长成才是离不开其所生活的时代所提供的基本条件的,这种基本的依赖可给大学生行为必要的引导和规范。独立与依赖的相互作用,能完善大学生的人格。二是竞争与合作的矛盾。作为个体,现代大学生的自我意识和创新意识比较强,但任何个体又归属于某个社会团体和群体,无论在理念上还是目标上以及实施措施上,二者均有可能出现矛盾。公平的竞争可以促进合作,良好的合作又能增强竞争的实力。大学生要在思想、行动上正确认识、处理好竞争与合作的关系,积极地去参加竞争与合作,以最大限度地发挥自己的创造性。三是理想与现实之间的矛盾。理想是美好的,现实是骨感的,这是理想与现实的写照。理想是每个大学生成长成才的精神动力,但现实往往使理想的实现变得困难,甚至支离破碎。源于现实的理想是高于现实的,面对崇高的理想与追求,大学生唯有敢于面对困难,勇于迎接挑战、克服困难,持之以恒才能把理想转化为现实,才能使自身获得全面快速的发展。

三、大学思想政治教育过程规律

大学思想政治教育过程规律包括思想政治教育过程的基本规律和具体规律。认识和把握运用好大学生思想政治教育过程规律有利于提高课程思政的育人科学性、针对性和实效性。

（一）大学思想政治教育过程的基本规律

大学思想政治教育过程的基本矛盾是社会的思想品德要求与大学生思想品德水平之间的矛盾,这一基本矛盾的形成,产生了在高校思想政治教育过程中,大学生的思想品德总是要不断地适应社会发展的需要,这就是思想政治教育过程中的基本规律,即"社会发展适应规律"。其主要有三个具体的内涵:(1)思政教育过程是在社会发展要求下进行的,目标是培养符合社会需要的、具有高尚思想品质的社会个体;(2)大学生的思想品德达到社会发展的客观要求,并非完全达到社会要求的标准,而是一种无限接近的趋势;(3)大学生对社会思想品德要求的适应,是一种对社会历史的积极适应。

（二）大学思想政治教育过程的具体规律

大学思想政治教育过程的具体规律是思想政治教育活动中各要素之

间以及要素内部组成部分之间的本质联系及发展趋势。主要有以下四条具体规律：

第一条，目标适度超越规律。目标适度超越规律是指教育者所提出的教育要求应适当超越教育对象目前的思想品德水平，以培养、提升其思想品德水平的空间，当然这一超越不能高至大学生经过努力还难以达到的高度。目标适应超越规律是对思政教育过程基本规律的积极回应和补充，这一规律要求在课程思政教育过程中对大学生思想品德的标准既不能过高也不能过低，要根据大学生的实际思想品德水准进行。

第二条，内化外化一体规律。内化和外化是思政教育过程的两个阶段。内化是教育者帮助和引导大学生将一定社会的思想品德要求转化为自身的品德认知、情感、信念等内在的品质。外化是教育者帮助和引导教育对象将自身已形成的品德意识转化为自身的品德行为，成为良好的行为习惯。从逻辑上讲，内化是外化的前提和基础，而外化是内化的目的；从实践角度来说，内化和外化相互影响。这一规律要求我们在课程思政教育过程中不能过于注重内化，也不能过于注重外化，而要做到互相协调，共同促进。

第三条，他教自教协同规律。教和被教是思政教育过程中的两个方面。大学思政教育效果的好坏，取决于教育者对大学生思政教育的影响和大学生自我教育过程的统一和配合。教育者是思政教育教学的设计者、调控者、组织者；大学生是学习的主体，有学习的主动性，不仅要接受来自教育者的教育，还会进行自我教育，对思政教育的内容会进行甄别、选择和认同。这一规律要求思政教育要调动教育者的主观能动性，发挥教育中的主导作用，同时也要注重大学生学习的自觉性、主动性、积极性，只有他教和自教的协调结合，才能取得理想的教育效果。

第四条，影响要素调控规律。大学生在接受思政教育过程中，从来源上讲，会受来自教育者、来自社会环境、来自家庭教育的因素影响；从内容上讲,会有积极的、消极的、正确的、错误的因素等影响。因此,影响要素调控规律主要是调控不同教育的影响,如学校、家庭、社团等;调控自觉影响和自发影响、积极影响和消极影响。影响要素调控规律要求大学生思政教育加强不同教育主体的信息积极沟通,加强不同学科思政教育的合作,厘清思政教育资源,努力保持同向同行,达到共同教育的良好效果。

课程思政理念的提出是为了确保课程育人的质量,尽管不同的学科有不同的育人资源,不同学科有不同的育人特色,但我们的教育对象都是大学生,都是通过课程对他们进行思想政治教育,因此,掌握并熟练运用大学生的成长规律和思政教育规律对于提高课程思政的实施是十分必要和重要的。对于高校体育课程实施思政教育,牢牢掌握体育课程的教育教学规律是应然之举,也是必然之要。如何利用好以上四个规律对大学生进行思想政治教育,是值得高校"体育课程思政"改革进行深入研究的问题。

第三章　体育、德育及智育发展的相关关系

第一节　中国传统育人思想的产生和发展

立德树人、教书育人,是中国特色社会主义教育事业的主旋律。要正确认识教书与育人、知识传授与价值引领之间的关系,就必须从教育思想的高度来辨析和解答这个问题。课程思政理念的提出与践行,首先要解决的恰恰就是教育思想的问题。为此,就让我们一起从中国的教育史出发,来寻找有益的启示和关联。

一、春秋战国时期:诸子百家思想的大绽放

春秋战国时期私学的发展,在中国古代教育发展的历史上占有很重要的地位。私学冲破了"学在官府"的旧传统,学校从宫廷移到民间,教育对象由贵族扩大到平民,教师可以随处讲学,学生可以自由择师,教学内容与社会现实生活有了较广泛的联系。各家各派相互抗衡,又相互补充,形成了百家争鸣的盛况。这既促进了先秦时期学术思想的发展,同时又培养出了大批的人才,各家各派大师辈出。孔子、墨子、孟子、荀子、韩非等是其中的佼佼者。春秋战国时期的私学,在中国古代教育史上的重大贡献,还在

85

于教育理论上的成就,尤其是儒家在教育理论上的贡献。儒家代表人物孔伋通过《中庸》等传世书籍,总结了这一时代的教育思想和教育经验,阐述了教育的作用、道德教育体系、德育教学原则和方法、教师的地位等方面的理论,奠定了中国古代德育教育的理论基础。

以孔子为代表的儒家思想肯定了道德教育的意义,并提出了教育的目标是培养"德"与"才",更进一步提出教育的终极目标是为政治、国家服务。孔子极其重视道德教育的社会功能和促进个体发展的作用,认为治理国家不能只靠政令、法律,而要通过教育引导实现德政。他通过"道之以政,齐之以刑,民免而无耻;道之以德,齐之以礼,有耻且格"表明:教育可以感化人,既让百姓守规矩,又让百姓有"羞耻之心",形成道德信念的力量,起到德治的效果。而其"有教无类"的思想又同时保证了这种道德教育是全民性、普遍性的。孔子主张的教育目的是培养"士",而"士"的标准就是"君子"或"君子儒",是具有一定道德标准的精神贵族的理想人格,即把"君子"当作教育的培养目标。他明确提出作为一个"君子",一要能"修养自己,保持恭敬谦逊的态度",即要有"德";二要有"使亲族朋友以及老百姓都得到安乐"的治国安民之术,即要有"才"。君子德才兼备,以德为主。

以庄子为代表的道家思想强调宁静淡泊、物我两忘的人生观和道法自然的价值观。道家提出的顺应规律、顺应时势的思想,有助于我们从思想上更自觉地顺应时势,认识教育改革的必要性,从而根据社会的需要和教育发展的规律,改变传统的教育方式。庄子的教育理念是尊重个体本性的教育,不是培养出一群学习的机器,而是要充分肯定受教育者的长处,倡导拓展个性的教育;同时,庄子思想强调人的本真,启示教育应该培养人的完整的人性,而不是对人性进行束缚、扭曲、摧残。

法家思想家商鞅提倡"耕战",非议"诗书",排斥"礼乐",主张"燔诗书而明法令",以官吏"为天下诗学读法令",也就是焚毁文化教育载体、排斥道德思想教育、以严刑峻法管理国家。韩非发展了这些思想,提出了"明主之国无书简之文,以法为教;无先王之语,以吏为师"(《韩非子·五蠹》),即教育完全由法律执行者进行。而教育的唯一内容是法制教育;法家认为人性趋利避害,应当通过"信赏必罚""厚赏重罚"来树立学子价值观,使其走向统治阶级预定的轨道。法家思想剔除了学生的自我意识并否认利益教化对人的影响作用,具有一定的历史局限性,我们在借鉴其正面价值的同时应认识到其应用的独特时代背景。

二、汉代:孝德教育是德育的核心内容

汉朝以孝治国,以孝廉选官制度及儒家经典五经重点培养学子的孝悌意识。随着国家的统一使得传统封建思想代替诸子百家,开始了对人们思想上的控制。汉王朝是中国历史上第一个推行"以孝治天下"的封建帝国,至此,孝德教育被纳入君主的治国方略之中,从刘邦起就"重孝",后来"孝"成为汉初的辅助治国思想。独尊儒术后,汉武帝把"孝治天下"正式确立为汉王朝的治国方针和准则,后继统治者们基本承袭了这项国策。孝德教育自然成为汉代德育的核心内容,主要表现在褒奖孝悌、《孝经》教育、敬老养老教育。除此之外,汉代首创将对"孝"的评价作为选拔官员和奖赏臣子的主要参考因素,如士人举孝廉做官、孝子免除赋税等。

经学教育是汉代德育的主体内容。经学教育具有价值观教育的属性,尽管古代还没有价值观的概念,但教育内容的价值观属性不容置疑。汉代选用《诗》《书》《礼》《易》《春秋》儒家经典的"五经"来教化臣民,确定"五经"为汉代各类学校及家庭社会德育的主体内容。同时,汉代把儒家思想作为治理国家的精神手段,就是要用儒家的思想理念和行为模式规范人们的思想和行为。

三、魏晋南北朝时期:传统儒家礼教的式微和再起

魏晋南北朝时期,连年战乱使得中央政府的权威性大幅下降,地方大家族影响力剧增,儒家学说里的思想教育主旨也逐渐式微。随着儒家学说的独尊地位被打破,玄学、道教兴盛,佛教传入并迅速发展,中国的教育思想进入儒、玄、道、佛争鸣的时代。

于是从魏晋时代开始,出现了一系列有违传统教育思想的德育思潮,诸如向秀、郭象的"独化"论,主张"外不资于道,内不由于己,决然自得而独也",全盘反对名教乃至教育本身;而阮籍则主张"以明堂为病舍,以讽诵为鬼语,以六经为芜秽,以仁义为臭腐",主张摒弃任何教育的固定模式,"越名教而任自然"。当然,在此过程中,也有儒家名士以传统教育思想卫道者的姿态批评当时社会中"无"的主张,如《崇有论》中批评称"颜深患时欲放荡,不尊儒术,何晏、阮籍素有高名于世,口谈浮虚,不遵礼法,尸禄耽宠,仕不事事;至王衍之徒,声誉太盛,位高势重,不以物务自婴,遂相仿效,风教凌迟"。这种争辩持续到了南朝时期。

随着大量少数民族涌入中原以及其迅速的汉化进程,北朝统治者"初定中原,虽日不暇给,始建都邑,便以经术为先",孔子再次成为中华各民族的文化代表,如前秦苻坚,不但"考学生经义",还建立官学,亲自赴之"问难五经博士";而北魏孝文帝则以身做表,"才藻富赡,好为文章。诗赋铭颂,任性而作",同时培养大量有相当文化教养的少数民族学者,推进其汉化过程。由于各民族文化、思想流派的大碰撞、大讨论以及统治者服务于重塑大一统王朝的需要,教育理念上的思想合流逐渐到来。梁武帝提出"三教同源",建立官学、私学,使得统一融合的思想再次成为教育的主旋律,为随后隋唐时代的崇儒兴儒打下了基础。

四、唐代:开创科举制度,兼容多元思想

经历了前朝关于教育思想的争论与交融,唐代教育的特点是以儒家思想为核心,各类思想兼容并包,并延续汉代以来的道德熏陶思想,同时利用科举制度确保国家和社会的教育需求得到贯彻。唐代思想教育重视宗教融合,唐代虽是儒释道三教并存,但儒家思想占统治地位。唐代统治者通过推动不同思想、不同流派的论辩来发挥宗教和儒家思想的利益教化作用。在个人层面,隋唐首开科举,应试内容既有儒家经文,也有针砭时弊的策论。模式化的考试制度让儒家思想中"修身、齐家、治国、平天下"的思想深入学子心中,唐代统治者很好地将学子的个人价值与社会价值统一,从而使得教育既能满足个人利益教化,又能满足国家的要求和社会的发展。

唐代教育以科举为纽带将教书育人与仕途通达联系在了一起,通过明经、明法、算学等考试科目,促进学子综合发展、全面发展。唐代早期开始便重视中国传统儒家道家思想与当时国际上其他思想流派的交融,基督教、伊斯兰教、拜火教等宗教信仰与其思潮在中国都有相当规模的受众,各种思想流派在首都长安定期举行辩论,思想的开放促进了文化的绽放,使得当时的长安成为国际性的文化中心。武则天时期,政府对佛教的推崇使得教育系统和科举系统都遭到了不同程度的破坏,这一趋势在唐玄宗时期得到了缓解,唐玄宗二度亲临国学视察,颁布《求儒学诏》,鼓励人们读经习礼,涵养德性。

唐代教育的另一特点是推崇道家文化,唐朝执政者自称为老子的后裔,太宗以"德主刑辅"思想为指导,兼采道家的"简静""无为",极力讲求"明德慎罚",以德化胜法禁,以求达到"安民立政"的目的。玄宗亲自为老子五千言作注,颁令士庶均须家藏一本。唐代利用《道德经》实行全民教育,使老子五千言家喻户晓、老吟幼颂、士庶皆尊,奠定了坚实的民族精神

文明基础,实现了国家长治久安、百业兴旺发达的目标。

五、宋元时期:民间书院兴起,强化伦理道德教育

宋代教育体系最大的突破在于民间书院的大规模兴起,宋代书院不同于官学,多以民间筹集资金兴建,教学目标也不同于官学以科举为目标,更突出对人格完善的追求、学术自由、师生相为砥砺的学术风气,这使得教学方法、教材、培养目标的设置能够围绕修身、养德的儒家伦理道德,贯穿人的成长过程;书院严格的考核制度使得学生以儒家道德观为准绳严格约束自己的德行,对后世产生深远影响。正如任宝海、任宝玲在《借鉴宋代道德教育得失,提高德育教育的实效性》一文所言:"'学为圣人'使学生自觉地把书院作为不断完善自我、实现个人终极理想的重要环境和平台,学生都能够充分表达自己的文化心态,学生有较强的归属感和继承性。'知行合一'要求学生时时省察自己的行动,择善从之。'将发之际'和'已发之后'进行反省和检察,使行动严格符合道德准则的要求,不断提高、完善,塑造'圣人'的人格。"

民间书院的招生条件相比官学更为宽松,但入学后考核和管理却极为严格。书院常以考核来锻炼学生的德行,德行考核的方式一般由簿书登记制度来实施。宋代书院一般设有德业簿、劝善归过簿等,"各斋之长纠察众友之善过而登记之,以每月朔望会讲之期呈之院长,面加劝警焉"。各地书院对于德行考核非常重视,例如江西白鹭洲书院曾要求"诸生各立日课簿,每日将用过工夫登簿内,诸生各随意力量,但要日有日功,月不忘之"。书院通过"无时抽鉴稽查"的方式,要求学生时时刻刻约束自身,不仅对学生起到了监督作用,也使书院对于学生的德性有了实时的了解。

当然,宋元两代无论是官学还是私学都十分重视德育教育,对人才的培养更体现出先立人、后成才的理念。蒙学、私学、官学,乃至专科职业教育中,德育教育都是非常重要的教育内容。将德育的内容渗透于宋代教育

体制的各个方面、各个阶段的教学计划和培养目标之中,使得当时的德育教育呈现出立体化的模式。无论学校规制、校园设计,还是管理方法、教学规范、教育手段,都体现了伦理道德教育的人才培养目标,甚至教材的编写、教学方法和管理的设置都具有较强的针对性和衔接性。

随着元代官府对书院加强管理和控制,书院的教学内容和书院学正、学录等职务的任命都需要官府批准;同时,私人所建的书院斋舍若捐赠官府,常可为主人谋取一官半职,即所谓"以学舍入官"。这种现象与少数民族入主中原、大一统政府的重现一道,逐渐冲击着书院、尤其是私人书院的运转,为明清时期主张经世致用的朝廷主导科举教育模式埋下了伏笔。

六、明清时期:倡导知行合一,崇尚经世致用

明清时期德育思想在知行观上强调知行合一,二者不可偏废,诚如王夫之所说:"知行相资以为用。惟其各有致功,故相资以互用;则与其相互,益知其必分矣。同者不相为用,资于异者同而起功,此定理也。"认为在生活实践、教育实践当中,知和行是一个相互包含、相互渗透的动态过程,不仅将知也纳入现实生活当中,而且肯定了行的重要作用。王夫之主张道德教育必须在生活实践中进行,"君子之学,力行而已"。明清教育思想家反对那种"平日袖手谈心性,临危一死报君王"的做法,而倡导务实、和现实生活联系紧密的实学,认为万事万物、日用伦常、应事接物都可以成为德育中学者所学、教者所教的内容,从而在生活实践中体悟本心、体悟天理,反过来,再用"心"用"理"去指导生活实践。

随着"知行合一"理念与传统的儒家忠君爱国道德精神的结合,明清教育致力于经世致用人才的培养,既立足于现实生活又有所超越,反映在人才培养上,即应试性质的八股文与实用的数学、地理知识并举,已不只限于《四书》《五经》等儒家经典的学习。"天下兴亡,匹夫有责",这是对当时教育思想家反思历史与现实,探求天下存亡得失之理的写照,强调培养

经世致用的人才是他们共同的、鲜明的特点。黄宗羲特别强调仁义与事功的结合,重视对理想中人才的事功要求,即要求学者积极参与世事、建立实际功业,更为重要的是要有所超越,要培养人强烈的社会责任感,有"先天下之忧而忧,后天下之乐而乐"的胸怀,并不仅限于日常伦理。但这种超越并不是盲目无视内在思想的陶冶,也并不同道德生活化相违背,而是基于现实生活背景下的、对刻板知识内容的超越,将书本内容的教化最终服务现实生活。

在这种"经世致用"思想所反映的社会风气的影响下,即使是在科举成功的人士中,也有许多人努力学习各种实用知识,使得明清时期的科技人才辈出。这种教育虽然是一种以儒家经典为主要教材、以八股文写作训练为重要特色、以科举考试为目的的应试教育,但在科技人才培养上也有其积极的一面。而在针对下层群众(不参加科举考试)的蒙学教育中,《三字经》《九九算数表》等教育文本使得一般民众获得了独立地从事一般经济活动所需的读、写、算的基本能力。明清时期占据主导地位的"心学",认定"吾心"便是宇宙,"吾心之良知"是天地万物的立法者,极高地弘扬了道德主体精神,王守仁、湛若水等人认为"三纲五常"的道德法则皆源于人的"本心",并提出"心即理"的命题,确立道德主体性即是一切道德价值的本原和道德规范的立法者。

七、民国时期:提出"五育并举",强化道德训育

1912年初,时任中华民国临时政府教育总长的蔡元培发表了《对于教育方针之意见》一文,倡导"公民道德教育、军国民教育、实利主义教育",后又增添了"世界观教育"和"美育教育",提出"五育并举"的教育方针,奠定了民国时期教育方针的理论基础,"五育并举"的教育方针是对中国传统哲学的传承与发扬。民国教育方针其实包括了德、智、体、美要素,体现了民国政府对受教育者全面发展的思想理念,以道德教育为核心,把受

教育者培养成具有健全人格的国民作为首要任务,以实利教育来引导智育和体育,使教育能在振兴民族经济、抑制军阀政治、捍卫国家主权方面发挥重要的作用。这一时期,大学文科课程中注重对中国传统学科文、史、哲的传授、研究与发扬,从中挖掘其德育要素,同时还提高了音乐、美术、手工、农业等课程的地位,关注对学生的美感和情感教育,注重课程的应用性、平民化和实践理论协同发展的特色,可见这一时期民国大学德育教育初见端倪,德育环境初步构建完成。其间,近代西方较为流行的"民主"和"科学"理念,开始在中国得到广泛传播,催生了新文化运动和五四运动。特别是五四运动对传统道德负面的批判推动了思想的解放,但与此同时也削弱和动摇了道德本身的权威性,学校教育面临着严峻的纪律松懈和秩序紊乱等问题。

南京国民政府成立后不久,即宣布军政时期结束,训政时期开始,并对各级各类学校实行严格控制和管理。训育制度是国民政府的核心教育政策,也是最为持久、执行最为严格的教育管理制度,深刻影响了民国时期的教育面貌。训育的目的之一是从生活上改造学生。这一理论来自美国的教育学家杜威,其代表性教育理论是"教育即生活""学校即社会",体现了实用主义思想重实验、重实用、重行动的特征。导师制是训育制度中非常重要的一项措施,起源于 14 世纪的英国牛津大学。在中国最早实行导师制的是美国主办的教会大学——金陵女子大学。导师制受限于国民政府的政治意图,无法得到各个追求学术自由高校的认同,在实施过程中缺乏各高校有效的配合,其政策自身也欠缺精密的考虑,不符合当时的实际状况,成效有限。1946 年 7 月,教育部决定废除大学导师制,代之以训育委员会,施行了将近十年的高校导师制自此废止。

第二节　德育教育与社会发展的关系

一、德育与社会生产、科学技术、商品经济的关系

(一)社会生产、科学技术、商品经济对德育的影响

生产力即生产能力、在社会生产中,生产力不仅是最具活跃性的因素,也是社会发展的决定性力量。科学技术是第一生产力,可以从原来以知识形态存在的潜在生产力转化为现实的生产价值。科学技术属于科学领域范畴,是能够反映客观规律的经验和知识。社会生产、科学技术以及商品经济的发展是促进社会经济快速发展的强大动力。同时,也对德育的进步和发展产生一定的制约影响和推动作用。其中,制约影响体现在人们的思想道德受到了制约和影响,推动作用在于德育教育的发展具备基本的物质条件和科学技术知识。具体而言,社会生产、科学技术和商品经济的发展对德育教育所产生的制约影响作用主要体现在以下几个方面。

1.对德育目标的制约和影响

社会生产和科学技术是影响人们生活水平和劳动方式的决定性因素,对德育目标也产生直接影响,要求德育培养人们吃苦耐劳、勤俭节约、坚韧不拔和诚实守信等优秀品德。比如,在原始社会时期,人们只能通过采集渔猎的方式维持生存、生产水平严重低下,获取、制作食物也是困难重重,因此,原始社会的人们一定要养成吃苦耐劳、英勇顽强等良好品德。在自然经济条件下,农民所从事的生产活动基本上都是小规模的,利用简单的手工具进行农业活动,因此,农民作为小生产者逐渐养成了很多优秀品德,如纯朴、坚韧、勤俭及诚实等品德,这也是当时德育目标的要求所在。

除此之外,商品经济的发展水平也是影响和制约德育目标的重要因素。现如今,物质资料的生产情况与人们的生活水平越来越社会化、科学化。人们主体意识、主体地位的形成与发展,对德育教育发展提出了更高的要求,要求德育教育能够培养出从事社会化大生产、科学技术活动及商品经济活动的优秀工作人员,并具备相应的科学精神、团结协作精神、良好的思想道德品质、创新思维方式和自由、平等民主的观念等。为了实现培养目标,培养社会成员具备这些优秀品德,社会化大生产、科学技术活动和现代商品经济活动为德育教育的发展提供了基本的物质基础、科学技术知识基础及现代精神文化基础等。

2. 对德育内容的影响

社会生产、科学技术及商品经济的发展不仅打破了人们传统的思想观点,使德育教育内容得到更新,促进了德育教育的快速发展,还改变了人们的社会关系、社会结构及生活方式等。比如,科学技术的应用有利于提高社会生产力水平,将小生产改变为大生产;经济发展形态也发生改变,从早期自给自足的自然经济逐渐改变为现代商品经济。此外,人们的社会关系和生活方式,尤其是自然经济条件下所形成的依附关系和原始的生活方式也发生了改变。最重要的是,它们提高了人们的生活水平,促进经济快速发展及人类全面发展,逐渐形成与科学化的机器大生产和商品经济相适应的具有独立性、科学性和民主性的思想,并将这些思想观点与德育内容进行充分结合,实现德育内容的更新和发展。在不同的社会制度和阶级层面下,社会各行各业对科学技术的发展成果和应用过程的思想观念也各不相同,这主要与政治经济制度有关。社会主义的科学发展观实际上是对资本主义科学和民主观念的超越。然而,在现代社会发展过程中,德育教育既培养人们具有科学、民主、自由的思想和法纪观念,还促进人的全面发展和精神解放,这是社会生产、科学技术和商品经济等方面发展的客观要求,也是人类进化和事物发展过程中不以人主观意志为转移的规律体现。

社会生产、科学技术和商品经济的发展使德育教育的内容更加丰富和多样。现代科学技术的发明与应用，促进了社会生产力的改革发展，商品市场和劳动市场出现大幅度变换和流动。此外，职业和行业的更新也非常显著，某些传统职业和行业迅速消失，出现了一些其他新兴职业与行业。在这种情况下，某些职业道德规范必然随之变动，与此同时，人们的思想观点和就业观念也发生变化，促使德育内容更新、扩展。除此之外，在现代科学技术的发展过程中，出现了很多新的伦理、政治和法律问题，引发人们思想道德观念和德育内容的改变。现代生态学的发展使生态伦理学逐渐形成，人们对保护环境的重视程度愈加强烈，并要求通过法律的方式保护人类赖以生存的环境，这也是人类共同意志，因此保护环境的法律观点与生态伦理学的理论观点也具有一定的联系。现如今，在我国医学领域的发展中，试管婴儿的问世受到了人们的广泛关注和高度重视，有关试管婴儿的伦理道德问题和法律问题成为人们经常讨论的热门话题。与科学技术相关的政治、法律和道德等观点问题，必然对德育内容产生直接积极影响，丰富、扩展德育内容。

3. 对德育社会形式、规模和结构的影响

社会生产、科学技术及商品经济的发展水平对德育教育的社会形成和发展规模有决定性的作用，这些因素直接影响德育发展过程中所需要的资金支持、物质条件、教育对象和时间精力等。在原始社会时期，德育教育通过氏族家庭和部落而展开，也就是说，德育教育与生产劳动、社会生活充分融合，这种家庭式德育和生活式德育形成的原因在于当时社会生产力水平低下、物质生活资源匮乏等。

知识教育和品德教育之所以能够持续发展，并通过学校的形式而展开，主要是由于社会生产、科学技术及商品经济的发展，为学校提供了大量的物质条件，为学校奠定了深厚的知识基础。普及教育不仅是传授理论知识，更重要的是，针对学生展开品德教育等其他素质教育。在现代教育中，若缺乏丰富的物质条件及教育的主客体,那么学校制定的德育目标将无法实现,更不可能对广大人民群众实现品德教育,即使应用现代先进的科学技术和传播媒介,也无法实现对社会民众进行跨时空领域、超越学校资源,具有广泛性和普及性的品德教育。

4.对德育方法的影响

在原始社会时期德育方法相对单一,常见的有"口耳相传"和"长者施教"。然而,随着社会生产力的发展和科学技术水平的提高,以及文字和竹简、绢帛的出现,尤其是造纸术和印刷术的发明,读书指导法的引进,德育方法也随之得到优化和创新,体现出显著的直观性、形象性和陶冶性等优势特征。在现代社会发展进程中,社会生产力水平的提高、先进科学技术和信息技术的应用,使德育教育的时空范围和对象都得到扩展,知识的传播速度加快。德育教育方法似乎不需要教育者施教传道,教育者的作用和价值处于隐没状态。在现代商品经济条件下,自由、民主、科学的思想观点和法纪观念不仅成为现代德育方法的指导思想,而且现代德育方法也体现出科学性和民主性等特征。

(二)德育对社会生产、科学技术和商品经济的影响

通过培养人的品德、向社会传递思想道德的标准,德育对社会产生了正面的影响,同时也对社会诸多方面产生影响,德育的影响主要体现在以下方面。

1.对社会生产的影响

生产力是人和物相互作用、相互影响的产物,人是生产过程中的劳动者,物是生产过程中需要的劳动资料和对象。在生产过程中,人具有主体性、能动性。生产资料一般包括劳动工具和生产工具,受劳动者的控制,需要劳动者运用自身的能力去制造、改进甚至再创造。劳动者如何生产、运用生产资料取决于劳动者本身的劳动能力,劳动能力的高低取决于人的体

力与智力,人可以通过自己的主观意识与能动意识来决定如何控制生产、创造、制造过程。而人的主观意识、能动意识则受人的品德形成的精神力量支配,可以说,人的劳动能力的应用离不开人的品德。通过与生产力有关的德育(现代专业思想、职业道德、职业理想)的培养,在生产劳动的过程中实现对人体潜藏体力、智力的价值激发,人通过职业意识、职业意志、品德的支配,将生产使用价值转化为具体的生产制造力,实现人精神力量向物质力量转变。通过德育培养,加强劳动者的职业教育,直接提升劳动者品德,进而提高生产力。

德育对于现代生产劳动具有巨大的能动作用。假设负责简单的手工生产劳动的劳动者,德育可以通过生活方式来培养,那么从事大型生产制造的劳动者德育则需要专业的学校教育进行长期专业的培养,而且必须坚持德育培养训练。德育是基于推动社会现代生产和社会现代生产力发展的现代教育之一,它的发展也是为了培育生产劳动者的职业品德、更好地作用于生产力。新时期下,我国不断建设物质文明和精神文明,全方位提高民众的思想道德高度、科学观和文化素质,精神文明建设极大地推动了德育在现代生产制造中的发展。

2. 对科学技术的影响

科学技术人员也需要德育培养,科学技术人员作为科学技术的生产者、应用者,他们的德育水平直接决定着科学技术的成果应用,决定着科学技术是否能够应用于科学技术活动,通过何种方式应用于科学技术活动,能为科学技术带来何种程度的助力。不仅如此,德育建设的好坏还关系着科学技术人员的研究进度、研究成果、研究成果质量和研究成果数量等,甚至研究效率、效益等因素也都受影响。通过科学技术发展史和科学技术活动实践证明,在客观条件相同的情况下,科技人员的智力水平相近,但科技人员接受德育教育水平的差异对科研结果的质量、效益、效率有巨大影响。综上所述,科技研究成果对德育有巨大的需求。中国目前的教育模式,首先，在学校教育中，通过品德德育课程对科技研究人员进行德育培养，当科技人员进入到工作岗位后，接受来自科技单位的德育再培养。现代的教育模式双管齐下，一边对能生产出科技成果的科技人员进行知识能力培养，同时加强德育教育，通过双管齐下，培养出能推进科学技术发展的科技人员，将科技人员的知识力量转变为具体的生产力，变成物质力量。在建设新时代中国特色社会主义的今天，以科学发展观进行科学知识、素质的同步教育具有深远意义。通过知识与德育教育的相互影响、相互协作，促进科学技术正向发展，推动我国特色社会主义建设。

3. 对现代生产、现代技术、现代商品经济发展的影响

现代社会，德育教育以传播科技意识、培养生产观念、培养经济观念为教育方式，帮助人们养成适应现代社会发展的民主、科学精神，法律、纪律观念，社会集体责任感和协助合作等观念，从观点、气质、态度、行为习惯、思维方式等方面为现代生产、科技、经济发展等活动提供思想道德的基础和基本保证，保证在现代社会可以顺利开展科技活动，适应现代生产节奏。

现代生产与现代科技、现代商品经济联系紧密，是以现代科技为基础的大规模社会化生产。现代生产的顺利发展除基础科技知识外，还需要通过德育教育打破传统小生产观念、计划经济观念和自然经济观念，树立热爱科学、尊重科学发展观的科学观念，重视科技人才的培养；树立自由、平等、民主、法制、诚信、统一发展的社会观念；树立讲究质量好、效率高、效益好的效果观念；树立有社会责任感、集体主义感的观念，为现代生产提供优秀的思想基础，保障现代生产有序进行。

在现代生产过程中，要求生产者要有现代生产观念，适应现代生产的大规模、协作生产、系统化生产，要有整体意识，必须抛弃传统小作坊或个体手工的生产观念、行为习惯与思维方式，否则将无法与世界竞争。世界竞争是激烈、残酷的，要想在竞争中存活、发展、进步，需要积极调动中国企业家的能动性，中国的企业家应注重大众想法，通过听取别人的看法和意

见建议,改进自己的工作想法和方式。提高经济发展速度需要提高企业家的思想意识,激发企业家的积极进取精神。目前中国的企业家将科学发展观念贯彻执行得很到位,在企业管理方面引入激励制度,通过激励与奖励,调动员工工作热情,为企业创造更大的经济价值。

4. 对环境和人类安全的影响

随着时代的发展,社会生产得到了巨大发展,新的科学技术为我国发展提供了巨大的助力,也为民众的生活带来了巨大的便利。但是,新的生产力和科技的力量巨大,如果不能给予合理的引导、调节和控制,力量可能会发生"变异",对社会生产力的发展造成阻碍,尤其是会损害到人类的安全、利益、幸福感甚至是生命,以致自然生态失调。为了预防社会的不平衡发展,需要建设德育教育,通过传达集体主义思想、科学发展观念来提高整个社会的思想水平,形成良好的社会风气。增强社会民众的责任感、参与感,不仅能够保证现代生产生活的顺利、健康推进,还能形成巨大的社会合力。人民齐心协力,推进、增进人民幸福,保护我们人类赖以生存的环境和生态安全,为人类的可持续发展提供有力保障。

二、德育与政治经济制度的关系

在物质生产过程中,人与人形成的是客观的、不以人的意志为转移的经济关系——生产关系。经济基础是指由社会一定发展阶段的生产力所决定的生产关系的总和。通俗来讲,它属于生产关系的一部分。而上层建筑依赖于经济基础而形成自己的统治地位,从而得到巩固和发展。上层建筑包括阶级关系(基础关系)、维护这种关系的国家机器、社会意识形态,以及政治法律制度、组织和设施等,政治上层建筑居于主导地位。

（一）政治经济制度对德育的影响

1.影响德育的社会阶级性质

在原始社会,德育的社会阶级性质主要体现在平等性、公共性等层面,这是由于原始社会通常采用生产资料公有制的分配制度,且部落、氏族中每人机会均等。而对于当代的社会主义社会来讲,国家政权、生产资料归属于社会劳动群众、工人阶级,进而使德育带有了社会主义性质,体现了民主、平等以及自由的特性。

2.影响德育的目标

原始社会的德育目标,是希望部落内的每个成员都能够遵守约定的风俗习惯、文化传统及思想行为准则,确保部落的整体利益,培养氏族英勇作战的品质。在阶级社会中,在经济、政治方面占据主导地位的阶级拥有对社会生产资料、国家政权的掌握权,他们要求社会其他阶层按照他们的意愿开展德育工作,进而在社会上传播他们的道德思想,从而使社会群众服从相应的政治经济制度,培养相应的道德品质。欧洲中世纪时期,强调节俭、勤劳、忍耐、绝对服从及信仰上帝的德育目标。资本主义社会希望社会群众培养资产阶级的博爱、平等、自由及民主的思想品德。

3.影响德育的内容

德育工作内容主要根据德育目标来确定,而这个目标又是由政治经济制度决定的。因此,政治经济制度能够对德育内容产生根本性影响。在阶级社会中,统治阶级能够掌控国家政权、生产资料,为社会培养具有顺应统治阶级经济社会制度的思想品质的人。在社会主义社会中,德育内容主要是条件所决定的,包括道德规范、思想政治准则等,这是由一定的社会背景、条件所决定的。德育内容由社会情况所决定,因此,阶级社会中不会存在永恒不变、抽象以及超阶级的德育内容。然而,在各民族、阶级、国家及社会中,所开展的德育内容也具有一定共通性。对于各个阶级来讲,所实施的德育工作不仅存在差别、对立的内容,还具有一些相似之处,而这些具有相似性的内容通常是依照统治阶级的利益而设置的。

4.影响德育方法的性质和特点

与德育内容不同,德育方法并不会受到政治经济制度直接强烈的制约。然而,德育方法的实施体系还是会受到政治经济制度特点、性质等方面的制约。社会主义社会强调人民当家作主,以人民为中心的德育内容,从而培养人民成为积极、具有主人翁意识的社会主义建设者。因此,社会主义社会中采用的德育方法应以民主、科学为中心,通过说理性、启发性的社会主义思想道德,教育人们形成友爱合作、团结互助以及民主平等的社会关系,使社会主义思想道德内化为人民群众的道德品质。

(二)德育对政治经济制度的影响

德育不仅受到政治经济制度的影响,还对其产生一定作用,主要体现在以下三个方面。

1.培养符合社会政治经济制度要求的人

德育能对社会政治经济制度产生一定的积极、能动作用,而这种作用主要是通过培养符合一定社会发展阶段的政治经济制度要求的人来实现。通过德育工作,教育者可以使符合社会政治经济制度要求的道德品质内化为受教育者内心的思想道德,并将人放在政治经济关系中,为其做出相应贡献,使一定社会发展阶段的政治经济制度得到巩固与发展。

2.培养社会的政治领导人才

各阶级与各社会发展阶段,都需要培养大量德才兼备的人才,从而推动社会快速、稳固地发展。当然,从事经济、政治等这些领域的人员更应该受到德育教育。在德育教育中,学校德育最为重要,学校通过智育、德育两者有机结合,根据一定社会发展阶段的政治经济制度要求,培养学生成为具有相应社会道德素养的人才,从而为社会各个领域填补职位空白。尤其是教育科学文化、政治经济等管理活动,能使社会政治经济得到巩固和发展。在我国的社会主义建设时期、社会主义革命时期以及新民主主义革命时期,德育主要是为了培养忠于革命、忠于党、忠于人民群众利益的优秀干部,进而可以更加有效地参与到国家建设工作中,使得社会主义政治经济制度得到快速、稳定的发展。

3. 传播一定社会的思想政治观点

社会经济基础能够有效地反映出一定的社会舆论性质、倾向、社会意识以及政治观点。社会经济基础是社会舆论、社会意识及政治观点等上层建筑赖以产生、存在、发展的物质基础。社会经济基础在社会占据主导地位,要求人们在德育教育工作中形成这种思想道德品质。社会上层建筑能确保社会经济基础得到巩固、发展,是其必不可少的思想政治条件。社会德育、学校德育通过对人的德育宣传,使人们了解符合社会政治经济制度要求的社会意识与政治观点,并通过社会舆论作用,使社会大众的思想观念、社会的道德风尚和思想面貌发生转变,适应于相应的政治经济制度。事实上,不仅是当代社会注重德育教育工作,传统社会也强调德育的重要性,它们都对其在巩固发展政治经济制度、影响社会道德风尚和思想面貌、舆论制造、群众以及思想等的宣传方面给予高度关注。因此,社会大众应该高度重视社会主义德育对社会政治经济制度的巩固、发展方面的重要性,从而形成与社会思想政治观点相符合的思想品质。

虽然德育教育工作能够对社会政治经济制度产生一定的影响,但并不能起到决定性作用。德育是社会上层建筑,依赖于一定的社会经济基础而产生,是巩固、发展经济基础的重要思想和政治条件。上层建筑并非永恒不变,它由社会统治阶级而决定,所以只能在一定轨道、范围内发挥作用,不可能超越这个范围。对于社会发展来讲,若生产关系适应一定的生产力发展规律、根本性质,那么就能推动社会向积极方向发展。因此,从这一角度来讲,德育无法对一定发展阶段的政治经济制度产生决定性影响,只能对其起到延缓或促进的作用。

详细来讲,德育所服从的政治经济制度只要符合一定的社会形态,就能够起到积极的推进作用。因此,在社会主义社会中,人们应该充分认识德育在政治经济制度中的重要性,发展并自觉参与到教育活动中,使一定社会的政治经济制度得到巩固和发展。

三、德育与社会意识的关系

(一)社会意识对德育的影响

社会意识限制、约束着德育的目标、内容、功施、方法等方面,下面笔者主要从以下几个社会意识角度出发进行详细阐述。

1. 哲学观点影响德育的根本观点和方法

纵观人类历史发展历程可以发现,每个社会形态及时代背景下都有其独一无二的主流哲学观点,并受其影响形成了独具特色的德育观点及方法。即使处于同样的社会背景下,每个人的哲学观点也千差万别,而与之相应的德育观点及方法同样大相径庭。比如,我国先秦时期,哲学观点百家争鸣,关于人类本性的探讨也各执一词,形成了很多不同的德育观点及方法;强调人性本善的哲学观点认为,道德修养就是找回人失去的"本心";而强调人性本恶的哲学观点则认为,道德教育要通过后天努力来改造人的本性。近代西方时期的"纯粹理性"观点倡导以理性为主导,重视人类意识品质的培育,轻视生活经验及规章制度的约束意义。我国当前推行的德育体制是在马克思主义哲学理论基础上创设的,深受其科学世界观和方法论的影响。

2. 政治思想影响德育的目标和实施内容

政治思想直接代表着不同时代的社会经济制度及各个社会阶层之间的利益结构,是社会意识的核心,极大地感染和限制着德育尤其是德育目标及内容的形成与发展。资本主义国家推行民主的政治思想,主张言论及信仰自由、律法平等、尽可能地保护所有公民的利益等基本原则,并在此基础上制定了全新的德育目标及内容,将德育的重点工作确定为引导和帮助人们建立人人平等、自由公正、宽仁博爱等价值观念。社会主义国家的核心政治思想是共产主义,这既是人类最理想、最高级的社会发展目标,也是无产阶级政治思想的集中体现,更是社会主义德育工作有效开展的主要指导思想。

3.社会意识影响德育的具体内容

社会意识直接决定着德育内容,德育内容是筛选、处理、完善后形成的在当前及未来社会发展过程中具有深远教育指导意义的社会意识及相应的行为规范。失去这些意识和行为支撑的德育内容不可能存在,德育也无法实施。社会意识对德育至关重要的影响作用,就是借助德育内容对其进行筛选和处理来实现的。决定德育内容性质及其教育程度的主要因素就是社会意识,其次才是社会经济发展形态和国民生活水平。社会存在对社会意识的形成起着决定作用,但所有的生产、生活方式及生产制度对德育的影响都是间接的,都需要借助由其产生的一系列社会意识来实现。由此可见,社会意识与德育内容之间具有直接联系,前者直接决定着后者的性质和水平。

4.社会意识影响德育实施的精神文化环境

德育的顺利开展离不开环境的支持。不同社会意识间相互碰撞产生的实际关系和氛围就是一种独特的精神文化环境,对德育的有效开展发挥着举足轻重的影响作用。这种作用隐性而持续,在很大程度上影响着人们思想道德品质和价值观念的形成。人的成长和发展离不开周围思想观念、精神文化、传统风俗、生活习惯等关系因素的感染和影响,在这些关系的长期共同作用下形成了一个人独有的思想观念、价值取向与人格特质。同时,人在长期社会生产实践中总结积累形成了反映客观事实和规律的一系列自然、社会科学知识及人文艺术等,它们都为德育的有效开展提供了坚实的文化基础。此外,基于社会意识而产生的各种实践行为是开展德育的重要方法,也对德育的开展创造了一定环境条件。综上所述,环境对德育的开展和人格的塑造具有深远意义。

(二)德育对社会意识的影响

德育既受社会意识的制约,同时它也积极能动地作用于社会意识。这种影响主要表现在以下方面。

1. 传递社会意识

德育可以将优秀、有价值的社会意识有效传递给教育客体及普通民众,通过长期接触、学习和感悟,在潜移默化中将这些先进意识内化为民众自身的思想意识及行为准则。同时,借助这种广泛、持续的传播形式,能够有效地传承社会意识,并结合当时的社会实际和需求进行不断调整和优化,使其得到更好的发展。比如,我国的儒家思想就是借助各种形式的德育手段,在数千年历史发展演变中仍然屹立不倒,影响着一代又一代中华儿女的思想意识,并已走出国门,作用越来越突出广泛。由此可见,这种传承作用不是一成不变的复制粘贴,而是一个不断优化和发展的过程,使其产生的作用越来越广泛且深远。

2. 优化、升华社会意识

德育并不是对所有社会意识都进行无差别的传播。德育内容是在众多社会意识中经过慎重筛选、科学处理而形成的优秀的、精华的、有重要教育意义的意识。要客观认识、精准把握所有社会意识,摒弃或改良对社会发展需要及健康人格形成有消极阻碍作用的部分,有效传承和吸收有积极促进作用的部分,促使社会意识在不断地优化调整过程中得到有效提升。当前我国社会的德育内容在有效传承和吸收人类历史发展过程中形成,代表普通民众的利益,强调宽容、自由、平等社会意识,是一种经过升华的社会意识,符合当前社会主义建设和发展的步调与需求。

3. 创造、发展社会意识

德育过程在某种程度上就是一种社会意识的创造和发展过程。大多数教育主体在传授教育内容的过程中,为了帮助教育对象高质量、高效率地理解和吸收这种思想意识,通常都会有意或无意地加入一些自身的感悟和体会,使原有的思想意识得到进一步的拓展和丰富、创新和发展。将这种得到发展的社会意识,如教育与体育、美育等教育内容有机结合起来形成综合性的教育体系,培育出符合当代社会发展需要的专业技能扎实、思想品德优秀的复合型创新人才,反过来又会推动社会经济和意识形态的发展。这也是创造和发展社会意识的重要意义所在。

第三节　体育的内涵与功能定位

体育概念的出现,远没有人类社会体育实践活动那样悠久,体育活动是在人们社会生产和生活中产生的,萌芽于原始社会,体育一词在 20 世纪初传入我国,当时它单指身体教育、是一门学校课程。在这之前,我国只有武术、导引等运动项目的具体名词,而没有体育活动的统一概念。体育的概念有两个:其一,广义体育(体育运动)以身体练习为基本手段,以增强体质促进人的全面发展、丰富社会文化生活、提高精神文明为目的的一种有意识、有组织的社会活动,既受一定社会政治经济的影响和制约,也为社会政治、经济服务;其二,狭义体育(身体教育)通过身体活动,传授锻炼身体的知识、技能、技术,达到增强体质、培养道德和意志品质的目的,它是有计划的教育过程,是教育的组成部分。

一、体育的组成

第一,学校体育。学校体育是在各个学校开展的有目的的体育教育活动,旨在提高学生身体素质,教授体育知识、技能等,同时也可以培养学生的意志品质。学校体育既是体育的一部分,也是教育的一部分。我国体育事业的发展离不开学校体育。学校体育由体育课、课外体育活动、体育训练和课外比赛竞技四个部分组成。

第二,竞技体育。竞技体育可以最大限度地激发人们的潜能,使人们的体格、体能、心理、运动技能等能力得到锻炼。人们为了在比赛中获得好成绩,会进行一系列的科学训练和比赛,这些都属于竞技体育的一部分。竞技体育是文化领域中特殊部分之一,在体育领域中占有较高地位,也是世界体育文化的主体,在大众文化中也具有很高的地位。竞技体育将人体的能力发挥到极限,观赏性和感染力较强,另一方面,也可以凝聚、团结民族力量,振奋民族精神。

第三,社会体育。社会体育主要是人民群众为了锻炼身体、进行康复训练、休闲娱乐等而进行的体育活动,它的形式多样,受众广泛。社会体育主要群体是人民群众,涉及社会生活的各个领域,包含的内容也十分多样,如娱乐体育、休闲体育、养生体育、医疗体育等。当今社会,人们不断提高对自身的发展重视程度,对自身知识水平和身体素质要求也更高。身体素质主要是围绕身体健康、体形、精神状态和自身气质等。

二、体育的功能

体育的功能产生于体育的本质和社会的需要,并在促进社会物质文明和精神文明方面表现出来。体育的功能具体如下。

（一）健身功能

体育是以身体的直接参与来表现的，这是体育的本质特点，它决定了体育的健身功能。主要体现在以下几个方面：第一，改善大脑供血和供氧，提高中枢神经系统的适应能力，能使人心情舒畅，调节社会、生活和工作的压力。第二，促进人体的生长发育，加速新陈代谢。第三，对人体内脏器官构造的改善有着积极的作用。第四，刺激骺软骨的增生，促进骨骼的生长。第五，提高肌肉的工作能力。第六，提高人体的免疫力、抗疾病能力和心理承受能力。第七，提高对自然环境和社会环境的适应能力，预防疾病，延缓衰老。

（二）娱乐功能

体育运动既可以帮助人们提高身体素质，也可以获得精神上的愉悦，陶冶情操，人们可以在运动中暂时放下繁忙的工作，让身心获得暂时的休息。实现体育娱乐功能的主要途径是参观和参与。一方面，体育运动具有极高的观赏性，尤其是高水平的竞技体育活动，能够展现出力量与速度的完美结合，让观众欣赏到人体力量和运动之美；另一方面，体育活动可以让参与者彼此相互配合，在与他人的竞技中获得不一样的身心体验，娱乐自身。

（三）促进个体社会化

人的社会化就是个体社会化，是人从生物人变为社会人的过程。而在这一转变过程中，体育运动扮演着重要角色。人们学会的基本生活技能都是通过体育运动获得的，如婴儿阶段的被动体操、少儿阶段的打闹嬉戏、成年后的适应社会等，都需要通过体育活动获得。人们在进行体育运动时，必须遵守体育规则，通常由教师或教练告知规则并进行监督，这一过程就是让人们养成遵守社会规则的行为习惯。体育运动具有社会性,在体育运动中,人们相互交流,彼此默契配合,可以促进人际交往,提高人们的沟通能力。为了促进人类社会健康发展,应在社会各类人群中普及健康和体育运动相关知识,使青少年、中年人、老年人等不同年龄段的人都能通过获得的体育知识,进行健康的体育活动,培养健康的生活方式。在促进个体社会化方面,体育已经深入社会生活的方方面面,扮演着重要的角色。

(四)教育功能

体育是教育的重要组成部分,体育的教育功能也是其最基础的功能。人们参与各类体育活动的同时也在接受教育,无论是在学校、俱乐部还是训练场及其他各类场所的锻炼,都会有教师、教练和同伴进行指导和教授。尤其在校学生处于身体生长发育阶段,也处于世界观、价值观的形成时期,进行体育运动,不仅可以提高学生的身体素质、增强体质,还可以让学生接受意志品质和思想道德规范等方面的教育。同时,体育具有群体性、国际性、礼仪性和竞技性等特点,可以向人们传递某种价值观。此外,还可以激发民众的爱国热情,增强民族凝聚力,推动社会积极健康发展。

(五)政治功能

体育和政治客观上相互关联,不论是哪个国家,体育都要服从政治,政治对体育具有绝对领导权。体育在政治中主要有两个作用:一是在国际比赛和交流中具有重要作用,二是在群众体育中具有重要作用。国际比赛可以反映出一个国家的实力,从一个国家竞技体育水平的高低可以看出一个国家政治、经济、文化等方面的发展情况。从这一意义上来看,体育竞赛就像和平时期的战争,在竞技比赛中取得胜利可以增强人们的民族自豪感,提高国家的国际地位。此外,体育还可以增进不同国家之间的文化交流,服务于外交,通过国际比赛连接不同国家,促进交流合作和友好往来。

（六）经济功能

经济发展为国家发展提供物质保障,体育的发展也离不开经济的支持。一个国家的体育运动发展情况通常可以反映出这个国家的经济发展水平。经济发展促进体育发展,体育运动的发展又可以推动经济进步。如今,体育作为第三产业,在经济中的地位日益提升,与商品经济联系日益紧密。发达国家体育的经济功能得到了充分的利用,而我国在这方面的发展还相对滞后。体育运动主要从两个方面获得经济收益:第一是大型运动会,通过售卖门票、印发纪念币、邮票、体育彩票、传媒等获得收益;第二是日常体育活动,利用体育设施,组织热门体育项目比赛,开展娱乐体育活动,售卖体育服装、体育设施,同时组织旅游活动、体育咨询等来获得经济收益。

第四节　体育、德育、智育的关系

一、体育与德育

体育活动的丰富多彩吸引了青少年参加到不同的体育运动项目之中,而这些不同的运动项目培养了学生勇敢、沉着、果断、坚定的意志品质。青少年大多乐于参加集体体育活动,在体育活动中通过对组织纪律和规则的遵守,对体育器械设施的爱护,对同伴的帮助,培养了学生的组织纪律性和集体主义精神。体育竞赛的竞争、评比和奖励等,能够促进学生的竞争意识,激励学生奋发向上、努力拼搏。通过比赛的胜与败,培养学生在胜利面前戒骄戒躁,在失败面前不气馁的思想品质。通过体育比赛的颁奖,特别是国际大型比赛的颁奖,对参与者、参观者都有着精神层面的满足和鼓励,这种情感教育使他们在不知不觉中树立为集体、为国家争得荣誉的责任感。

体育活动是一种积极向上、丰富业余生活的手段,通过积极地参与体育活动,可以防止和纠正学生的不良行为,达到精神文明教育的目的。因此,体育与德育存在有机的联系,并互相促进。

二、体育与智育

体育与智育之间相互关联、辩证统一,体育对学生的智力发展有着积极的促进作用。通过体育锻炼能够增加大脑的重量和皮质厚度。通过运动技能的学习,刺激大脑皮层处于积极活跃的活动状态,促进大脑神经中枢的发育,使学生思维敏捷,判断迅速、准确。通过体育活动提高血液的携氧能力,改善大脑供氧,提高大脑工作能力,使学生具有丰富的记忆力、集中思考的能力。

随着素质教育的全面推进,体育教学逐渐受到关注和重视,而智育与体育的相互渗透已经成为当前一个热门课题。体育不仅能促进人体机能发展,还能有效提升学生的注意力、观察力、反应力、想象力和思维能力,促使学生形成良好的道德品质和意志。而扎实的文化功底也能促进学生体育成绩的不断提升,因此,将智育与体育相互渗透,是促进学生全面发展、保证学校教育可持续发展的有效途径。

(一)在体育训练中认识智育作用

"体教结合"是新课改背景下加强学校体育工作、推进学生素质教育的一项重要举措,充分体现了体育教育事业的根本目标。现代科学证明,学生智力的发展依靠的是脑神经,而脑神经发育与体质的强弱具有直接关联。因此,体育不仅能够强健学生的体魄,还能提升学生的智力。而智力发展可进一步促进学生对体育知识和理论的掌握和运用,加深对体育的正确认知,促使学生积极投身于体育锻炼,在强健体魄、提升体育专业成绩的同时,促进智力发展。"体教结合"是增强学生体质、提升学生智力的重要途径,有利于学生的全面发展,学校对此应予以高度重视。

(二)采用群体策略,营造运动文化

将培养学生形成健康的体育生活方式作为学校体育教学的重要目标之一,在加强学生体质健康的基础上开展"阳光运动"。将体育运动融入学生生活,促使学生形成自觉锻炼意识,养成良好的运动习惯,以更好的体质为学生未来的学习和生活提供支持。采用群体策略,鼓励全体学生与教师积极参与学校体育运动,在校园内形成浓郁的体育运动氛围,让学生在忙碌的学习生活中重视体育,并自觉地参与体育运动,最终实现以体育促智育的目的。

(三)在体育技能培养中融入智育

竞技运动是体力和技巧的较量,也常常伴随着智力的较量。以三门球运动为例,三门球运动是一项"心技高于技艺"的运动,即运动者除了具备良好的身体素质、运动技巧、临场反应外,更要具有较高水平的"谋略"。三门球运动和其他球类竞技项目最大的不同在于它始终处在一个三方较量的态势中,三个队都想获胜,矛盾尤显尖锐复杂。可以说,三门球运动不仅是一门球类运动,更是一项益智运动,对开发运动者的智力具有十分重要的意义。基于此,把三门球作为特色体育项目,在实际教学中,教师不仅教授运动技巧,还充分融入思维、分析、综合、判断、推理等知识教学,以提升学生的智力,真正实现体育与智育的有机结合。总体而言,体育与智育相互联系、辩证统一。智力的增长和发展,要求体力也要得到相应发展,而人体素质的提高又会改善智力,从而对学生的运动能力和学习成绩产生一定的影响。

第四章　课程思政引领下的高校体育教学理念研究

第一节　立德树人理念下的高校体育教学改革研究

一、立德树人的内涵及理论渊源

(一) 立德树人的深刻内涵

立德树人经过一代又一代人的镌刻,有着丰富的内涵。它可以分为立德和树人两个部分。每一个时代立德树人内涵都有其特定的时代内涵,新时代立德树人在推进社会主义伟大实践的过程中又孕育出新的时代内涵。

国无德不兴,人无德不立。新时代立德最根本的内涵就是"明大德、守公德、严私德"。2014 年 5 月 4 日,习近平总书记在同北京大学师生座谈时明确要求广大青年要修德,要加强道德修养,注重道德实践。他指出:"我们的用人标准为什么是德才兼备、以德为先,因为德是首要、是方向,一个人只有明大德、守公德、严私德,其才方能用得其所。"

首先,要立谋人民幸福、民族复兴之"大德"。古代评价一个人有德行,常常以修身、齐家、治国、平天下来描述,可见在古代社会"修身"只能算一个人品德修养的初级阶段,想要真正成为一个有"德"之人,更重要的是胸怀"大德",心系国家和民族。习近平总书记继承关于"德"的优秀传统文化思想,并结合时代特征,告诫广大教师授业授"大德",传道传"大道",要求青少年要时刻怀揣共产主义远大理想和中国特色社会主义共同理想,胸怀中国梦,肩负起中华民族伟大复兴的历史使命。因此弘扬和践行社会主义核心价值观就是立德树人之"立德"的基本要求,"树人"是"立德"的目标,让大学生把所立之"德"内化于心、外化于行,保证"树人"的正确方向。

其次,要恪守社会文明、风清气正之"公德"。守公德,就是遵守中华优秀传统美德,尊老爱幼,助人为乐,赠人玫瑰、手有余香,就是遵守社会公德,强化宗旨意识,严守道德底线。身为高校学生,就是要尽好自己的职责,尊老爱幼,互帮互助,团结友爱,为社会的发展贡献自己的力量。

最后,要立慎思笃行、严于律己之"私德"。严"私德"不仅是指个人道德品质和道德能力,还包括理想信念、人生价值追求和法律素养。这些合在一起才是一个人思想道德素质的综合体现,也是一个人"私德"的集中体现;不仅要严学生之"私德",还要严教师之"私德"。习近平总书记也多次强调理想信念是精神之钙,全党全军全国各族人民都要树立理想信念。广大教师作为社会主义事业接班人和建设者的培养人,除了要具有无私奉献的精神之外,还要有良好的职业道德和崇高的理想信念。只有广大教师树立起了坚定的信念,才能正确地引导学生、教育学生、影响学生、示范于学生。立德树人之"立德",不仅要教会学生该树立何种之"德",更重要的作为施教者的广大教师自身要"立德",这样看来,理想信念教育也是立德树人的重要维度。

十年树木,百年树人。新时代"树人"最根本就是培养担当民族复兴大任的时代新人。"树人"的问题关系到培养什么样的人的问题,是教育的首要问题。我国是中国共产党领导的社会主义国家,这就决定了我们的教育必须把培养社会主义建设者和接班人作为根本任务。能够担当民族复兴大任的时代新人,首先,必须有坚定的理想信念。理想是复兴中华民族之理想,信念是共产主义之理想信念,既要不断坚定中国特色社会主义道路自信、理论自信、制度自信、文化自信,还要牢固树立中国特色社会主义的共同理想。其次,必须要具备马克思主义学科的基本素养。能够担当民族复兴大任的时代新人,必须真学真懂真信马克思主义、中国特色社会主义,在此基础上树立共产主义的远大理想。最后,必须有坚定信仰和忠实实践的决心。时代新人要自觉做共产主义远大理想和中国特色社会主义共同理想的坚定信仰者、忠实实践者。理想只有在行动中才能变为现实,每一项事业,每一个成绩,无论大小巨细,都是脚踏实地、勤勤恳恳,辛苦耕耘出来的,需要才学、需要本领、需要信心。时代新人肩负着实现中华民族伟大复兴的时代使命和历史重任,没有过硬的本领、才华和信心,没有强烈的责任意识和担当精神,无疑是难以胜任的。

(二)立德树人的理论渊源

古代关于立德树人的教育思想,可大致分为立德和树人两个部分。

立德最早可以追溯到先秦时期的"三不朽"思想,在《左传·襄公十四年》记载:"太上有立德,其次有立功,其次有立言。"①大概意思就是人生在世想要流芳百世、万古不朽就要做到立德、立功、立言。立德是从道德情操的角度,强调人要有高尚的道德修养,成为后世效仿的榜样,这样便是人格不朽;立功是从事业功绩的角度,强调要为国为民建功立业,使社会和人民长期受益,这样便是事业不朽;立言是从思想言论的角度,强调要为后世留下真知灼见的文字、经邦济民的学说,这样便是思想不朽。先秦思想家认为只要做到以上的"三不朽"就可以流芳百世,而这一切的开始和源头都是先立德。

---

① 朱祖延.引用语大辞典增订本[M].武汉出版社,2010:605.

树人是古代的一种教育思想,最早见于《管子·权修》,管仲告诫"一年之计莫如树谷,十年之计莫如树木,终身之计莫如树人"。这里面所讲的树人就是专门指培养协助君主治理国家、发展生产、管理人民和富国强兵的有用之才。

党的十八大以来,以习近平总书记为核心的党中央对我国传统文化经过有鉴别地发扬和有扬弃地继承,从而形成了立德树人的教育理念。立德树人和优秀传统文化密不可分,在理想信念、价值取向和精神追求上都是薪火相传。

立德树人和优秀传统文化在理想信念上一脉相承。中华民族自古以来就有经邦济民之心、成圣成贤的道德追求和以天下兴亡为己任的政治抱负。他们提倡践行立德、立功、立言的人生理想,追求"先天下之忧而忧,后天下之乐而乐"的人生境界,怀揣"天下兴亡、匹夫有责"报国之志,憧憬"人人为公,天下大同"的理想社会。这些先人后己、先公后私的精神是中华民族的宝贵精神财富,在民族兴亡的重要时刻发挥了无比巨大的力量。当前,中国特色社会主义进入了新时代,立德树人要求青年一代要对传统文化进行批判地继承,树立共产主义远大理想和中国特色社会主义共同理想,把个人的成长成才与社会进步、民族复兴、国家富强紧密联系在一起。习近平总书记告诫青年一代要"立志报效祖国、服务人民,这是大德,养大德者方可成大业",并指出"'中国梦'是全国各族人民的共同理想,也是青年一代应该牢固树立的远大理想"。

立德树人和优秀传统文化在价值取向上一路相随。中华民族的基本的道德规范和价值取向是"仁义礼智信",其中以"仁"为首,并以此构筑人与社会、人与自然、人与人之间的基本关系。在公平关系上,提倡先公后私,大公无私;在群己关系上,融己于群,群以合一;在人我关系上,己所不欲,勿施于人;在自然观上,道法自然、天人合一;在生死观上,杀身成义、舍生取义;在利义观上,重义轻利、见利思义。这些都是中国古代民族道德规范的标准,深刻影响着中华民族的价值取向,这些道德规范和价值取向经过演变淬炼,聚集成了社会主义核心价值观的源泉。立德树人所立之德,就是以优秀传统文化中的价值取向为源泉的社会主义核心价值观,即古代社会的主流价值观。习近平总书记把它概括为六条,就是"讲仁爱、重民本、守诚信、崇正义、尚和合、求大同"。

立德树人和优秀传统文化在精神追求上同向同行。以爱国主义为核心的团结统一、爱好和平、勤劳勇敢、自强不息是中华民族在长期发展过程中形成的伟大民族精神,包括伟大团结精神、伟大奋斗精神、伟大创新精神和伟大梦想精神。

不仅如此,在五千年历史中还孕育出了"鞠躬尽瘁,死而后已"的无私奉献精神,"人生自古谁无死,留取丹心照汗青"的爱国主义精神,还有五四精神、井冈山精神、长征精神、延安精神等,催生出了改革开放和新时代以创新为基础的时代精神,这是我们国家和民族向前发展的精神动力。立德树人就是要把这种历久弥新的民族精神进行弘扬和传承,树立新时代民族精神的丰碑,为实现中华民族伟大复兴的中国梦增加无限动力。

立德树人的思想源远流长,是从历史的长河中淬炼出来的真理,经受了我国优秀传统文化的浸润,深深烙上了中华文化的烙印。与此同时,我们也要看到它和新事物、新的历史时期的磨合进而相适应的一方面。立德树人就是在充分继承和批判古代道德规范和价值取向的基础上不断推陈出新,古为今用,将鼓励人们积极向上、推动社会和谐发展的先进内容结合时代特征加以弘扬,把不利于社会进步、禁锢人们思想的东西加以扬弃,实现了立德树人创造性的转变和创新性的发展。

二、高校体育立德树人的价值

高校体育的根本任务是培养学生德、智、体、美、劳全面发展,教学过程中,高校体育教师不仅要传授体育知识,提高学生身体素质,使学生掌握运动知识及运动技能,同时还要把培养学生的德性,将知、情、意、行贯彻始终。高校体育的教学方式以学生的身体运动为主,实践体验和情感体验更直接,更有助于落实立德树人。

(一)丰富大学生体育道德认知

认知是人的感觉器官对信息加工的过程,是人认识善恶、美丑的过程,是建立良好德性的基石。以"知"为基石,晓之以理。大学生过分重视体育实践知识技能,而德性认知缺乏,将无法形成良好的道德情感和道德行为。

体育认知是人们通过认识体育文化、了解体育知识、参与体育活动后产生的心理活动。体育道德认知为体育实践提供了知识指南,主要表现在:其一,学生体育道德认知水平高,则体育情感浓厚,体育运动意识高,体育竞争意识强,有助于学生参加体育运动实践活动,促使学生培养终身运动的行为习惯;其二,提高体育道德认知,可以使学生认识言行美、着装美、动作美的真实含义;其三,使学生认识高校体育与中小学体育的区别、蕴含丰富的体育文化、体育与健康的关系及体育对健康的重要性等知识。

(二)培养大学生体育道德情感

情感是伴随着人的认识和意志产生的对外界事物喜、憎、好、恶的态度和体验。当人们的道德认知和道德情感发生共鸣的时候,就会产生积极、愉悦的情感体验,反之则会引起消极的情感体验。体育道德情感最常见的是责任感、荣誉感、义务感和自豪感。

高校体育可以不断激发和培养学生的学习情感,促使学生以更高的热情投入到学习中,进而提高学习效率。高校体育有助于培养学生的责任感,良好的责任感是学生认真对待学习和生活的先决条件。高校体育对学生的责任感的培养主要体现在以下几个方面:第一,对自己负责。高校体育有严格的标准,想要取得良好的成绩,就必须严格要求自己,如出勤率、课堂表现、课外作业、技能测评等。第二,对他人负责。个人成绩与团队成绩有着密切的关系,这就要求学生不仅要对自己负责,还要对团队其他成员负责。

(三)提升大学生体育道德意志

意志是人的思维决策影响行为的心理过程,是人们为实现特定目标、克服内在或外在的压力及阻碍做出的自觉顽强的努力,是调节行为的精神力量。高校体育课可以有效培养学生克服困难、勇于挑战、努力拼搏、积极进取的意志品质。首先,高校体育为学生提供了挫折教育的机会。不管是在运动技战术、身体素质,还是在运动竞赛方面,学生都会遇到各种阻碍、遭遇各种失败。只有经过不断的努力、克服困难,才能取得一定的收获。其次,高校体育课为学生提供了挑战困难的高峰体验。体育课中,学生经过努力拼搏不断地自我挑战和突破,有助于增强学生的自信心和成就感,坚定其永不放弃、敢于拼搏的决心。

(四)规范大学生体育道德行为

道德行为是人们在道德认知、道德情感、道德意志的基础上的行为表现。体育道德行为是有效衡量学生是否掌握正确的体育道德认知、培养良好体育道德情感、树立体育意识、养成终身体育锻炼的行为习惯的标准,高校体育课的严格要求,有助于促进学生认真训练,培养良好的体育道德行为,为终身体育奠定基础。

三、高校体育立德树人的境况

(一)学科建设滞后

学科建设是大学体育教学部门的主体结构,是大学体育核心竞争力的重要反映。根据 2019 年教育部公布的"双一流"建设学科名单,只有北京体育大学和上海体育学院两所高校有"体育学",而本书所指的"高校体育"是广义的,并非"体育专业院校"的体育。由此可见,我国高校的"体育学"学科建设总体呈发展滞后,其原因主要表现有:第一,学科归属不明确。从理论知识分类和实践运动相结合的视角,解析由于学科知识特征和划分标准不统一导致了体育学科体系混乱,归属模糊,体现在我国不同大学对体育学的学科归属各不相同,如大学体育公共课、军体部、通识课(英语、思想政治、体育)、健康与体卫部(卫生、心理、体育)等,均表明当代高校对"体育学"的学科认知模糊,学科归属混乱。第二,学科地位低下。在多数高校,体育是"术科",是行政管理的手段,没有得到学校应有的重视。即使在个别学校体育学科的地位得到认同,其学科地位也相对较低,可谓是边缘化学科,得到建设的支持也微乎其微。因而,在某种程度上,学科建设滞后对高校体育实施立德树人具有阻碍作用,影响高校对学生"德"的培养。

(二)教师德育懈怠

高校体育教师是实施立德树人的核心力量。因此,高校体育教学过程中,体育教师不仅要通过身体语言展现体育的力量、技术、艺术的魅力,而且要通过自身的德行修养展示体育的真、善、美,做到将以德立身、以德立学、以德施教贯穿教育的全过程。然而,并非所有体育教师都是既能做好"授业",又能做到"传道"。例如,部分高校体育教师只重视传授学生运动技能,忽略学生的德性教育;部分体育教师忙于追求更高的物质需求,丢失了教育的信仰和宗旨;甚至部分体育教师认为,大学生的德性在中学已经定型,现在教育无济于事,即便要教育也是思想政治辅导员或者思想政治教师的责任和使命,与己无关。可见,高校体育教师对学生的德行教育有所懈怠。

导致我国高校体育教师懈怠德性教育的主要原因体现在以下两方面：一方面，德育知识储备不足，影响体育教师德性教育的发挥；另一方面，管理制度认知偏差，受认知、思想等因素的影响，体育教师与思想政治辅导员等思政教育者衔接缝隙较大，教育效果不明显，从而弱化了德性教育的实施。

(三) 馆藏文化建设不足

高校体育纪念馆是体育文化的象征，是高校体育文化传播的途径，是记录高校体育发展的载体，是传承体育精神、民族精神、科学精神的重要场所。高校体育纪念馆能够唤醒学生对体育文化的了解，激发学生对体育运动的兴趣，使其在高校体育纪念馆记载的"事迹""器械""荣誉"的熏陶激励中不断成长。由此可见，高校体育馆藏文化是立德树人的动力源泉。然而，相比美国、日本等发达国家，我国高校对高校纪念馆认识模糊，没有充分发挥馆藏文化的教育作用。在我国众多高校中，构建体育纪念馆的更是屈指可数，高校体育馆藏文化严重缺失已经成为不争的事实。

导致我国高校体育馆藏文化建设不足的主要原因有以下方面：第一，经费不足。我国高校的财政主要是国家拨款，多数高校的财政拨款不足总支出的50%，这就表明剩余的支出需要高校自己补贴。在这种资金严重缺乏的情况下，无法建设体育纪念馆也实属正常。第二，传承断裂。文化不仅需要积累，更应重视传承。高校体育馆藏文化多数是通过收集锦旗、奖杯、奖牌、荣誉证书、照片、秩序册、报纸、杂志等有代表性的物件，通过历史叙述再现眼前。但是，一方面，由于保护意识薄弱，导致部分重要资料损坏或丢失；另一方面，部分高校合并、重建、搬迁，导致体育馆藏文化无法追本求源。第三，制度落实困难。高校行政部门过分干涉体育纪念馆建设，导致相关制度无法落实。体育场馆文化建设不足的主要实质是制度的制定者、实施者、监督者相互对弈的结果。

四、高校体育立德树人的课程改革

(一)加快学科建设,提升学科地位

新时代下,立德树人已经成为学科育人的总目标,也是体育育人的终极目标。高校体育不仅要通过体育活动、体育训练、体育竞赛激励学生,实现实践育人,而且还要通过体育精神、体育文化、体育思想引导和感化大学生,实现学科育人。在培养德智体美劳全面发展的社会主义事业的建设者和接班人方面,高校体育课程和其他课程相同,都是立德树人的重要课程,具备立德树人的价值功效。高校体育必须加快学科建设的步伐,高效实施立德树人的根本任务,实现全员、全程、全方位学科育人。

加快学科建设步伐的主要途径有:一是明确学科归属。明确高校体育学科划分标准,以创新体育课程为核心,凸显高校体育教材和体育教学的特色,提升体育学科认同度,从而提高高校体育课程的教学质量,促进高校体育课程完成立德树人的根本任务。二是提升学科地位。高校体育课程面向学生传授体育运动的技战术较多,对体育运动的理论知识重视度不够。在立德树人的征程上,高校体育必须明确方向,从实践型向理论联系实践转型,不断丰富教学内容,使高校体育不仅有"术"还有"学"。知识影响德性,学问可以化人。体育既是知识,也是学问,应该和其他学科一样,获得足够的支持和尊重,这样才能充分发挥高校体育立德树人的作用。

(二)加强体育教师自身进修,落实立德树人

教师是人类灵魂的工程师,肩负着学生立德、塑魂的艰巨使命。实践表明,教师的知识素养、道德情操、言传身教可以促进学生形成正确的世界观、人生观、价值观。立德树人的落实过程中,体育教师必须不断更新理念、更新知识,不断提升综合素质、提高道德修为,才能培养出符合时代要

求的有理想、有抱负、德才兼备的社会主义建设者和接班人。由此可见,加强体育教师自身进修是培养高校体育教师德性修为的主要途径,是落实立德树人的根本保障。具体措施主要有以下三个方面:其一,加强体育教师德性教育。给学生一滴水,教师要有一桶水。教师教书育人,必须先充盈自身的知识储备,锻造过硬的思想道德品质,才能够成为社会主义接班人的培育者。体育教师作为教师队伍的一分子,必须认清自身肩上的责任感和使命感,自觉贯彻党的教育方针,不断加强思想政治修养,做到明道信道,以德立身。学校要把德性教育纳入教师日常培训体系,遵守教育规律和教师成长发展规律,加强师德师风建设,培养高素质体育教师团队。其二,提升体育教师育德能力。教师是教育过程的主导者,其育人能力直接影响立德树人实施的效果,这就要求体育教师不仅要有较高的技术教学能力,而且还要有较高的德育水平。首先,体育教师要以身作则,严格要求自己,为学生树立榜样;其次,体育教师要不断提升自己的业务能力,让学生在体育课中体会快乐,收获成长;再次,体育教师要富有爱心和耐心,不抛弃、不放弃每一个学生,促进学生身心健康发展。其三,落实立德树人的总目标。首先,要将立德树人思想贯彻教学大纲;其次,要加强德性引导,新时代下,高校学生对说教式德育充满排斥,引导、启发式教学更受学生的欢迎,更有助于学生通过亲身体验及深刻反思完善人格,起到较好的德育效果。因此,体育教学过程中,应采用引导式教学方法进行德育。

(三)加强馆藏建设,体现文化育人

文化是人类所有的精神活动及活动产品,是维系国家和民族的巨大力量。在培养社会主义现代化的建设者和接班人的过程中,高校体育文化是立德树人的内在驱动力。高校体育纪念馆是集收藏、研究、教育为一体的文化综合体,是高校文化教育的重要组成部分。体育纪念馆作为高校文化教育的重要载体,可使学生在参观过程中达到育人的目的。因此,推进高校体育纪念馆建设的过程,正是凸显高校文化教育的过程,也是建设立德树人平台的过程。

加强高校体育馆藏建设,实施立德树人的具体策略为:其一,发动社会捐助。相比发达国家,我国高校体育纪念馆建设较少的主要原因在于资金不足,发动社会捐助是快速获得资金的有效途径。高校可以通过企业捐助、个人捐助、社会团体捐助等获得资金,推进场馆建设,满足高校学生学习体育文化、感受体育精神的需要,促进高校体育课实现立德树人。其二,规范馆藏文物管理。馆藏文物在文化、历史上有很大的价值,是展示高校体育文化及体育精神的优质平台,高校学生在体育文化的熏陶下实现人格的自我完善。规范馆藏文物管理既是实现科学文化财富和历史价值的展现,又是传承校园文化的有效手段。其三,优化馆藏建设制度。高校制度管理需要明确行政管理的责任和义务,高校体育馆藏建设关乎高校体育文化的传承、体育育人等重大政治价值取向问题。高校需要优化馆藏建设制度,提升馆藏建设的执行力,完善馆藏建设监督体系,加快馆藏建设步伐,实现体育文化育人。

高校体育立德树人过程中,学科建设是基础,高校体育需要明确学科归属,细化学科地位提升的措施,加快体育学科建设,充分发挥高校体育立德树人的作用;高校体育应该加强体育教师德性教育、提升体育教师德育能力、落实立德树人的总目标,实现全面育人。馆藏文化是高校体育文化灵魂,高校体育通过发动社会捐助、规范馆藏文物管理、优化馆藏建设制度,实现体育文化育人。

第二节　全人教育理念下的高校体育教学改革研究

一、全人教育的基本观点及特征

(一)全人教育的基本观点

目前学术界对全人教育的边界还不是很清晰,对全人教育观还没有一个统一定论。本书从教育目标、教育方法、教育内容三个方面来框定全人教育,综观古今中外教育理论家对全人教育理论研究基础,全人教育思想的基本观点可以概括为以下几点。

1. 关注个人能力与潜力的全面发展

全人教育思想的核心就是"全人"的培养。顾名思义,全人就是指具有整合人格、得到全面发展的人,因而全人教育就是能够促进人在多方位全面发展的教育。隆·米勒(Ron Miller)曾指出,从全人的本质来看,精神性更重于物质性,教育应着重于人的内在教育,如情感、同情心、好奇心、创造力、想象力等,尤其要侧重于人的自我实现。全人教育重在强调教育过程不仅是知识的授予与技能的习得,更要关注人的内在精神感受和人格的全面培养,从而达到人的精神性与物质性的高度统一。[①]

2. 寻求个体间的理解与生命的意义

在全人教育实施过程中,教师要加深学生在受教育过程中合作精神的

---

① 刘晓燕.大学全人教育的理念及实践——以苏州大学敬文学院为例[D].南京:南京信息工程大学,2014.

体验,培养人与人之间相互理解、相互关心、相互宽容的素养。传统的教育非常注重竞争,总是通过考试和比赛的形式来衡量学生,往往忽视了学生非智力因素的培养,使得他们多唯"利益、威望"至上,对身边的一切事物漠不关心,最终也让人性不断沦丧。全人教育鼓励学生的自我实现,同时也强调真诚的人际交往和跨文化的人类理解。全人教育将人类生活中的人际交往进一步深化为人类跨文化的理解与信任,从而加强了学生的全球意识。

3. 强调学生人文精神的培养与融合

自从人类社会进入工业革命时代以来,传统教育中的人文教育日渐削弱,科技主义成为现代大学的主导文化。大学教育过于注重实用知识,忽视文学、人文课程的学习,导致大学生人文关怀的缺失。全人教育者并不否认当今科学知识的重要作用,主张在教育中更多地渗透人文精神教育。全人教育是用人文教育的方法来达到全人发展的目标,如果教学课程中没有人文精神的渗透,没有人的基本品格的培养,那么这种教育也注定不能达到全人教育的根本目的。

4. 鼓励跨学科的互动与知识的整合

知识教育一直是传统教育的核心,在课程体系中知识教育处于核心的地位。但是学校教育如果完全以学科和就业为导向,培养学生单一、片面的学科知识,就会忽视各种知识与各门学科之间的"关系"建构,忽略我们的世界是一个瞬息万变的有机系统。全人教育强调只有透过学科之间的互动、交叉和渗透,超越学科之间的各种限制,才能拓展新知识的学习,扩宽研究问题的视野,真正将世界还原为一个整体,才能把人培养成为一个"整全的人"。通识教育的跨学科整合学习成为实施全人教育的重要途径。

5. 寻求人的精神性和物质性的平衡

全人教育理论者提出以塑造未来为导向,以"育人"为本分,以开发人的理智、情感、身心、美感、创造力和精神潜能为目的的教育理念。这种精神要素对于人的生活、社会的稳定、人类安居乐业等物质环境有着强大的影响力。在社会物质发展日新月异的时代中,教育的根本目的被逐渐扭曲。全人教育理论者主张在人的培养过程中,既要关注物质世界,又要注重学习过程的愉悦、人际交往的和谐及自我良好品格的养成。

6.培养具有整合思维的地球公民

全人教育的最大特色就在于"全",这不仅意味着培养人的全面发展,更蕴涵着一种广阔而博大的世界观。全人教育者所关注的不仅是某个人、某个学校、某个国家的发展,而是从更宽广的角度将整个地球甚至整个宇宙联系在一起。全人教育所主张的学习观是一种整合的学习。整合学习的核心理念是联系,认识、了解世界万物之间的广泛联系是整合学习的目的。全人教育培养的学生应是具备全球视野的地球公民,他们关心环境、关心和平、关心全人类。

(二)全人教育思想的特征

全人教育产生于工业化时代,是一种批判工业化时代过于注重知识教育与理性教育的教育思潮,其主张重视人的无限潜能和非理性因素的培养。虽然学术界至今对全人教育还没有一个统一的定义,但是通过分析相关研究成果,可以得出全人教育具有以下几点特征。

1.全面观

全人教育思想的全面观主要体现在其教育目的上。全人教育强调教育的目的是培育人的全面整体发展。其教育目的不同于强调专业技术、专业技能习得的专业教育。具体而言,全人教育的全面观体现在强调人的智力、道德、情感、直觉、审美、社会、身体、创造力和精神潜能的全面发展。全人教育是为人的和谐、合群、合作、公平、正义、诚信、了解等方面而教授。

2. 主体观

全人教育认为教育是人之为人的教育,人是教育的根本。全人教育将受教育者视为独立的"个体",受教育者具有主体性、多元性与差异性,故应因材施教、个别指导、个性化教育,反对机械化、制式化、填鸭式的教育形式。每一个受教育者应被视为个体、社会与地球的主人。每一个受教育者可以凭借自身的天赋、能力和智慧表达个体的特质性。

3. 整全观

全人教育思想是以整全观为切入点的教育思想,强调知识之间的联结与转化,强调事物之间的联系。"整全思维"是全人教育学者的共同思维。整全观的基本主张是每个事物都存在于一个大的网络系统中,彼此相互联结、相互影响,任何一个子系统的变动都会导致整个系统的连锁反应。因此,全人教育思想是从"整体"上去追寻个人的全面发展,而不是零碎的、片面的。

二、高校体育教学实施全人教育的必要性

全人教育就是以人的整体发展为导向,唤起对"全人"意识的培养,追求对人自然秉性的尊重,肯定教育的内在价值,培养具备整全知识架构,具有正确价值观和积极人生态度的人。学校教育是培养人才、塑造完善人格的育人基地。而高校体育课程教学具有健身、健心、美育等多重功能,对学生未来发展方向具有价值导向作用,在学生身心发展中起着重要作用。然而,受到传统教育模式的影响,高校体育课程缺乏新意,难以调动学生的学习兴趣。之所以出现这样的情况,是因为在目前的高校体育课程教学中忽略了学生的内在需求,只注重知识的传递和能力的培养,忽视了对学生在人格上的关注,更谈不上"使人成为人"。因此,高校体育课程作为一门培养学生身心健康发展的学科,更应该关注对学生"全人"的培养,使学生得到全面综合的发展。

（一）实施"全人教育"是实现课程教学目标的重要途径

高校体育课程教学是提高学生身心健康水平、发展学生能力的重要途径。在课程的设置上，高校体育教学进行了多元、多样化的编排，体现了全面整合的特性；在课程教学目标上，高校体育课程贯彻落实新课改提出的情感、态度、价值观的培养目标，体现了我国高校体育课程教学目标的特点。

在高校体育课堂教学中，教师在传授知识的同时更应该考虑对学生能力的培养，多联系实际才能使枯燥的技术动作显得更具活力、更具吸引力；在课程教学目标上贯彻"全人"的培养目标，不仅关注学生的个人潜能的开发，还要在知、情、意、行上给予关注。高校体育课程是发展学生身心的重要手段，更应该关注学生情感，实现学生全面发展的目标。

（二）实施"全人教育"是推进素质教育更好落实的迫切需要

传统的应试教育违背了人的成长发展规律和教育的最终目标，不利于社会的发展，因此，改变这种畸形的教育模式迫在眉睫。在教育改革的浪潮中，素质教育在学者们的肯定和教育者的呼声中脱颖而出，适应了知识经济时代发展的需求，打开了我国教育界的新局面。在素质教育以人的全面发展的初衷下，有步骤、有规律地发掘人的最大潜能和健全人格。高校在响应教育部门推行的素质教育、开展素质教育活动的同时，加强对体育教学的重要性的认识，只有提高国民素质，才能推动社会全面发展进步。

在当今竞争激烈的现代化社会中，具备全面综合素质的人才越来越受到广泛的重视，而教育的全面和谐发展以及对人才培养的新模式，倡导"全面发展"的素质教育，已经成为时代的要求和未来发展的驱动力。在此背景下，强调教育就是要以学生身心发展为出发点，尊重学生的个性发展，关注学生的学习兴趣。全人教育和素质教育都是致力于培养全面发展的"人",并不断探索与进取,最终实现"人"的进步。

三、全人教育理念下的高校体育教学改革策略

(一)拓宽教学知识领域

全人教育的理念指出学科之间整合学习的重要性,指出当今世界发展的任何难题都不能仅仅依靠一种学问、一门科目,甚至是一种手段来解决。只有通过学科间的互动渗透、影响,冲破学科之间的种种界限,才能够开拓出新的知识领域,扩宽研究问题的视野。传统的高校体育教学内容多以传授体育专业理论知识及技术技能为主,以实践为主、理论为辅。全人教育理念下的体育教学内容在传授专业学科知识及技能外,应注重对边缘学科的教学,使学科专业知识与通识教育相结合,加强各学科间的交叉学习,使学生在对学科专业知识深入研究的同时,拓宽知识领域以帮助学生获得更加全面的知识与技能,从而挖掘学生的潜能,促进学生健全人格的培养,可融入体育文化的学习,向学生传授体育精神、体育意识,使学生了解每项体育运动的历史背景及比赛规则,从而影响学生的体育价值观;也可将体育美学融入体育教学内容之中,引导学生提高审美的能力、趣味、水平和情操等;体育教师在讲授运动技能的同时需将基础道德素质教育贯穿其中,并将教学内容与学生未来的发展方向紧密结合。

(二)构建具有全人教育理念的体育课程体系

在全人教育理念的指导下,高校体育课程体系应突出健身性、文化性、审美性相结合,把"全人教育"理念作为指导思想贯穿教育的始终,培养学生正确的世界观、人生观和价值观。优化高校的体育课程内容设置,如有针对性地以普修课和选修课的形式将这些项目引入高校体育课堂,构建具有时效性和时代性能促进学生能力全面发展的教学体系。

课程内容应具有理论性、综合性和前瞻性,强调知识的科学性、系统性和结构性,强调师生互动、自我创新,改变过去传统单一的灌输模式,突破系的束缚,建立一种与学生学习兴趣关系密切、发展学生特性注重健康、增强心理素质及培养审美能力、培养大学生全面发展的新型体育课程的教学内容体系。具体来看,体育理论知识的教学对体育实践课程的教学起着指导的作用。体育理论课的学习能够使学生掌握体育运动的特点、规则以及方法等,为增强学生的体质和终身健身的理念打好全面的基础。体育理论知识内容应包含四个方面:一是基础理论(起源、发展等)知识;二是健身原理;三是赏析(比赛、旋律音乐);四是生理卫生、保健卫生和运动常识等。四个方面的内容中应让学生掌握体育基本技能,在加强基础知识、技能传授和基本能力培养的前提下,通过让学生学习最具有概括性、适应性、变换性的典型体育特征的技术动作,从而提高体育教学质量。学校可以制定总教学目标,结合现代教育和体育的教学特点,将教学目标制定为:体育课程总体培养目标、教学层次目标(基础教学层次目标、专项教学层次目标及综合教育目标)及单元教学目标。因此,高校体育教学中适当安排体育理论课程对大学生了解体育的基本知识和要领,提高他们对体育各项要素的理解能力具有很大的促进作用。在实践内容方面,在加强基础知识、技能传授和基本能力培养的前提下,通过让学生学习最具有概括性、适应性、变换性的典型体育特征的技术动作,让学生掌握体育基本技能,并提高学生对所学技能的掌握运用与创造能力。

(三)选择多样化的教学方法及教学手段

教学方法和教学手段应遵循全人教育的理念贯彻实施,在教学过程中,使学生获得知识与技能的同时,更应该通过一定的教学方法和手段使其掌握自我学习能力,培养学生终身学习的意识和习惯。传统教学模式多为"老师教、学生学"的"单边活动",可以尝试"教师指导、学生教",鼓励学生教学生、学生带学生,充分发挥学生的主观能动性。教会学生如何去学习和如何将所学知识运用于社会实践当中,要远比学会某种知识、某项技能来得更有意义。在体育教学过程中可采用组内合作、组间竞争的教学手段,不仅能够激发学生的学习兴趣,同时能够培养学生的团队协作能力及竞争意识。

（四）完善的评价体系

教学评价主要是对学生学习效果及教师教学过程的评价,具备一定的诊断、监督、调节等功能,良好的教学评价能够有效地推动教学工作朝着全人教育培养的目标发展。首先,在评价内容上,不仅要考核学生的专业理论知识和技术技能,更要考虑学生身体素质、心理健康、学习态度、人文素养、创新能力、组织管理能力等各方面表现;其次,在评价主体上,不单是教师评价,还应采取学生评价、生生互评等多种评价方式,也可考虑使家长参与其中,使得评价更加科学、公正。并且,教学评价应是一个持续的过程,应该贯穿于整个教学过程之中。高校教育是促进学生全面协调发展的教育,在保证学科专业知识和专业技术技能学习的同时要兼顾对其人文素质的塑造、基本社会生活技能的锻炼,持续不断、不同方位的考核方式值得借鉴和探索。

（五）提升高校体育教学师资水平

教师是教学组织的核心,高校体育教学改革成败的关键在教师。高校体育教师是大学生学习体育知识、掌握运动技能的"引路人",是整个体育教学渗透全人教育理念的核心关键所在。他们不仅教授学生体育理论知识、技术动作,更重要的是为人师表,其言行举止和工作态度对学生有较大的影响,直接决定着学生整体素质的全面提升。只有教师具备扎实的专业知识及比较渊博的人文知识、良好的道德,才能在教授体育知识技能的同时,提升学生的整体素质水平。在当前我国高校体育教学中,存在着部分体育教师的素质偏低的问题,具体表现为教学观念陈旧、人文知识不足、教学方法方式落后等,只有提高教师的专业水平和道德水平、人文素养,才能保证全人教育理念的完美融入。因此,高校体育教师在改进教学效果、科学化教学的同时,还应该提高自身人文修养,以帮助学生掌握人文知识、技能,提高学生的主观能动性,增强学生的社会协调能力、意志品质、爱国主义、合作精神等。具体来说,全人教育理念下的高校体育教学改革发展,对高校体育教师有以下要求。

第一,要求体育教师改变观念。高校体育教师对全人教育应有一定的认知,要从单纯知识的传授者转变为学生学习的促进者、引导者,充分发挥学生的主体性;要明白体育教学工作不只是教授学生专业学科知识,更是对学生综合能力以及健全人格培养的一种手段。

第二,提升高校体育教师的教学积极能动性。高校体育教学改革需要体育教师能够主动地发现教学中存在的问题,了解学生的需求与心理感受。关心爱护学生的学习和成长,保持一种持久稳定的工作积极性,把学生培养成为全面发展的人。

第三,明确体育教学意识。由于体育教学研究在我国重视不够,体育教师只把体育课程当成体育锻炼,而没有考虑健康教育、美育、德育、智育的渗透问题,因此提高体育教师正确的教学意识是提高体育教师素质不可避免的工作。

第四,提高教师体育教学的能力。体育教师要通过多种途径不断提高自身的业务能力。在自身条件有限的情况下,高校可以给予支持,促进体育教师自身能力、素质的提高,以达到丰富体育教学内容、增强学生学习兴趣、提高学生综合素质的效果。在课余时间,高校可以成立专门的培训室,组织体育教师进行专业知识教育、学术讨论、心得体会交流等活动,让教师在课外得到有效的"充电"。

第五，综合能力的提高。高校体育教师应具有全面的知识素养，即专业的体育学科知识、广博的科学文化知识以及丰富的社会实践知识，善于组织管理学生，为学生营造一种有利于其健康、全面、和谐发展的学习环境。另外，体育教师应紧跟时代步伐，不断拓展知识面，深入教育科学研究，加强自我学习和教育科研能力的提高。

第六，良好的职业道德素质。高校体育教师的言谈举止、思想品质在体育教学过程中对学生均能产生潜移默化的影响。教师幽默的教学语言、积极的教学态度能够激发学生的学习动机，改善学生的学习态度，培养学生的体育精神，使学生各方面思想品质都有较好的发展。

第七，体育教师应向"创造型"的方向发展。为了适应新技术革命的挑战，满足我国现代化建设人才的要求，我们必须培养出一大批具有创造性的人才，这就需要教师有创造性的教育，即创造性活动的开展。在课堂中，体育教师要表现出良好的创造性和灵活性，善于运用新的教学方法和教学手段。

（六）拓展学生参与体育活动的途径以提高学生整体素质

第一，丰富和完善体育社团活动。当前，许多高校都成立了体育社团，体育社团活动是以学生为主的，由具有相同兴趣和爱好的学生自愿组成、自主管理的校园文化活动。体育社团活动作为"第二课堂"、作为课堂教学的补充，延伸了课堂教学的时间和空间，满足了学生个人兴趣和爱好的需要，促进了学生的个性化发展。体育活动极大地发掘了学生的个人潜能，促进了学生的个性化发展。学生不仅是社团活动的学习者，更是组织者、管理者以及领导者。因此，体育社团活动能够培养学生的独立思维能力、团队协作能力以及组织管理能力。可以说，体育社团活动是使高校体育工作与全人教育相融合的平台。学校应鼓励社团活动的开展，并给予一定的经费支持，体育教师应适当指导学生社团活动的开展，同时通过组织形式多样的活动给予社团展示的平台和机会,以促进体育社团活动进一步发展壮大。

第二,定期举行院系或全校的体育比赛,增加大学生参与竞争的意识,使学生在竞争中体验运动的乐趣,享受团队氛围,提高学生的责任感,培养其组织能力,弥补课堂教学的不足,丰富大学美育、德育的内容和形式。这样既可以丰富学生的业余生活,又有益于学生身心的健康发展。

第三,丰富体育课外活动。高校要将课外活动作为体育课程的延续,保证学生有足够的实践活动时间,让学生根据自己的实际情况进行锻炼,还可以建立领操员制度,充分发挥有这方面特长的同学的积极性。高校还要创造条件,提高教学质量,改善体育教学的硬件设施,加大重视程度,加强体育教师专业指导,同时可聘请校外体育专业指导人员来加强对学生的指导,借此弥补本校体育教师自身业务的局限性,提高学生课余体育锻炼的质量。

从全人教育的视角看,教育的核心是人。具体到体育教育领域,其核心是努力展现体育教学对人类生存意义及价值的终极关怀。体育教育必须回到以人为本的世界。因为高校体育教学目标要求及其存在价值,不仅是塑造形体的手段,而是通过教学过程达到对学生综合素质的培养及完善人格的塑造。所以,高校体育教学对学生的作用不只具有强身健体的作用,对于学生完善人格的培养及全面、和谐发展的追求,才是教育的关键。如何通过高校体育教学活动塑造具有健全人格和综合素质的全人,如何将全人教育更好地融入体育教育实践当中,是未来仍需努力和发展的方向。

第三节　三全育人理念下的高校体育教学改革研究

一、"三全育人"的内涵

"三全育人"既是一个教育理念,也是一个全面的、系统的育人指导原则,同时又是一种机制。它包括全员育人、全过程育人和全方位育人三个方面。"三全育人"的内涵极为丰富。目前我国学者对于"三全育人"的概念并无统一的界定,我们既不能将"三全育人"局限于德育的范围内,也不能简单地将其等同于德育指导思想。作为教育理念,"三全育人"包含了高校立德树人的教育思想和思政工作的内容,同时其内涵还延伸到更加广阔的领域。重申了育人的综合素质以及核心素养的形成;作为育人原则,"三全育人"指导了高校育人工作和思想政治教育工作的开展,是师生进行教育教学活动的根本遵循;作为机制,"三全育人"在内涵上更加丰富,比之前的一些育人模式更易于掌握运用,也更符合立德树人的根本要求,有助于贯彻党和国家加强大学生思想政治教育工作要求的整体部署。

"三全育人"并不是古已有之的传统,而是在我国特定的历史条件和背景下产生的,并随着时代的发展变化而不断更新内涵。"三全育人"的提出不仅体现了党和国家对高校思想政治教育的高度重视,也是高校对育人方式进行改革创新的内在要求。"三全育人"的提出和发展是对高校思想政治教育的一种突破,它是三位一体的思想政治教育新理念、新格局、新体系,打造了社会、学校、家庭等方面的良性互动平台,形成了校内外时间相互协调、隐性课程和显性课程相互结合的新局面,有利于充分调动全体教育工作者和高校各个部门的工作热情,共同构建"大思政"的育人格局。

二、"三全育人"的要素组成

(一)人员要素——全员育人

人员要素,即全员育人。指从人员开始进行整合,全体教育工作者都应自发自觉地承担起育人责任,发动全部育人力量包括学生自己也要参与到育人工作中来。传统的育人理念认为专业任课教师就应该传授知识、教书育人,而相应的德育工作和思想政治教育工作则仅是班主任、辅导员和思政课教师的责任所在。全员育人使育人主体扩大到高校的全体领导干部、教师和职工团队,从注重传授专业知识延伸到重视学生人格的正确形成和良好思想道德品质的培养,是对育人主体的突破创新。全员育人要求高校中所有教师和工作人员、家长、社会等多个方面的力量共同参与,产生上下联动的效应,体现学生与教职工之间的良性互动,形成人人参与的、与外界产生联系的开放式育人格局。在学生日常的学习和生活中,完成全员育人的目标离不开管理育人和服务育人的方法。管理服务人员对学生表现出的关心、爱护和尊重,能够起到感化教育的作用,学生在校期间的学习、生活需要更容易被满足,精神文明建设的地位也更加突出,为"三全育人"总体规划的施行奠定了良好基础。

(二)时间要素——全过程育人

时间要素,即全过程育人。联合国教科文组织在《学会生存:教育世界的今天和明天》中就提出了发展终身教育的思想,这是教育史上一个具有历史意义的里程碑。同样,育人并不是一蹴而就,而是一场需要各方面协调参与的"持久战",需要漫长久远的时间才能看到成效,必须连接学生从课上到课下、从入学到毕业的全部过程,否则就只是提出了一个形式、一个口号,而无法达到真正的育人目的。"三全育人"中的全过程育人体现了育人工作的长期性特点,补充了育人工作的留白期,提高了育人效率。作为"三全育人"的组成部分,全过程育人主要是从时间的维度上进行育人,它以大学生成长发展的过程为主线,即从入学开始一直到毕业离开学校为止,在这其中全程都要对大学生进行思想政治教育。这对以往育人模式中的时间要素进行了延展,蕴含了"三全育人"的长效性内涵。全过程育人还提倡根据处于不同身心发展水平、发展阶段的学生进行有针对性的教育活动,调整相应的教育内容和教育方法,体现了"三全育人"的连续性。

（三）空间要素——全方位育人

空间要素,即全方位育人。它是指从不同的角度和维度出发,运用多样化的手段和方法,覆盖育人工作的方方面面。在高校课程教学中帮助学生学习掌握专业知识技能的同时锻炼其适应社会的才智、帮助学生树立新时期立德树人的教育目标所要求学生具备的社会主义核心价值观,全方位、多角度、宽领域地提高大学生的综合素质。全方位育人强调的是将教育教学、管理服务、实习实践、思想文化、网络资源等多方面育人因素集合于一个广阔的育人空间,一切能对受教育者的道德品质养成产生影响的直接要素或间接要素都包含其中。高校的物质环境和精神文明会对受教育者产生双重的育人作用,包括校内基础设施、生活学习场所、治学理念制度、科研学术风气、社团文化活动等,都会内化为育人的方法和途径,深深根植于全体师生的行为表现中。这种物质文化和精神文化的双重影响是育人成效的重要因素。

（四）"三全"之间的关系

"三全育人"是一个各要素之间相辅相成、缺一不可的有机整体,全员、全过程和全方位是这个体系的三根支柱,三者之间既有联系又各有侧重。

首先,全员育人、全方位育人和全过程育人之间有着内在联系。假设把这"三全"放到一个立体坐标图中来看的话,那么全员育人就是它的立坐标,代表育人主体的多样性特点;全过程育人则是其纵向坐标,代表着育人的时间范围;全方位育人则是这个立体中的横向坐标,代表着育人的空间范围。"三全育人"中的各个要素之间虽然存在差异,但本质都是为了立德树人这个目标而服务,它们相互补充、互相吸收,扩展成一个宏观立体的系统,任何一个要素的缺失都会造成"三全育人"难以支撑起来的局面。

其次,从相互区别的角度来看,"三全"的各个要素又有不同的侧重点。全员育人是从育人主体的角度出发,规划了实施育人工作的队伍建设。育人队伍的力量是否强大直接决定了育人成果的好坏。如果没有优秀的育人队伍发挥核心作用,就算是再宏伟的育人目标都难以实现,再科学的育人规划也是海市蜃楼。

全过程育人则集中于育人的时间上。首先,思想政治教育工作绝对不是一蹴而就的,而是一朝一夕贯穿于学生学习和生活中点点滴滴的,是在长线的教育过程中慢慢积累起来的,因此在教育教学的全程都不能有丝毫的松懈;其次,育人是一项长期的系统工程,要关注处于不同阶段的学生身心发展的特点和规律,从入学教育到毕业不同时期所呈现出的思考方式、关注点不同,因此要根据这些差异来设计课堂教学和思想指导的内容。

全方位育人的重点落在了育人的空间和范围上,力求培养德智体美劳全面发展的大学生,认为育人不仅是传统育人目标,要教授学生专业知识和培养优秀品质,更要注重学生独立人格和兴趣爱好的培养,破解传统育人方式的狭隘性,将学生放在首要位置目标。育人主体究竟要从哪些领域和范围内详细开展育人工作,如何使用相应的育人程序和方法等问题,都是全方位育人所要回答的。这既是当代素质教育所呼唤的目标和要求,又是"以人为本"在教育工作中的着实体现,真正地让学生享受到自由发挥的空间,从而最大限度地挖掘自己的潜能,成为一个拥有专业技能又富于高尚道德品质的独特的人。

三、"三全育人"的当代价值

"三全育人"不仅内涵丰富,而且具有理念引领和实践导向的价值作用,"三全育人"工作的展开既是为了更好地实现高校立德树人的根本任务,也是高等教育回归"以人为本""以学生为中心"的现实诉求。党的十八大以来,"三全育人"的改革创新为国家深化教育综合改革和现代化治理开启了转型的新道路,有助于提高人才培养质量。目前,我国的高等教育初步完成了规模的扩张,重心转移到内涵式发展建设上来,让高校都能从自己的实际情况出发,深入分析自身的传统、优势与不足。高校必须以高度的责任感和紧迫感,紧紧围绕立德树人的目标来完善"三全育人",全面提升育人质量。

从宏观角度出发,"三全育人"是中国共产党在中国特色社会主义发展的新时期为了实现立德树人的育人目标而推行的、推进高校思想政治工作的全局性战略部署。2018年5月,教育部公布的《关于开展"三全育人"综合改革试点工作的通知》中明确提出,全国各地要分类开展"三全育人"综合改革试点工作,从宏观、中观、微观各个层面,着力构建一体化育人体系。从宏观角度出发,教育部做出开展"三全育人"综合改革试点的战略规划,深刻阐释了"三全育人"对实现立德树人根本任务的关键作用,紧紧围绕育人这一主题进行设计部署。"三全育人"是在高校实行的育人运作机制,关系到高校的教学管理、育人队伍、问责制度、评价机制、激励手段等因素,调动全体教职人员的育人力量,渗透办学治校的方方面面,贯穿人才培养的开端末尾。"三全育人"的提出着眼于完善高校现行的育人方针政策、优化高等教育管理服务系统,规定了正确的政治方向和价值取向,将"三全育人"贯穿教育教学全过程,构建集教书、育人、管理、服务、心理、文化、网络、资助、组织等领域为一体的新时代"十大育人体系"。从微观角度出发,"三全育人"指引高校进行教育活动的开展,教育者将"三全育人"的理念和模式应用于教学管理的过程,延伸到学生学习和生活的各方面。教育者必须确保用正确的育人思想、育人方法来指导学生的成长成才,进行专业技能的传授和思想道德教育。只有"三全育人"的理念深入全体师生的心中,才能保证立德树人的教育落到实处。

四、"三全育人"理念下的高校体育教学改革策略研究

(一)全员育人:整合全员力量发展高校体育

全员育人,是指由学校的党政管理干部、教师、教练员、辅导员、工勤人员(场馆、后勤、图书馆等人员)、学生群体参与并组织实施,利用体育教学活动的开展对学生实现育人目标的教学过程。

第一,高校领导统筹规划。首先,学院党委领导要牢固树立学校教育以学生为中心、健康第一的指导思想,把立德树人、增进学生身心健康作为学院教育的基本目标之一,坚持高质量发展,落实立德树人根本任务,推进德智体美劳全面培养、全方位育人;其次,高校应制订相关计划,从体育课程建设、学生体质健康监测及干预、课外体育活动、校园阳光长跑活动、科学饮食和后勤保障、科学作息等方面制定育人计划和发展目标,以培养大学生的终身体育意识,帮助大学生养成良好的体育锻炼习惯。

第二,作为体育教学工作的主要实施者,体育教师、教练员、场馆工作人员的职责更为直接和有针对性,体育教育工作者的素养不局限于体育类学科的范畴,而必须成为一个广泛的学习者,提高自身政治、道德修养,深刻领会国家的教育方针政策,掌握体育相关的知识技能、运动训练的原理和规律等,还要不断汲取大量的新观念、新知识、新方法,拓宽心理、法律、医学、人文等领域的知识视野,帮助学生树立正确的世界观、人生观和价值

观。无论是上课、训练还是服务工作中,都是体育教育工作者直接面对学生进行的教育过程,学生在耳濡目染中获得切身感受,这种潜移默化的示范性教学比其他教学手段更直观。另外,不同专业的学生具有不同方向的就业需求,决定了学生体能训练、运动项目上的不同需求,这就要求体育教师、教练员、场馆工作人员必须认真对待每一节课、每一次训练、每一次工作,为学生呈现严谨的治学态度、优良的工作作风的同时,注重因材施教。

第三,多方联合实现服务育人。提供后勤、治安、服务保障的广大教职工应为育人创造良好的氛围,学生群体既是受益群体也是组织者、"小助教",在课堂、课外活动、企业社区的社会体育活动中发挥着至关重要的作用。

(二)全程育人:努力实现终身体育

从高校体育教育的范围中,全程育人是指学生从入校到毕业,包含教学学期、寒暑假期、顶岗实习期、见习期等阶段。从体育教学的角度讲,学校体育只是启明灯,为学生树立终身体育的意识才是最终的教学目标。因此,必须将德育工作渗透在体育教学中并贯穿始终。

1.入校、入班、入队、入社团时灌输思想理论教育

首先,学生必须在入校时就认真学习《全国普通高等学校体育课程教学指导纲要》《国家学生体质健康标准》《体育与健康课程标准》及校规校纪、教学要求、安全常识等内容,为树立正确的体育观打好思想基础。

2.在体育教学活动的实施过程中形成良好的运动品质

严而不死、活而不乱是体育教学的良好状态。体育运动项目广泛、内容庞多、组织多样,但要遵循连贯性、科学性和教育性的要求。例如,在体育课堂上选编障碍运动,有利于培养学生勇敢顽强的意志品质;在课外活动中组织排舞、校园集体舞活动,有利于陶冶学生的情操;在课余时间、寒暑假期间让学生运动打卡,帮助学生养成运动习惯;在企业实习见习期,组

织集体性团队运动,有利于培养学生合作精神;在寒暑假期开展社会实践,深入社区开展活动,有利于培养学生的组织沟通能力,等等。借助体育教学活动,寓教于乐,促进学生形成正确的世界观、人生观和价值观。当前,许多高校都通过建立体育与健康课、月度竞赛、校园阳光长跑、学生体质健康监测及干预、运动训练及竞赛等多种学校体育途径,促使学生养成良好的体育锻炼习惯和科学文明的生活方式。

3. 完成从学校到社会的平稳过渡,树立终身体育意识

学生不仅能以积极乐观的心态迎接步入社会后的挑战,当遇到挫折、不解、失落时,自觉主动地选择某项体育运动加以排解和释放,遇到快乐、成功的时候,参与某项体育运动成为分享情绪的媒介而且可以将体育教学中提炼的思想、情感、行为、个性及社会交往等作用在日常生活、工作、学习中,惠及终身。

(三)全方位育人:丰富体育教学资源

1. 实施引导激励

高校应全面贯彻党的教育方针,落实立德树人根本任务,培养德智体美劳全面发展的社会主义建设者和接班人,注重过程性评价,注重对学生的引导激励,从学习成绩和素质评价测评学生的综合素质。素质评价中身心类这一模块借助组织或带队参加全国、省、市、区、校级的体育竞赛活动为主要形式,通过增加素质评价分数的方式引导激励学生,促使学生将运动理念、日常运动行为同自我教育、自我管理相结合。

2. 移动互联网覆盖体育教学

伴随教育者、受教育者教学观念、教学习惯的逐渐转变和高校资金的投入,移动互联网教学成为一种新的体育教学模式。移动互联网是一种通过智能移动终端、以宽带 IP 为技术核心的新兴业务,可同时提供声音、传真、数据、图像、多媒体等高品质基础网络,涵盖终端、软件和应用三个层

面。由于移动网络的便捷性和应用范围的广泛性,可将移动互联网创新性地使用到体育教学活动中去。例如,使用智能手机、平板电脑、智能手表手环、智能眼镜等可随身携带的移动终端时,学生可以借助网络平台获取相关的体育理论知识、运动小常识或运动数据等,还可加入信息平台加强师生间学生间的互动和交流;教师可将教学目标、教学任务、教学内容等课程要素和微课程发布到移动互联网的应用平台上,建立"翻转课堂"模式供学生学习等、体育的"三自主"选课、课前浏览技能知识点、课后讨论问题、提交视频作业、期中派发调查问卷、期末评价课程与教师、上传体质测试的通知和数据、宣传和组织月度竞赛等校内体育活动,都有效地借助了移动互联网的公开性和共享性的特点进行教学。这种不局限于场地、时间、平台的手段,使师生利用碎片化的时间浏览和获取体育信息,筛选知识资源的学习方式,打破了传统体育教学在时空上的禁锢,成为体育课堂教学的有效延伸。从服务学生、服务教师、服务教学工作的角度出发,高校应当科学地发展移动互联网体育教学。

第四节　协同育人理念下的高校体育教学改革研究

一、协同育人的内涵

(一)协同育人的理论来源

协同育人的理念是在协同理论的基础上形成的,是协同学在教育领域的创新运用。将协同学的思想与课程育人相结合形成"协同效应",以达到最终的育人目标。这极大丰富和发展了协同学理论,并为教育的发展开拓了新的实践方式。协同思想由来已久。系统的协同理论最早起源于20世纪70年代初联邦德国著名的理论物理学家赫尔曼·哈肯创立的"协同学"。他指出,协同学主要研究各种不同的系统如何通过自组织的形式形成某种稳定性,以及各组织之间如何通过协同合作形成宏观有序的时空结构的机理和规律。"协同效应是描绘复杂系统环境内,各子系统的协同行为产生出的超越各要素自身的单独作用,从而形成整个系统的统一作用和联合效应。"①由此可知"协同学"就是关于如何实现某一系统内部功能的最大化,强调协同合作以达到效果最优,促使系统产生协同效应。"协同导致有序",协同效应产生,系统就会形成整体的功能,即"2+2=5 或 1+1>2"的效果。大学生思想政治教育系统作为高等教育的子系统,承担着培养社会主义合格人才的重要任务。然而在实际的教学中,学生思想政治教育系统在高校内部系统中往往被孤立、缺少有效的互动。因此将协同理论引入大学生思想政治教育中,从而发挥整体效应,增强合力,切实形成协同育人的格局。

在高校实际的教育过程中,存在着教育分工和协作的矛盾,割裂了分工与协作的统一,只看到二者的互斥,看不到内在的统一。高校教育中教师之间存在专业的划分,但要实现最终的共同的教育目标,一方面分工必须建立在协作的基础上,向着共同的育人方向,可以根据不同的学科特质各有侧重;另一方面协作也需要分工形成合力,促进协作作用的发挥。基于共同理想的分工教学,培养多个领域的专业人才,践行协作的初衷。可是,现实中各高校教育的"通病"是只讲分工,缺乏团队合作精神。原因有二:一是大部分高校专业教师将自己的主要精力放到自己的科研中去,甚至有一些高校教师将教书育人的首要职责当成"次要工作";二是除了主管学生事务的辅导员和思政课教师之外,其他专业教师对学生的思想道德

---

① 叶琳.协同创新视域下高校人才培养研究[M].北京:中国水利水电出版社,2018:57.

情况知之甚少,大部分只重视知识的传授,认为育德不在自己的职责范围内。这种错误的分工意识观念,实则是对团结协作精神的漠视,直接影响了教育的效果。这就为高校教育敲响了警钟。高校教师要在坚持立德树人的基础上既要分工,又要合作,站在不同的地方朝向同一个"太阳"。换句话说,就是高校教师要从教书育人这一共同起点出发,经过不同的道路(通过不同的教育方法),品不同的风景(遇到不同的学生和教授不同的课程),最终都以培育出德才兼备的人才为归宿和终点。

(二)协同育人的科学内涵

协同一词最早源于古希腊语,意为协调统一、共同进步。按照哈肯的观点,"协同"就是系统内各个子系统间相互协调、相互作用,体现了系统的整体性功能。"协"字在《说文解字》中的注释是"众之同和,从劦从十","劦"为聚力,"十"有四面八方的意思。综合来看,协同即通力合作,共创共赢。育人,即对教育对象进行德智体美劳各方面的教导、培养,促进受教育者的全面协调发展。育人是知识的传授和思想价值的引领的统一,育和人不可分割。育人本质在于思想价值引领,各课程都要抓住这一主线,发挥各自的育人功能。而育人作为一种实践活动,涉及高校内部各要素、各环节等之间的分工协作,乃至需要高校与整个社会系统的联动、协同和相互配合。这就启发我们进行协同育人,将育人的实践意义发挥得淋漓尽致。

总之,所谓协同育人就是指高校各个子系统,相互协调、通力合作,形成超越某一子系统自身作用的育人合力,实现共同的育人目标。强调教师在传授专业知识的同时,引导学生坚持正确的政治方向,坚持崇高的价值追求。在课程思政视阈下,协同育人就是协调高校思想政治教育的各方力量共同致力于大学生思想政治教育的培育。

（三）协同育人的突出特点

每一事物都有其特殊性，根据矛盾的分析方法要具体问题具体分析。分析事物的特点是认识事物的捷径，是把握事物的本质、洞察事物现象的关键环节。协同育人是教育方式的一种，有教育的普遍特性，但又存在自身独特的"个性"。

1. 整体性

协同育人的突出特点之一是整体性。根据协同理论，协同效应的实现就是系统内部各个子系统形成一种稳定有序的状态。而协同育人就是在课程思政的背景下，使各类课程与思想政治理论课同向同行，形成协同效应。也就是说，在此基础上系统会发挥整体功能，大大提高思想政治教育的实效性。协同育人的整体性具体表现为：一是教师的整体性。说到协同，不再是思政老师单方面的"孤军奋战"，而是思政教师与专业教师双方建立的"统一战线"。专业教师与思政教师形成战略友好互助关系，联合起来壮大育人队伍，发挥团队精神、增进理解、加强沟通，在互帮互助中培育德才兼备的人才，将整体性功能发挥到极致。二是培育目标的整体性。协同育人的目标是培育德才兼备的人才，要将德才作为一个整体目标努力，不可拆分区别对待。一个人如果想在社会上立足，德行和才能都是不可或缺的，如果只是注重某一方面，厚此薄彼，人都无法成为一个真正的人。三是培养方式的整体性。智育和德育不可分割，形成一个统一的整体，不是单纯在专业课中硬生生地加入思想政治理论，也不是单纯地同步进行，而是将二者合二为一，彼此交融形成一个整体，相互促进，彼此成就。

2. 协同性

协同育人的另一个突出的特点是协同性。指在复杂的系统内部各个子系统之间的协调配合，使系统由无序到有序，从混沌中产生某种相对稳定的结构。而协同育人的理念，就是在矛盾问题中，通过相互包容协调，克服种种阻碍,向着共同的育人目标,形成互助合作的良好关系,即达到有序。具体表现在教师间的协同,在课前素材准备阶段,专业教师与思政教师协同合作挖掘专业课程中的隐性的教育元素;课前教学设计阶段,专业教师与思政教师协同商议,根据双方提供的关于所教学生的课堂表现来进行设计,使设计更有针对性;课后交流问题阶段,专业教师与思政教师协同探讨解决实际问题的方法,得出结论来指导今后的教学。专业教师与思政教师基于共同的教育目标,齐心协力,这样协同育人才能达到最佳的效果。

3. 兼容性

协同育人还具有兼容的特性。兼容,即两种存在差异的个体彼此包容、相互促进达成和谐,具体表现在两个方面:一是教师间的兼容。每位教师都具有不同而又独特的学识能力、兴趣爱好和生活背景,这都对教师的教学风格、与学生的关系、处理问题的方式产生重要的影响。差异是不可避免的,无论是课程设计、课程实施,还是备课、上课、作业布置和答疑解惑,差异无所不在,无法复制。所以在协同育人过程中,专业教师与思政教师认同差异、尊重差异,彼此包容,求同存异,实现协同育人的目标。二是课程的兼容。由于存在学科差异,每一学科的知识结构、逻辑结构等都是不同的。因此课程思政的实施,不同学科间也会存在互斥。但协同育人不是排除这种差异,也不是将思想政治理论课程与专业课程的简单叠加,更不是生搬硬套,而是找到二者的契合点,相辅相成。专业课程与思政课程之间存在千丝万缕的联系,专业教师和思政教师通过协同合作,发掘专业课程中具有思想政治教育意义的内容,辅之以思想政治理论升华情感,实现课程的兼收并蓄,这种在差异中找到平衡促成的合作,是真正符合实际需要的协同。

二、协同育人理念下的高校体育教学改革策略研究

(一)提升体育教师的思政素养

为了保证思政教育的政治性和学理性相统一,就需要授课教师善于分析政治性背后学理性的思想基础,以逻辑严谨的学理性话语分析学生的政治性问题,以科学专业的学科理论夯实学生的政治信仰。目前众多高校面临着思政教师专业化程度较高,但受学科限制与学生的互动性方面差强人意,体育教师能够与学生有着较好的互动性,但在思政思想和价值观传递方面又略显知识单薄。因此高校体育老师自身应增强对社会主义核心价值观的认识和理解,学校领导应加大对思政教学的培训力度。鼓励体育教师积极挖掘提炼所授课程与思想政治的内在契合点,增强各校各专业之间的互动学习性,对于优秀案例多进行交流学习,在体育授课过程中,有意识、有针对性地与人才培养、心理疏导相结合,使得体育课真正起到启迪人生、价值导向的作用。在此过程中,学校要结合体育教师课程任务重、体力消耗大、工作环境差等特点设置合适的进修课程。

(二)传承与创新传统体育文化

1.射艺、舞龙、龙舟等传统体育项目的发展

为了落实思政教育的价值性和知识性的统一,在实践研究传统体育文化的传承与创新的过程中,要注重射艺、舞龙、龙舟等传统体育项目的发展。在思政教育的过程中必须将价值观寓于知识的传授过程中,高校体育课程作为思政教育的重要阵地,理应担负起思政教育的重担。传统体育项目在文化传承、文化育人、文化传播过程中具有得天独厚的优势,通过萃取中华优秀传统文化的内涵价值,以润物细无声的方式向学生传递符合社会主义核心价值观的立场、追求、信念、目标等。传统体育项目凭借其经典

性、传承性、挑战性,很容易与我国青年学生的教育相融合,以促进高校学生通过该种方式提高对思政课的接纳程度。以高校推广的射箭课程为例,在射箭课程传授过程中蕴含着传统礼仪、竞争精神、纪律意识、合作精神、工匠精神等,这与当代社会主义核心价值观有着异曲同工之处,社会主义核心价值观嵌入到课程体系中去,这使得学生在接受知识技能、提高运动水平的同时,自觉自愿地将主流价值规范内化到体育运动中,对其产生潜移默化的影响。

2. 创新元素的不断融入

为了落实思政教育的建设性和批判性的统一,在实践研究传统体育文化的传承与创新的过程中,要注重创新元素的不断融入。高校体育对于传统体育项目的引入是为了弘扬其中的优秀成分,运用其历史文化价值,发挥其当代的教育价值,因此高校体育在进行传统体育文化传承的同时,要注意创新元素的融入。以高校武术为例,我们在传承中华优秀传统武术文化的同时,作为高校体育工作者完全可以集中各种拳种以提炼出核心技法,以两两对抗的方式来培育学生刚强不息的精神。

(三)优化体育课程教学模式

在高校体育课程与思政教育协同育人的过程中,要秉承理论性和实践性相统一、专业性和多样性相统一、主导性和主体性相统一、灌输性和启发性相统一。为了落实以上的"相统一",以下四种方法统称为优化体育课程教学模式。

1. 实行团队比赛等参与式实践教学

为了落实思政教育的理论性和实践性的统一,在优化体育教学模式时可以将团队比赛等方式融入其中。体育课程本身具有行为教育的特点,对于竞技类体育课程,教师可以在传授相关体育知识、示范规范动作要领之后,在班内展开团队比赛。

2.俱乐部、社团、运动队等多种活动方式并行

为了落实思政教育的专业性和多样性的统一,在优化体育教学模式时可以将课堂教学与俱乐部、社团、运动队等多种活动方式并行,即构建"三元一体"的课程模式,以满足学生不同形式、不同层次的锻炼需求。

3.建立师生及时反馈机制

为了落实思政教育的主导性和主体性的统一,在优化体育教学模式时要在师生之间建立及时有效的反馈机制。在体育教学过程中,教师应在教学流程、内容设置、时间控制等方面起主导作用,通过调动学生的主体性作用,以达到学生自主学习、自我教育的目的。

4.做好从灌输教学到启发教学的延伸

为了落实思政教育的灌输性和启发性的统一,在优化体育教学模式时要做好从灌输教学到启发教学的延伸,灌输作为思想政治教育的首要环节,必须确定其主导地位。灌输是启发的原则和目的,启发是灌输的实现形式。

(四)合理设计体育场馆的展示空间

为了落实思政教育的显性教育和隐性教育的统一性,在完善体育环境的过程中可以通过优化设计体育场馆的展示空间的方式,传承校园的体育文化,以促进学生更深入地了解校园体育文化。在校学生可以通过普修体育课程的方式接受思政显性教育,而体育纪念场馆的陈列又通过隐性的方式对思政思想进行更好地传播。

第五章　体育在高校思想道德素质培养中的作用机制

第一节　高校思想道德素质培养的内容

素质一词是作为心理学的一个专门概念提出,但随着 20 世纪 80 年代末、90 年代初素质教育的推行,素质的概念与内涵也随之不断丰富,对素质的认识与理解也日益细化,有关素质的分类也逐渐完善、素质的结构探讨也日益清晰。思想道德素质是人素质中最重要的素质,其内容也随着社会的发展而拓展与丰富。进入中国特色社会主义新时代,加强和提升大学生思想道德素质,不仅是实现中华民族伟大复兴的现实需要,也是社会主义制度的本质要求,更是新时代加强公民道德建设的迫切需要。

一、素质概述

(一)素质的基本内涵

《辞海》的释义:"素质是指人或事物在某些方面的本来特点和原有基础。在心理学上,指人的先天的解剖生理特点,主要是感觉器官和神经系统方面的特点,是人的心理发展的生理条件,但不能决定人的心理内容和发展水平。"①

　　教育部原副部长周远清认为"素质是在先天生理基础上,经过后天教育和社会环境的影响,由知识内化而形成的相对稳定的心理品质"。包含三层意思:首先,肯定了素质是教化的结果,是可以培养、造就和提高的;其次,指出教化是知识内化和升华的结果,强调只具有丰富的知识并不等于具有较高的素质;最后,认为素质作为一种心理品质相对持久地影响和左右着人对待外界和自身的态度。

　　孙喜亭教授是对素质早有研究,他认为素质是:"一方面在心理学上素质是指人的先天的解剖生理特点,主要是神经系统、脑的特性以及感觉器官和运动器官的特点。"

　　有的学者把素质的含义从狭义和广义两个角度进行理解。狭义的素质概念是生理学和心理学意义上的素质概念,即"遗传素质",这是狭义素质的典型解释。广义的素质指的是教育学意义上的素质概念,指人在先天生理的基础上在后天通过环境影响和教育训练所获得的、内在的、相对稳定的、长期发挥作用的身心特征及其基本品质结构,通常又称为素养。素质教育中的素质,指的是广义素质。素质的后天获得属于社会属性,人的素质乃是时代的产物,是为适应社会发展的要求而具有的一系列品格。

　　有的研究者将素质分为自然素质、心理素质、社会素质三类,心理素质是自然素质、社会素质的过渡素质。认为"心理素质是素质划分中绝对不可或缺的一类"。而有的研究者则将素质"由低到高划分为生理、心理、社会文化三个层面,认为生理素质是基础,心理素质是中介,而社会文化素质则构成人的素质的主要内容"②。

　　基于以上的论述,我们认为素质是人先天遗传和后天教育相结合的产物,是社会规范和道德要求在个体内化的结果,是人的基本观念、道德、心

---

①　辞海[M].上海辞书出版社,1989:3200.

②　燕国材.素质教育论[M].广东教育出版社,2002:20-36.

理、健康、能力等,按照人的全面发展的原理,可分为自然素质、心理素质和社会素质,结合学校教育培养人的目标,可把人的素质分为德、智、体、美、劳等几个方面,便于更通俗地理解与把握。

(二)素质的基本特征

有关素质的基本特征,按照上述的概念和基本内涵,可以归结为以下几个方面。

1.素质的先天性和后天性

从素质的来源看,先天性指人的部分素质是与生俱来的,它是生物遗传的结果,如人具有的解剖重量特点等;后天性是指人的另一部分素质并非由遗传得来的,而是通过教育、环境与社会实践活动而逐步形成的,如心理品质等,素质当中遗传部分是基础,后天是发展,两者是一个完整的整体。

2.素质的自然性和社会性

从素质的内容看,它是自然性和社会性的统一。素质的自然性与先天性相联系,部分素质来自遗传性,它具有自然性的特点;而素质的社会性则是素质的部分是来自于后天社会的习得,具有了社会影响的烙印。素质的自然性和社会性是与素质先天性和后天性相一致的。

3.素质的潜在性和外显性

从素质的表现形态看,素质的潜在性指素质往往以潜在的形式潜藏在主体内部,潜在的能量为素质的外显性创造必要的条件,提供了开发的基础。而素质的外显性指素质一旦形成后,往往会在具体的实践活动中显现出来,尤其是通过待人接物、为人处世等均体现出一个人的素质与修养,素质的潜在性和外显性是整体素质发展的两个方面,相互促进,协调发展。

4.素质的稳定性与可逆性

从素质的形成与发展看,素质既具有稳定性,也具有可逆性。素质的稳定性指素质一旦形成,在一定程度上具有稳定性,不论其是先天素质还是后天素质,都不太容易变化。可逆性是指素质虽有稳定性,但随着个体认知的进步和社会要求的改变等因素的催化是可以塑造的,素质的稳定性和可逆性是统一的,稳定性是可逆性的基础,可逆性是稳定性的改进与提高。

5. 素质的整体性和个别性

从素质的内部关系和功能看,具有整体性和个别性,素质的整体性有两个内涵:首先是各种素质密切联系,相互渗透,素质它是一个有机整体,其次是素质整体功能的发挥。个别性亦包含两个方面的内容:首先是各种素质虽互相联系,但又相对独立;其次是各种素质发挥各自的作用。素质整体作用的发挥来自不同素质的协调配合与发挥。

6. 素质的共同性和差异性

从素质的整体来看,具有群体的共同性和个体的差异性。素质的共同性是指群体具有共同的素质,而素质的差异性是不同个体具有不同的素质。素质的共同性和个体的差异性是素质共性和个性的两个方面。

(三)素质的基本结构

素质的结构是从各种素质的内在关系而言的,有纵向结构和横向结构,纵向结构表示事物各组成因素由低级阶段向高级阶段发展的层次性,表现由身体素质发展到心理素质再到社会素质;而横向结构是指事物各素质相互作用的关系,以上三种素质相互制约,又相互促进,其中身体素质是物质基础,心理素质是中间层,而社会素质是最高的调节因素。

二、思想道德素质概述

(一)思想道德素质内涵

思想道德素质是指人们从一定的道德准则和规范出发,在处理个人与他人、社会的关系中,所表现出来稳定的特征和倾向,是人们道德意识和道德行为的统一。简而言之,是做人的准则和标准。

(二)思想道德素质的基本内容

目前思想政治教育学研究中,大多数学者对思想道德素质基本内容的分析要素主要归结为思想素质、政治素质、道德素质、心理素质和法律素质五个方面,其中思想素质是指思想认识的觉悟,侧重于理论认识,一般包括人的世界观、人生观与价值观及集体主义精神、社会责任感和进取精神等;政治素质是指对人的政治立场、政治原则、政治观点和政治态度等,一般是指人的社会理想信念、政治态度与信仰、政治审鉴能力等,道德素质是指人与人交往过程中所表现出来的道德品格、道德品位,一般包括诚信、友善、基本公德意识、爱情道德、网络道德、义利观等方面或基本的道德认知、道德行为;心理素质是指人所拥有的动机、兴趣、情绪及意志品质等心理素养,主要涉及人的自我意识、意志品质、心理调适能力等方面;而法律素质是指人对法律的意识、态度和运用法律能力的综合素质,研究主要指向基本的法律意识、公民意识和法律思维等方面。

(三)思想道德素质培养的重要意义

"人无德不立,国无德不兴。"在人的各类素质中,思想道德素质关乎人的价值引领和思想保障,是人之为人的重要特征,起着决定作用。思想道德素质的培养旨在启迪人们的道德觉悟、道德自觉,使人们在思想道德认识上提高自觉性,在道德行为上提升主动性;只有把社会思想道德的培养与个人思想道德的修养结合起来,才能提高人们的思想道德意识和思想道德境界,从而提高思想道德素质。

习近平总书记在党的十九大报告中要求:"全面贯彻党的教育方针,落实立德树人根本任务,发展素质教育,推进教育公平,培养德智体美劳全面发展的社会主义建设者和接班人。"他多次强调:"人才培养一定是育人和育才相统一的过程,而育人是本。人无德不立,育人的根本在于立德。"习近平总书记在不同场合指明了立德树人的具体内容,即要加强理念信念教育、加强社会主义核心价值观教育、加强中华传统优秀文化的教育、加强劳动教育和实践教育等。① 2019 年 10 月,中共中央、国务院印发了《新时代公民道德建设实施纲要》(以下简称《纲要》)②,中国特色社会主义进入新时代,加强公民道德建设、提高全社会道德水平,是全面建成小康社会、全面建设社会主义现代化强国的战略任务,是适应社会主要矛盾变化、满足人民对美好生活向往的迫切需要,是促进社会全面进步、人的全面发展的必然要求。

1. 提高整个中华民族的思想道德素质、是实现中华民族伟大复兴梦的客观要求

中国特色社会主义进入新时代,实现中华民族伟大复兴的中国梦和实现"两个一百年"奋斗目标是全体中华儿女的共同心愿。美好愿望的实现不仅需要强大的硬实力,同样需要先进的文化软实力,而人作为硬实力和软实力的承载主体,是推动中国特色社会主义建设的核心力量,我们不仅需要用科学的知识武装自己,也需要高尚的道德和先进的思想作为基本保障,更需要社会主义核心价值观来指引方向。处在新时代的历史方位,我们每个人都需要有与中国特色社会主义现代化强国相匹配的思想道德素

① 教育部课题组.深入学习习近平关于教育的重要论述[M].北京:人民出版社.
② 中共中央、国务院.新时代公民道德建设实施纲要[Z].2019(5):45-53.

质,奋发图强、开拓进取的积极性和创造性,为建设中国特色社会主义现代化强国贡献自己的力量和智慧,这是推动社会主义现代化建设的一种巨大精神力量。

2. 全面提高我国公民的思想道德素质,是社会主义制度的本质要求

社会主义作为共产主义的初级阶段,需要坚持不懈地通过提升人的素质,来完成共产主义社会高级阶段的目标。这个目标的实现不能仅仅依靠物质财富的增长,还必须紧紧依靠人们思想道德觉悟的不断提升和革命精神的不断发扬。这是共产主义社会制度优越性的独特体现。所以,建成中国特色社会主义现代化强国,首要任务是把人建设成为现代人。没有思想道德的现代化,就不可能完成社会主义、共产主义的建设,这是社会主义制度所决定的。

3. 全面提高人的思想道德素质,是新时代中国特色社会主义公民道德
   建设的根本任务

《纲要》指出:加强公民道德建设是一项长期而紧迫、艰巨而复杂的任务,要适应新时代新要求,坚持目标导向和问题导向相统一,进一步加大工作力度,把握规律、积极创新,持之以恒、久久为功,推动全民道德素质和社会文明程度达到一个新高度。

《纲要》强调,要以习近平总书记新时代中国特色社会主义思想为指导,紧紧围绕进行伟大斗争、建设伟大工程、推进伟大事业,实现伟大梦想,着眼构筑中国精神、中国价值、中国力量,促进全体人民在理想信念、价值理念、道德观念上紧密团结在一起,在全民族牢固树立中国特色社会主义共同理想,在全社会大力弘扬社会主义核心价值观,积极倡导富强民主文明和谐、自由平等公正法治、爱国敬业诚信友善,全面推进社会公德、职业道德、家庭美德、个人品德建设,持续强化教育引导、实践养成、制度保障,不断提升公民道德素质,促进人的全面发展,培养和造就担当民族复兴大任的时代新人。

第二节　体育与高校爱国主义品质的培养

一、爱国主义的内涵

(一)爱国主义的概念

目前对爱国主义概念的解释主要有如下三种:爱国主义指对祖国的忠诚和热爱的思想;[①]爱国主义就是对祖国的忠诚和热爱,核心是对国家和民族生存与发展、繁荣与兴旺等根本性利益的关心与维护;[②]爱国主义是指个人或集体对相国的一种积极的支持态度,集中体现为民族自信心和民族自尊心,为争取、保卫祖国的独立富强而献身的奋斗精神。爱国主义不仅体现在政治、道德、法律、艺术、宗教等各种意识形态及整个上层建筑之中,而且渗透到社会生活的各个方面,会成为影响国家、民族命运的重要因素。[③]爱国主义作为一种爱的情感,主要是对民族、国家深层次的情感认可、理性认知、历史认同、文化皈依的心理现象和道德表现,其蕴含着丰富的内涵。

(二)爱国主义的基本内涵

爱国主义作为心理、道德、历史、文化等多种因素形成的情感,其主要有五个方面的具体内涵:首先,表现为是一种心理情感,正如列宁所说的关

① 中国社会科学院语言研究所词典编辑室.现代汉语词典(第6版)[M].北京:商务印书馆,2016:5.

② 罗大文.试析爱国主义的内涵、结构与功能[M].学术论坛,2006(6):61-64.

③ https://baike.so.com/doc/23304-24261.html.

于爱国主义名言:爱国主义是由于千百年来巩固起来的对自己祖国的一种最深厚的感情[①],这种心理情感更多地表现为对故土之情、恋乡之情、念祖之情的集中流露,是长年以来对祖国的浓厚感情;其次,表现为一种理性的认识,是人们对祖国深厚感情认识基础上的一种观念形态,爱国主义表现为一种基本的道德规范及一定的政治原则。人们正是在正确理性认识的指导下进行爱国行动,爱国主义也日益成为评价、约束人们实践行为的思想要求和基本准则,不断激励一代又一代爱国者去思考、探索,是激励人们爱国、护国的重要精神力量;第三,爱国主义也是一种价值取向,对祖国的爱需要具体的内容,即体现出人们对爱国的价值认同,是把对祖国的形象、利益、尊严、荣誉等置于至高无上地位的价值认可,愿意用自己的一切来维护祖国的发展和声誉;第四,爱国主义也是一种社会思潮,是指一定社会的历史时期,不同阶层或整个民族所反映的当时社会、政治、文化状况的众多思想汇集,不同的时代有不同的爱国主义内涵,如五四爱国运动开启新民主主义革命,以及科技兴国、实践强国等爱国主义思想,都在很大程度上推进了国家的发展和进步;第五,爱国主义更是一种行为范式,爱国主义作为一种精神力量,只有在实际行动中才能体现出其真正的价值与力量,给人以震撼,如表现"国家兴亡,匹夫有责"的担当意识;如"先天下之忧而忧,后天下之乐而乐"的社会责任;埋头苦干、全心全意为人民服务的奉献作风等,以实际行为诠释爱国主义的精神实质和内涵。

爱国主义的情感外在表现主要体现为民族的自信心、自尊心和自豪感,而其思想的内在实质则是义务感和责任感,在精神层面上爱国主义则是一种道德规范和政治原则。

---

① 列宁选集:第三卷[M].北京:人民出版社,1972:608.

二、培育新时代大学生爱国主义品质的重要意义

(一)加强新时代大学生爱国主义教育是培养中国特色
　　社会主义可靠接班人和合格建设者的迫切需要

高校的最终使命是育人,是培养一大批中国特色社会主义可靠接班人和合格建设者。习近平总书记指出:"培养什么人,是教育的首要问题。我国是中国共产党领导的社会主义国家,这就决定了我们的教育必须把培养社会主义建设者和接班人作为根本任务,培养一代又一代拥护中国共产党领导和我国社会主义制度、立志为中国特色社会主义奋斗终身的有用人才。"①百年大计、教育为本,教育大计、德育为先,大学生的思想品德素质的培养是教育的关键,关乎人的价值取向与成长方向。新时代大学生不仅要加强自身的社会公德、家庭美德、职业道德、个人品德的培养和教育,更要培养坚定的理想信念和爱国主义情怀,以德立身,以德立学,以德立人。正如习近平总书记所说,我们培养的大学生不仅仅要长着中国人的脸,更要有浓浓的中国情和中国味。因此,加强新时代大学生爱国主义教育,使他们成为又红又专的人,懂得爱国奉献、护国奋斗的新时代先进青年,这是高等教育的首要任务,也是高校的初心,必须牢牢把握,持之以恒开展好爱国主义教育。

(二)加强新时代大学生爱国主义教育是践行社会主义
　　核心价值观的迫切需要

党的十八大提出,倡导"富强、民主、文明、和谐,倡导自由、平等、公正、法治,倡导爱国、敬业、诚信、友善",积极培育和践行社会主义核心价

---

① 习近平在全国教育大会上的讲话[N].人民日报,2018-9-11.

值观,是推进中国特色社会主义伟大事业、实现中华民族伟大复兴中国梦的战略任务。[①] "爱国、敬业、诚信、友善"是公民个人层面的价值准则,需要每个人,尤其是当代大学生需要积极践行。习近平总书记指出:"要结合弘扬和践行社会主义核心价值观,在广大青少年中开展深入、持久、生动的爱国主义宣传教育,让爱国主义精神在广大青少年心中牢牢扎根,让广大青少年培养爱国之情、砥砺强国之志、实践报国之行,让爱国主义精神代代相传、发扬光大。"加强大学生爱国主义精神的培育也是高校大学生思想政治教育工作中培育和践行社会主义核心价值观的中心环节。中国特色社会主义进入新时代,面对纷繁复杂的国际社会和多元的社会意识形态,面对互联网信息的鱼龙混杂,我们更需要有社会主义核心价值观来引领大学生思想,更需要比任何时候都热爱自己的国家,牢固树立报效祖国的雄心壮志。因此,高校必须加强对大学生的爱国主义培育,才能使大学生通过接受教育,树立祖国利益高于一切的理想信念,并充分认识到祖国的繁荣富强和快速发展、国家的长治久安与为个人提供更大的发展空间的关联性,从而把个人理想和国家梦想有机结合起来,逐步把爱国之情、强国之志、报国之行转变成自觉行动。

(三)加强新时代大学生爱国主义培育是实现中华民族伟大复兴中国梦的迫切需要

爱国主义既具有历史性,又具有现实性,既有时代特性,也具有永恒性。爱国主义要在现实中体现,必须要有具体的目标和载体,而中国梦作为中国共产党的重要执政理念和思想,2012 年 11 月 29 日习近平总书记首次提出,并认为中国梦是"实现中华民族伟大复兴,就是中华民族近代以

---

① 中共中央办公厅《关于培育和践行社会主义核心价值观的意见》中办发［2013］24号［Z］. 2013-12.

来最伟大梦想"①,其核心目标概括为"两个一百年"目标,即到 2021 年中国共产党成立 100 周年和 2049 年中华人民共和国成立 100 周年时,逐步并最终顺利实现中华民族的伟大复兴,具体表现为国家的富强、民族的振兴、人民的幸福。2013 年 3 月 17 日在十二届全国人大一次会议闭幕会上,习近平总书记坚定表示:"实现中国梦必须走中国道路,必须弘扬中国精神,必须凝聚中国力量。"并强调要把每个人的利益与国家、民族利益紧紧地联系在一起作为一个共同体,凝聚 13 亿中国人的力量,由伟大光荣正确的党领导全国各族人民努力奋斗。坚持走中国特色社会主义道路,就是复兴之路、追梦之旅。新时代大学生作为中国特色社会主义的接班人,作为中国梦的奋斗者、创造者,他们若没有对祖国的热爱、没有对祖国的真挚情感、没有对祖国的思想认同和理论认知,就不可能迸发出他们对新时代中国特色社会主义的建设热情,没有他们的努力奋斗和前仆后继,中国梦就没有实现的可能。由此可见,加强新时代大学生爱国主义的培育,上升为事关民族复兴的伟业,事关中国特色社会主义事业建设的成败。

三、体育与新时代大学生爱国主义品质的培育

(一)结合辉煌的中国近代奥运史对大学生进行爱国主义教育, 激发大学生的爱国真情

尽管我国体育代表团因政治、经济等种种原因的影响,到了 1984 年才算正式组团参加在美国洛杉矶举行的第 23 届奥运会,但中国体育代表团自参加奥运会以来,在奥运赛场全团上下团结一致、祖国至上、顽强拼搏、奋勇争先,取得了令人骄傲的竞赛成绩。目前我国体育综合竞技水平已跨入世界第一集团行列,尤其是 2000 年后一直保持在世界前三的位置(见表

---

① 中共中央宣传部. 习近平新时代中国特色社会主义思想学习纲要[M].北京:学习出版社、人民出版社,2019(6):49-57.

5-1)。现在的中国已成为当今世界的体育大国,让我们国人无比自豪,旧社会时曾被人称为"东亚病夫"已成为一去不复返的历史;由于我国经济社会的快速发展和进步,中国北京已在2008年成功举办了第29届夏季奥运会,并且取得了圆满成功,获得了各国的广泛赞誉,向全世界人民展示了中国人的体育竞技实力和组织举办体育赛事的超强能力,同时,北京还成功举办了2022年冬奥会,北京也成了世界上唯一一座既举办过夏季奥运会又举办过冬奥会的城市,令我们华夏儿女倍感骄傲和自豪。

中国体育代表团参加奥运会的发展史本身就是一部具有深远教育意义的爱国主义教育史,让我们每一个中华儿女对中国体育代表团取得的辉煌成绩心生崇敬与爱戴,尤其将大大激发广大青年学子的爱国真情。铭记历史,以史育人,激励青年学子更是我们体育人的职责和使命所在。

表5-1　中国体育代表团历届夏季奥运会奖牌数量及名次①

年　份	届　数	金　牌	银　牌	铜　牌	总　数	名　次
1984年	23	15	8	9	32	4
1988年	24	5	11	12	28	11
1992年	25	16	22	16	54	4
1996年	26	16	22	12	50	4
2000年	27	28	16	15	59	3
2004年	28	32	17	14	63	2
2008年	29	51	21	28	100	1
2012年	30	28	31	22	91	2

① 宋亮.夏季奥运会中国体育代表团奖牌点变化特征研究[J].山东体育学院学报,2014(8):23-28.

（二）结合伟大的中华体育精神对大学生进行爱国主义教育，激发大学生的爱国热情

中国体育竞技的起步、发展、崛起和不断地超越，从微观上讲主要在于广大运动员的刻苦训练、顽强拼搏、敢于胜利、不服输的意志品质和勇往直前的精神气质，在于教练员的科学训练、精心谋划、细心指导，在于广大体育工作人员提供周到的服务和可靠的保障，经过一代又一代中国体育人长期的体育实践和竞技比赛，中国体育形成了具有自身特点的、伟大的中华体育精神，①它是指中国人在体育实践活动中形成的，以爱国奉献、公平竞争、团结合作、顽强拼搏、快乐健康为主要价值准则的意识、思维活动和一般的心理状态，以爱国主义精神、英雄主义精神、公平竞争精神、团队合作精神、乐观自信精神为主要内容，也正是中华体育精神的激励，使得中国运动员在一次次的国际比赛中屡创佳绩，中华体育精神也是中华民族文化的重要内容。正因为有着对祖国深沉的爱、浓浓的情，一代又一代华夏健儿才孕育并铸就了中华体育精神，迸发出了为祖国奉献牺牲自我的竞赛精神和意志。弘扬和传承优秀的中华体育精神，以此激发新时代大学生的爱国热情。

（三）结合我国运动员具体的体育经典故事对大学生进行爱国主义教育，激发大学生的爱国激情

2019 年 9 月 30 日，习近平总书记在会见中国女排时强调："广大人民群众对中国女排的喜爱，不仅是因为你们夺得了冠军，更重要的是你们在赛场上展现了祖国至上、团结协作、顽强拼搏、永不言败的精神面貌。"②女排精神代表着一个时代的精神，回想 20 世纪 80 年代女排五连冠，每一场

---

①　黄莉. 中华体育精神研究［M］. 北京：北京体育大学出版社，2007（12）：49.

②　习近平会见中国女排代表［N］. 光明日报，2019-10-1.

比赛都是经典,激励着人们喊出"团结起来,振兴中华"的心声;当然还有许许多多中国运动员创造的历史佳绩,都令人为之动容,让国人见识到运动员们为国拼搏的劲头和意志品质。如奥运六朝元老王义夫在 1996 年亚特兰大奥运会上,发烧还坚持比赛,直到最后晕倒在赛场,最后仅以 0.1 环之差获得了宝贵的银牌,着实让人泪目;又如世界速滑全能冠军叶乔波,在 1994 年 2 月 19 日,第十七届挪威利勒哈默尔冬奥会上,顶着膝盖的疼痛,咬着牙坚持完成了 1000 米比赛,并获得一枚铜牌,这块奖牌的获得是在她韧带断裂,髌骨错位,软骨破碎,"乱了套"的膝盖中含了大大小小 13 块碎骨的情况下取得的,这样的伤痛一般常人难以忍受,也难以想象,这需要何等的勇气和毅力。他们的那种"为国争光,为中华民族争气"的精神气概,都是培育大学生爱国主义精神的优质资源,传承经典,学习榜样,必将激发新时代热血大学生对祖国的深厚感情。

（四）结合中国特色的社会主义体育先进文化对大学生进行爱国主义教育,激发大学生的爱国自豪感

自 1978 年党的十一届三中全会开启改革开放以来,我国体育制度不断完善①,1990 年国务院批准《学校体育工作条例》,1995 年 6 月,国务院批准和颁布了《全民健身计划纲要》,使群众体育的开展有了纲领性文件;1995 年 8 月,全国人大全票通过了《中华人民共和国体育法》,使广大群众参加体育活动有了法律的保护,2007 年中共中央、国务院颁布《关于加强青少年体育增强青少年体质的意见》,2009 年全面实施《全民健身条例》,中共中央于 2016 年颁布了《健康中国 2030 规划纲要》等一系列有关体育的法规和行动计划、意见,确保了我国体育事业的法制化建设,彰显了我国体育制度的优越性。2019 年 9 月 30 日习近平总书记在会见中国女排时指

①　国家体育总局编.新中国体育 70 年(综合卷)[M].北京:人民出版社,2019(9):165-168.

出:"实现体育强国目标,要大力弘扬新时代的女排精神,把体育健身同人民健康结合起来,把弘扬中华体育精神同坚定文化自信结合起来,坚持举国体制和市场机制相结合"。习近平总书记的讲话道出了中国体育先进文化的实质,从制度上我们既要坚持举国体制,坚持集中力量办大事,在荣誉和利益面前坚持集体至上,随着社会的发展要根据市场经济的不断发展,发挥市场经济的作用,实现管理模式由单一的政府管理向多元管理方向转变,发挥并激发社会力量对体育的支持与贡献,中国特色的体育文化制度先进性在于集中所有力量为体育事业的发展提供多重保障,既为竞技体育水平的提高群策群力,也为全民族健康素质的提升提供政策、制度、体育设施等全方位的支撑,真正使广大人民群众享受到体育所带来的诸多实惠和益处,使人人都能享受到体育的权利,也在体育中感受爱国主义的情感。这是中国特色社会主义体育文化的自信,值得每一个国民自豪,更值得每一个新时代大学生为之骄傲。

四、体育培育大学生爱国主义精神的基本路径与方法

(一)以体育课堂为主渠道,加强大学生爱国主义教育

体育课程是高校体育教育教学的主渠道,必须坚持发挥课堂育人的重要作用,科学设计体育课堂教学计划、明确教学目标,并把加强爱国主义教育作为其中的内容之一,主要有以下几个方法。

第一,要深入挖掘每个体育运动项目中所蕴含的爱国主义元素,这是开展体育爱国主义教育的关键所在。体育教师要认真备课,充分挖掘体育项目中的爱国主义资源,如田径运动中,著名运动员刘翔在110米栏中夺得奥运会冠军,创造亚洲飞人的奇迹;乒乓球项目中一代又一代中国乒乓人在世界大赛中屡次为国争光,彰显我们乒乓球王国自豪的故事;中国女排多次获得世界冠军傲视群雄背后的内在动因;中国跳水队缘何能保持长

盛不衰的世界领先水平等,都需要体育教师细心挖掘并整理课程材料,融入教案中去,作为爱国主义教育的素材、故事,与新时代大学生共同分享,以使他们在心理、情感、思想上产生共鸣与认同。

第二,在课堂内组织学生开展模拟比赛,体会并践行爱国主义精神。竞技是体育的一个鲜明特点,也是体育育人的优势所在,爱国主义教育不仅需要理论上的阐述,更需要具体的实践体验。大学生普遍有着较强的竞争意识,体育竞技能很好激发他们的求胜心,通过体育教学比赛,一方面使他们感受到取得胜利的来之不易;另一方面,在运动比赛中让大学生从热爱自己的同学、小组,从团队做起,培育他们的集体主义和爱国主义情感。

第三,从经典体育赛事中,让大学生感知爱国主义精神。积极关注体育时事并结合最新的国际体育比赛,引导学生关注、关心有中国运动员参加的体育赛事,有条件组织学生观看相应的体育赛事,并组织学生进行思考点评,使他们在众多优秀运动身上,感知、学习爱国主义精神的可贵和重要,激发新时代大学生的爱国意识。

(二)加强校园体育文化建设,宣传中国体育好故事, 营造良好的爱国主义教育氛围

习近平总书记指出文化是一个国家、一个民族的灵魂,也是一个国家、一个民族发展中更基本、更深沉、更持久的力量。要加强校园体育文化建设,认真开展广泛的群众性体育运动和校园体育赛事,积极宣传中国体育经典事迹、先进事迹,宣传身边的体育先进和典型,既要加强传统的媒体宣传,更要充分利用"互联网+"这个现代化多媒体宣传途径的优势,宣传好运动以体育爱国的故事、用体育报国的经典,弘扬体育爱国精神,传播体育正能量、正气,积极营造良好的爱国主义教育文化气氛,在潜移默化中使大学生感受到浓浓的爱国主义教育氛围。

（三）体育教师要以身作则，立德树人，成为爱国主义的榜样

师者，传道授业解惑。教师首先必须要正确的世界观、人生观和价值观，加强大学生爱国主义教育，教师要以身作则，要立德树人，要从热爱自身的本职工作做起，从热爱自己的学生、热爱自己的学校、热爱中国共产党、热爱中国特色社会主义做起，使学生感受到爱国主义不是空洞的，而是具体的、实实在在的。新时代体育教师更要以"四有好老师"和"四个引路人"的标准来严格要求自己，真正把爱国主义教育融入日常体育教育教学中去，关心、关注、爱护学生，潜心做好本职工作，唯有如此，我们的体育教育才能真正走进学生的心灵，在传技、炼体的过程中培养他们爱国的情怀和意识，塑造他们爱国的品德，引领他们爱国的精神。

第三节　体育与高校诚信品质的培养

一、课程思政与诚信培育

习近平总书记在2016年全国思想宣传工作会议上强调指出："要用好课堂教学这个主渠道，思想政治理论课要坚持在改进中加强，提升思想政治教育亲和力和针对性，满足学生成长发展需求和期待，其他各门课都要守好一段渠、种好责任田，使各类课程与思想政治理论课同向同行。"[1]课程思政的提出在于发挥各门课程的育人作用和价值，真正使课程承载思政，思政寓于各门课程之中，努力做到全方位、全员、全程育人，以全面提升

---

[1]　习近平在全国高校思想政治工作会议上强调：把思想政治工作贯穿教育教学全过程，开创我国高等教育事业发展新局面[N].人民日报，2016-12-9.

大学生思想道德素质。

　　诚信作为人之为人的基本道德品质,作为我国公民道德建设的重要内容,无疑也是高校课程育人中所要加强的必要内容之一。2019 年 10 月 27 日,中共中央、国务院印发了《新时代公民道德建设实施纲要》①(以下简称《纲要》),《纲要》指出在当前国内外形势不断变化、我国经济社会快速变革的时代背景下,因市场经济规则、社会治理、政策法规还不够健全,以及受不良思想文化侵蚀和网络有害信息影响,道德领域依然存在不少问题,如一些地方和领域不同程度存在道德失范现象,拜金主义、享乐主义、极端个人主义仍然比较突出;一些社会成员道德观念模糊甚至缺失,是非、善恶、美丑不分,唯利是图、见利忘义,损人利己、损公肥私;造假欺诈、不讲信用的现象久治不绝,突破公序良俗底线、妨害人民幸福生活、伤害国家尊严和民族感情的事件时有发生。这些问题必须引起全党全社会高度重视,采取有力措施切实加以解决。《纲要》明确要求持续推进诚信建设,主要是大力弘扬与社会主义市场经济相适应的诚信理念、诚信文化、契约精神,推动各行业各领域制定诚信公约,加快个人诚信、政务诚信、商务诚信、社会诚信和司法公信建设,构建覆盖全社会的征信体系,健全守信联合激励和失信联合惩戒机制,开展诚信缺失突出问题专项治理,提高全社会诚信水平,并强调加强思想品德教育,遵循不同年龄阶段的道德认知规律,结合基础教育、职业教育、高等教育的不同特点,把社会主义核心价值观和道德规范有效传授给学生;要注重融入贯穿,把公民道德建设的内容和要求渗入到各学科教育中,体现在学科体系、教学体系、教材体系、管理体系建设中,使传授知识过程成为道德教化过程。《纲要》的要求、做法与课程思政保持了高度的一致,体现了对公民道德建设,尤其是公民诚信教育的高度重视。

　　按照党和国家所倡导的社会主义核心价值观、课程思政的教育理念和

---

　　①　中共中央、国务院.新时代公民道德建设实施纲要[Z].2019-10-27.

新时代公民道德建设的要求及体育学科自身的发展目标,下面我们从体育学科自身的特点出发,结合当前大学生诚信的现状,阐述高校体育在培养大学生诚信品质方面有自身的特点和优势以及如何通过体育来培育大学生诚信品质的基本路径。

二、诚信的内涵和特性

(一)诚信的内涵

"诚"是形声会意字,本义是不虚伪、真心实意,引申为真实,南宋理学大家朱熹认为"诚"是一种美德,即"诚者,真实无妄之谓";"信"是会意字,《说文解字》认为,"人言为信",本义是指语言真实,又引申指相信、信任;"诚信"在《现代汉语词典》中的含义是指诚实、守信用;诚信是中华民族的优秀传统,是人类普遍意义上的美德,无论时代如何变迁,诚信永远是人之为人的根本特性,诚信不仅是人的立身之本,也是立业之本,更是立国之本。

(二)诚信的特性

诚信从现代社会主义市场经济体制来理解,已不同于传统意义上的诚信,其具有以下三个特性:其一,诚信具有普遍性。市场经济要求交易的主体是自由、平等、双向的,要求双方必须尊重彼此的权利和利益,这就决定了诚信是对不同的人采取同样的交易原则,即一视同仁,以打破带个人色彩的非人格交换关系。其二,诚信具有合理性。合理性诚信是指人们能够按照事实的掌握、分析而做出判断是否信任对方,随着现代社会信用体系的建立与不断完善,人们往往通过人的信用记录和体现能力的外在资质来作为判断的重要条件,如人品信任和能力信任。其三,诚信具有功利性。马克思和恩格斯在历史唯物主义的基础上,揭示了道德在本质上是对一定社会利益关系的反映,道德与利益有着密不可分的联系,现代社会的诚信作为影响双方利益的重要道德要素,必然具有道义和功利的双重属性。

三、新时代大学生诚信品质的现状

(一)新时代大学生的个性特点

2017 年 10 月 18 日,北京人民大会堂大礼堂,在党的十九大上习近平总书记向世界庄严宣示:"经过长期努力,中国特色社会主义进入了新时代。"应该说党的十八大以来,以习近平同志为核心的党中央领导全国各族人民,在坚持和发展中国特色社会主义伟大实践中,开辟了治国理政的新境界,进一步深化了我们党对执政规律、中国特色社会主义建设规律和人类社会发展规律的认识。十八大后的 5 年,是党和国家发展进程极不平凡的 5 年,党和国家的各项事业均取得了前所未有的成就,发生了历史性的伟大变革;我国的社会主要矛盾由原来的"人民群众日益增长的物质文化需求同落后的社会生产之间的矛盾"转化为"人民日益增长的美好生活需要与发展不平衡不充分之间的矛盾",2020 年我国社会已全面建成小康社会。在新时代成长起来的大学生,目前基本都是"00"后大学生,生长在物质条件优越、互联网发达、科技发展迅速的时代,他们身上有着自身的特点,主要表现为价值追求个性化、学习方式自主化、娱乐生活网络化、处世方式理性化、人生理想务实化①。他们有较强的竞争意识,但抗挫折能力较弱;追求自我价值,但责任意识淡薄;视野开阔,但实践能力欠缺等,这些给高校开展道德教育带来了挑战,也带来了机遇。

---

① 王海建."00"后大学生的群体特点与思想政治教育策略[J].思想理论教育,2018(10):90-94.

(二)新时代大学生诚信品质现状分析

诚信乃是做人之本,更是新时代大学生成长成才成人的道德底线,但随着我国社会主义市场经济的发展,受一些人重利轻义、贪图享受思想的消极影响,部分大学生也存在着诚信缺失的现象,主要体现在以下几个方面:首先是学习上的诚信缺失。其次是经济上的诚信危机。第三是职业应聘的诚信缺失。[①] 第四是人际交往的诚信缺失。面对新时代高等教育的普及化,面对新时代社会、家庭、学生对高标准的高等教育教学的美好向往,体育作为高等教育的重要组成部分,肩负着重要使命,那就是培养一代体魄强健、思想高尚、品行端正、精神健全的时代新人。

四、体育与大学生诚信品质的培育

(一)培育诚信

1. 高校体育课程的基本特点

体育是以身体练习为基本手段,以达到增强体质、增进健康、提高心理健康为目标的课程,而高校体育所具有的高等性则体现在学习基本技术、基本技能的基础上,注重大学生道德层面的养成与提升,除了体育学科应有的技艺性、运动负荷性、竞争性、情意性、人文性外,还集中体现在其培育人的道德养成和精神提升,即在体育实践中培养、提高大学生的道德品质和精神境界。高校体育是大学生道德品质形成的重要手段和途径,如通过体育教育可以培养大学生的参与精神、规则意识和诚信品质、拼搏精神等,这些都是高校体育所应承载的育人内容。

---

① 张晓敏.高校精神成人问题研究[D].湖南师范大学硕士学位论文,2009-5.

2.高校体育课程的目标

高校体育作为育人的重要内容,《全国普通高等学校体育课程教学指导纲要》中明确了高校体育课程的五个基本目标,即运动参与目标、运动技能目标、身体健康目标、心理健康目标、社会适应目标,其中在社会适应目标中进一步明确了大学生要有良好的体育道德和合作精神,还明确提出了要培育大学生的诚信品质。因此,在高校体育中培养大学生的诚信品质是体育教学应有的题中之义。

3.在践行社会主义核心价值观上体育被寄予厚望

在2016年6月,国务院办公厅《关于强化学校体育,促进学生身心健康全面发展的意见》国办发[2016]27号文件中明确指出,要以"天天锻炼,健康成长终身受益"为目标,充分发挥体育在培育大学生践行社会主义核心价值观的综合作用,切实提升学生的人格品质,为培养德、智、体、美、劳全面发展的社会主义合格建设者和可靠接班人而贡献体育学科的智慧和力量。无疑当我们进入中国特色社会主义新时代之际,国家与社会对体育给予更高的时代使命,体育除了要强身健体外,更要在大学生道德建设和精神成人方面承担更多的育人责任和学科作用,使体育成为大学生践行社会主义核心价值观的重要路径与手段。

(二)体育在培育大学生诚信品质中的优势

1.体育培养大学生诚信品质具有道德实践性优势

大学生诚信品质的形成不仅需要通过理论教学给予知识的传授,更需要在实践中培养,真正要做到知行合一,以行促知,没有经过实践检验的诚信知识只是一种认识而已,唯有付诸诚信实践才能真正成为人的诚信品质。目前,2018年教育部关于《新时代高校思想政治理论课教学工作基本要求》①,主要侧重于通过理论教学向大学生进行社会主义核心价值观和道德教育,大学生思想政治课程的最显著特点在于知识的传授,理论的讲解,而实践性相对缺乏;理论是实践的先导,思政课程的理论教学对大学生诚信品质培养是必要的,但没有道德实践的锻炼,要形成真正的道德品质、诚信品质是不完善的,也是经不起考验的。体育教育作为一个以身体练习为主要手段的课程,其最大的特点在于实践性,在于行动上的体现与落实,在于技术、技能学习和体育竞赛过程中人与人之间的交往性,在这样一个以实践活动为主的教育情景中,能更好地培养大学生诚信品质的道德情感、道德行为,可以全方位考察一个大学生的诚信品质,体育教育中道德实践性优势是培养大学生诚信品质的最大优势。

2. 体育培养大学生诚信品质具有育人全程性优势

体育作为学校教育的重要组成部分和育人的重要内容,教育部明确规定了从小学到大学都要开设体育课程,这在制度上明确保障了体育课程在大学生成长中的育人地位和重要性,2017年国务院再次强调要把开足开齐体育课作为基本要求列入中小学校体育工作考核的范围内;②习近平总书记也在2018年9月的全国教育大会上强调:"要树立健康第一的教育理念,开齐开足体育课,帮助学生在体育锻炼中享受乐趣、增强体质、健全人格、锤炼意志。"③大学生诚信品质的形成是一个长期的、循序渐进的过程,需要长期培育,作为一门课程,体育能始终陪伴学生在校时期的成长与发展,这既是一种制度优势,更是一种学科优势。我们有责任把制度优势、学科优势转化为育人优势,尤其是对大学生诚信品质的培养上,要持之以恒

① 教育部.新时代高校思想政治理论课教学工作基本要求[Z].教社科[2018]2号,2018-4.

② 国务院教育督导委员会办公室.中小学校体育工作督导评估办法[Z].国教督办[2017]4号,2017-3.

③ 习近平.坚持中国特色社会主义教育发展道路 培养德智体美劳全面发展的社会主义建设者和接班人[N].人民日报,2018-9-11.

贯穿始终。

3. 体育培养大学生诚信品质具有道德养成公开监督性机制优势

体育是以身体练习为主要内容的技术性课程,体育课程的特点决定了其所在的场所不同于其他课程,大多数的运动项目在开放的体育公共场所进行教学与锻炼,参与人数的众多性、项目本身要求的集体性均是体育运动的独有特点,在课堂教学练习过程中,不仅有师生之间的互动,更有同学之间的互帮互助与交流,大学生在运动场上所表现出来的一切行为均会受到其他人的公开监督,道德实践行为的对与错、好与坏都会受到其他人的评判。大学生在体育运动中所呈现的行为,一方面会受到自身道德认知的影响;但更大一方面会受到来自外界公开监督力量的制约,如体育老师、同学、社团成员等的评判,集众人的力量对于大学生诚信行为的肯定与非诚信行为的监督、评价机制,是体育培养大学生诚信品质最直接、有效的干预教育方式。

4. 体育培养大学生诚信品质具有课程规范性优势

体育作为一门公共课程,旨在促进大学生身心健康,为贯彻"健康第一"教学指导思想,各高校基本都设有规范的体育教学课程,同时还有丰富的课外体育锻炼活动,为保证课堂教学的规范进行和日常课外体育锻炼的开展,学校均有完善的制度规范,如课堂教学的常规、课外体育锻炼打卡制度,积极倡导大学生诚信参加体育教学和课外体育锻炼,完善的管理制度可有效规范学生的行为,要求学生诚信参加体育考试、诚信体育锻炼。对有诚信缺失行为的同学给予严厉的处罚,同时还通过高科技手段来监测学生开展诚信锻炼,如通过定位系统来统计学生跑步锻炼的路径、距离,避免代跑代练等诚信缺失的体育行为,完善的规章制度和规范、科学的管理都是体育课程培养大学生诚信品质的重要措施。

5. 体育培养大学生诚信品质具有竞技文化契合性优势

体育作为一门课程,有其自身的教学要求,每个运动项目有自身的规则,更有体育教学自身的文化和规律。首先,体育技能的掌握与形成需要遵循运动技能的形成规律,体质的增强同样需要遵循超量恢复的原理等,体育倡导持之以恒不间断地练习,所谓"夏练三伏、冬练三九",就是体育对每个参与者的一种考验,更是对人自身诚信的考验,每一个技术动作的掌握必须经历一个泛化、固化、自动化的阶段,每一次自身体能的增强,都需要付出努力地练习,没有捷径可走。在体质增强、动作掌握、技能形成规律的面前,没有达到足够数量的学习时间、没有付出足够的努力,都不会轻而易举地达到娴熟掌握动作的程度,都不会有本质的真正提高,这是体育课程本身对大学生的诚信要求,也是学科自身的内在优势。其次,体育比赛倡导"公平、公正、公开"的规则精神,规则面前人人平等,不允许任何人破坏规则、践踏规则,不仅有裁判的公正判决,还有来自观众、媒体的监督,更有科学的跟踪监督;最后,体育运动还崇尚"更快、更高、更强"的超越精神,人类要在体育运动实现自我超越,必须建立在对运动热爱、诚信参与的基础上,没有对运动技术的反复练习,没有持续的体能锻炼和辛苦付出,奥运文化就不会有"更快,更高、更强"精神的写照。因此,体育文化所追求的目标和规则执行的过程就是铸造诚信品质的过程,参与体育的过程就是一个考验人诚信品质真正养成的过程。

五、体育培养大学生诚信品质的基本路径

(一)以身作则,体育教师要率先垂范践行诚信品格

教师作为体育课程的主导者,无疑对大学生诚信品质的影响是巨大的,"学高为师,身正为范"是对所有老师的职业规范和要求,作为新时代体育教师不仅要有过硬的体育专业理论知识、扎实的运动技术、技能,更要有良好的师德师风。2018年11月,教育部发布了《新时代高校教师行为准则十条》,其中第八条就明确规定了教师要秉持公平诚信的要求;2014

年 9 月,习近平总书记在视察北京师范大学时提出,广大教师要成为有理想信念、有道德情操、有扎实学识、有仁爱之心的"四有"好老师。在 2016 年教师节前夕,在"四有好老师"的基础上提出希望广大教师努力成为学生的"四个引路人",即要做学生锤炼品格的引路人,做学生学习知识的引路人,做学生创新思维的引路人,做学生奉献祖国的引路人,以真正担负起立德树人、为党育人、为国育才的重要使命。新时代体育教师首先要加强自身的思想道德品质修炼,积极践行诚信行为,无论与学生交往中、还是在教学实践和工作生活中要处处以身作则体现诚信品格和行为,以成为学生学习的诚信榜样。

(二)以良好的体育诚信教学环境濡化学生

优质的教学不仅需要优越的物质教学环境,更需要良好的人文教学环境,尤其是体育活动需要进行频繁的人际交往,良好的师生关系、生生关系直接影响教学的顺利进行及教学质量,更关系学生心理、道德、思想的成长与发现。师生、生生之间的交往,均要以诚信为基本准则,以相互信任为原则。教师首先对学生要以诚待人,信任学生,在人格上要以学生平等相处,为学生做表率。同时,要通过团队的形式组建学生的学习小组,以学习任务和目标为导向,开展相应的游戏活动、技能练习以及竞赛等方式,以营造团队学生之间的相互信任与精诚合作,在潜移默化中促进学生的诚信意识与品质。

(三)以体育技术学习为手段强化大学生的诚信品质

体育以身体练习为手段,以学习体育运动的技术为基本内容,身体健康与体质的增强需要日常的锻炼与活动,运动技术只有通过不断地练习才能掌握好,才能有提高。不论在课堂上还是在课外自我体育锻炼,都需要大学生脚踏实地参与其中,没有认真对待的诚信品质,很难有运动技术的进步与提高,体质与健康程度也同样不会有很大改善,这是体育运动规律所决定的。在高校体育课内外一体化的时代背景下,每一个大学生要以诚信的运动参与去践行"每天锻炼一小时,健康工作五十年,幸福生活一辈子"的锻炼理念,这不仅需要老师的积极引导,还需要大学生的自律和践行,这更多的是大学生诚信品质在日常体育锻炼中的充分体现和不断强化。

(四)以体育规则和教学要求规范大学生诚信行为

体育教学与其他课程一样,有自己的课堂教学纪律和要求,除了准时出勤上课等基本要求外,其自身有特有的要求:第一,体育教学要求大学生诚信守纪。体现在运动基本规范上,如上体育课要求学生穿运动服上课,以确保学生的运动安全,大部分同学都十分遵守教学要求和规矩,但总会有学生因这样或那样的原因强调个人理由。第二,体育课要求大学生诚信请假。体育课其实就是身体练习,需要身体运动,很多同学会积极参加到其中来,但有个别学生会借各种身体不适、医院开假证明等原因而进行请假、甚至旷课。第三,要求大学生诚信测试和比赛。开展体育测试和比赛是体育教学的一个显著特点,很多大学生遵循"公开、公开、公正"原则,认真参加各项测试与不同类别的竞赛,但也有个别同学为获得理想的结果和成绩,不惜铤而走险,投机取巧、相互包庇、甚至找人代替测试等手段进行测试比赛等。第四,诚信锻炼。随着互联网技术的快速发展与运用,体育锻炼利用 App 平台已成为一种时尚,很多高校课外体育锻炼都采用这种方式,但也有少数同学采用代跑步及锻炼的形式。对于体育课程中少数大学生出现的诚信缺失现象和行为要及时阻止、批评教育外,要大力倡导和表扬诚信的行为和现象。

(五)以科学合理的体育成绩评价体系引导大学生的诚信行为

要改变传统的唯体育运动成绩为单一指标的评价体系和标准,在体育成绩评价体系中纳入体育运动技术、技能水平,身体素质等反映运动成绩的指标,同时也要纳入学生参与体育的学习态度、思想品德、日常锻炼的情况等指标,对于日常体育活动和竞赛中出现诚信缺失行为的,除了严肃地教育与批评外,要充分体现在成绩评价中;在评价主体中,既要有教师的评价,也要让同学参与进来开展相互评价,真实体现学生在日常体育学习、练习、锻炼中的真实情况,真正把诚信教育落实到具体的体育学习、锻炼、测试、比赛和日常活动中。

第四节　体育与高校意志品质的培养

一、高校体育课程的性质与特点

(一)高校体育课程的性质

体育是高等教育的一个有机组成部分,《全国普通高等学校体育课程教学指导纲要》①中(以下简称《纲要》)明确体育课程是大学生以身体练习为主要手段,通过合理的体育教育和科学的体育锻炼过程,达到增强体质、增进健康和提高体育素养为主要目标的公共必修课程;是学校课程体系的重要组成部分;是高等学校体育工作的中心环节。体育课程是一门寓学生身心和谐发展、思想品德教育、文化科学教育、生活与体育技能教育于身体活动并有机结合的课程;是实施素质教育和培养德智体美劳全面发展人才的重要载体和手段。

---

① 全国普通高等学校体育课程教学指导纲要[Z].教体艺[2002]13号,2002-8.

(二)高校体育课程的特点

高校体育课程与其他课程比较主要有以下几个特点[①]：第一，"技艺性"特点，高校体育课程主要是通过大学生身体练习的手段来掌握体育运动基本技术；第二，"情意性"特点，是指体育以发展身体实践体验与情感交流互动的过程；第三，"艰苦性"特点，体育课程是以大学生承受较大的运动负荷来增进身体健康的，这是体育课程本质的特征；第四，"人文性"特点，体育是以加强沟通、适应角色转换来提高个体社会化程度的；第五，"竞技性"特点，体育课程有一个十分明显的特点是竞赛，非常受大部分同学欢迎的教学内容就是开展教学比赛；第六，课程组织的"项目化"特点，目前我国高校体育课程绝大多数以选项课的形式进行授课，以满足大学生对不同兴趣项目的爱好与需求。

二、意志、意志品质的基本内涵

(一)意志的概念和特点

意志是人类特有的心理品质，是人的主动性和积极性的充分表现，是人自觉地确定目标，并以此来支配，调节自己的行动，克服困难去实现目标的心理过程。

(二)意志品质的基本内涵和要素

意志品质是人在日常生活中形成的稳定的意志特征。意志品质具体表现为自觉性、自制性、果断性和坚持性四个方面。自觉性是指个体对自身行动的目的和动机有清晰而深刻的认知，并能以正确的信念和世界观调

---

① 潘绍伟,于可红.学校体育学[M].北京:高等教育出版社,2005(7):67-68.

节支配自我,坚持原则和规范,使行动达到既定目标的品质,自觉性是个体坚定信仰和立场的反映,是意志产生的源泉;自制性是指个体自觉控制和调节自我思想情感及行为的品质,自制性强的人善于控制人的情感,理性地支配自己的行为,往往是取得成功的重要条件;果断性是个体意志敏锐的具体表现,是在复杂情境下,善于明辨是非,把握机遇及时处理问题的品质,果断性以深思熟虑和勇敢为基础,与当机立断和深谋远虑相结合的品质;坚持性是指以顽强的精神、坚强的毅力,百折不挠地去完成目标的品质,不畏艰难、满怀信心、持之以恒是坚持性的明显特点。

三、大学生意志品质的现状

大学生处在青春成长发展的后期,他们生理上和心理认知已基本趋向成熟,但由于受应试教育等的影响在社会经历、阅历上缺乏,往往导致他们处于"社会边缘人"的角色,即大学生虽被赋予社会成人的角色,但暂不能完全胜任应承担的责任和义务,尤其是他们的意志品质没有经历各种锻炼,发展显得更加滞后和不够成熟,具体体现在以下几个方面。

（一）大学生意志品质具有不稳定性

随着大学生心理独立性、社会性的发展和自我意识的不断增强,他们意志品质中的自觉性、自制性、果断性和坚持性等都有了迅速的提高,但有时在处理突发问题、需要采取重大行动或做出关键决定的时候,往往表现出犹豫不决、或轻率、盲目跟从等特点。

（二）大学生意志品质的发展不平衡性

大学生行为的自觉性、目的性有了明显提高,但还有一定的惰性,缺乏坚持精神;大学生理智性和自制力已明显增强,但往往抱有从众心理,在一定程度上受情绪的影响;大学生在独立性和果断性上也用较大进步,但还存在固执、冲动、依赖和逆反心理;大学生充满正气,爱憎分明,但在具体行动中往往考虑不周,常出现草率、感情用事的现象。大学生的自我意识及思维独立性、批判性日益增强,促进了意志品质的理性发展,但他们思维发展还不够全面、深刻,有时常被情绪、情感所支配。

(三)大学生意志水平的个体差异性大

不同的生活经历和性格特征,会使大学生在日常生活中表现出不同的意志特点。有的大学生表现意志成熟,能够自如地应付学习、生活中的各种压力,承受不同的挫折;而有的大学生则意志脆弱,不能客观理性地面对困难,而常采取回避困难或逃避现实的方式来对待。在各种活动中,大学生的意志水平也不一样:有的大学生在专业上表现出非常强的恒心和毅力、在自身修养方面也有较高的自我约束力;而有的则在自己感兴趣的活动上表现出非常高的热情。

(四)大学生对挫折的承受能力和应对能力不强

处于青年时期的大学生,正值人生发展的关键期。他们一方面精力充沛,思维活跃,表现欲强,个人的理想抱负水平高,有较高的自我要求,需求广泛;而另一方面,大学学业竞争依旧激烈,各种社团活动繁多,人际交往要比中学阶段密切而宽泛得多,容易会碰到一些学习、生活、工作的挫折。由于多数大学生都是初次离家过群体生活,生活经验相对缺乏,社会阅历相对不足,对生活中出现的一些挫折并没有心理准备,导致缺乏对挫折的正确认识和应对措施,对遇到的挫折表现反应强烈,有的甚至出现过激行为,出现心理异常等。

(五)意志品质的培养和锻炼不足

大学生因涉世不深,生活经验不足,所经历的挫折也不多,因此对自身意志品质的培养和锻炼也普遍不够。大学生的意志品质中存在着心理承受能力弱、吃苦耐劳精神缺乏、依赖性强等特点。如处理同学矛盾、恋爱失败、室友生活习惯不同、活动中表现不尽如人意等,都可能会使他们失去情绪控制,容易感情用事,以自我为中心,听不进他人的意见,而采取一些过激的方式和行为来对待、处理自己不如意的事情,表现出他们意志品质的独断、莽撞。

四、高校体育培养大学生意志品质的机理

以上我们阐述了意志、意志品质的基本内涵,论述了高校体育课程的性质和特点,分析了大学生意志品质的现状,作为教育的一个重要载体和手段,高校体育只有坚持从自身学科的特点出发来培养大学生的意志品质,才能体现出其独特性和与众不同的效果,下面就高校体育培养大学生意志品质的机理进行简要分析与阐述。

(一)机理的内涵

机理是指为实现某一特定功能,一定的系统结构中各要素的内在工作方式以及诸要素在一定环境条件下相互联系、相互作用的运行规则和原理。用体育的手段来培养大学生的意志品质,我们必须牢牢把体育课程特点要素进行,以体现体育培养大学生意志品质的独特性。

(二)结合体育课程"技艺性"特点,培养大学生的意志品质

体育课程以学习、练习体育技术和技能为主要内容的课程,但每个体育技术、技能的掌握都要遵循运动技能形成的规律,都必须经历三个学习阶段,即初步掌握动作的泛化阶段、改进和提高动作的分化阶段及巩固和运用自动化阶段,学会并自如地掌握体育技术动作不仅需要一个长期的过程,更需要克服反复练习所带来的枯燥、停滞不前、失败消极心理影响,体

育技术动作学习和技能掌握的过程,其实就是培养大学生意志品质的过程,尤其是能培养大学生的自觉性、自制性和坚持性。作为教师,我们要科学利用好学习体育技能的规律,掌握教学技巧和方法,激发学习兴趣,使学生能较顺利地掌握体育技术动作,同时达到培养意志品质的应有效果。

(三)结合体育课程"艰苦性"特点,培养大学生的意志品质

1. 利用体能"超量恢复"规律,培养大学生的意志品质

体育课程以学生承受运动生理负荷为最基本特征,也体现出了课程的艰苦性特点,大学生体质的增强、机能的提高也正是通过不断地给身体以适当的运动负荷刺激得以实现的,而且是一个需要反复、持续的过程,人体生理机能的提高同样必须遵循适应性规律①,即要按照"开始锻炼—相对恢复阶段—超量恢复阶段—复原阶段"的规律来进行,我们称之为"超量恢复"规律,大学生在反复的锻炼中需要不断地增加运动负荷,以促进身体机能的提高,在这一过程中身体需要经受疲劳甚至要接受大运动负荷所带来生理上的不适,这种生理上的不适必定带给大学生心理上的巨大考验。为此,一方面教师要科学合理地掌握运动负荷,另一方面加强对大学生的思想引导与鼓励,帮助大学生在"痛"中收获强健体魄的结果。提高体能的过程,对于提升大学生意志品质中的自制性和坚持性是十分有针对性的,这也许是大学生在学校教育中接受劳其筋骨、苦其心志的一个重要途径了,要驾驭好、运用好、把握好,体现体育育人的规律。

2. 利用体育课程的自然环境条件,培养大学生的意志品质

体育课程作为实践性课程,其上课的场所不同于一般理论课的教室,大多是在室外或者是在开放式的场地进行,干扰相对较多,易导致人分散注意力,条件相对艰苦。体育课无论是在炎热的夏天还是寒冷的冬天都要

---

① 吴峰山.体育教育学[M].山西:山西人民出版社,2008(7):122-123.

坚持身体练习,且承受一定的运动负荷,在这样的自然环境和气候条件下进行身体锻炼和技能学习,对学生来讲不仅是对生理上的挑战更是对人心理上的考验,在适当的时机,体育教师要让大学生接受一定"风雨"的洗礼。如足球比赛在风雨中照常进行,在酷暑和严寒中完成集体拓展项目等,这些对于大学生培养意志品质的自觉性、自制性和坚持性是十分有效和重要的。

(四)结合体育课程"竞技性"特点,培养大学生的意志品质

1.利用好体育竞技,培养大学生的意志品质

体育是竞技的代名词,体育比赛是大学生体育课程教学的重要内容,也是学校体育活动的重要内容,体育竞技不仅会给大学生生理上带来压力,同时也会给大学生造成心理上的紧张,产生焦虑、恐惧等消极赛前心理,如何积极应对这些因比赛而引起的心理、生理反应是培养大学生意志品质的重要途径和载体。在竞技比赛进行中,人体生理到达极限出现不适的时候是否还能坚持下去,面对强大的竞争对手时能否积极应战、敢于拼搏,面对比赛成绩不理想时是否能正确对待,面对同伴发挥失常时能否理性宽容地对待等,都能对大学生意志品质的自觉性、自制性、果断性、坚持性等产生全面的影响。

2.利用好各类体育测试,培养大学生的意志品质

体育课程的考试是对大学生体育综合能力和水平的检验,体育作为高校教育的重要"一育",其成绩好坏直接影响着大学生各类先进和奖项的评选,为了能有个理想的体育成绩,达到评优、评选的标准,往往会导致一些同学抱有不纯的考试动机,也往往在体育测试中出现一些不理智、不诚信应考的事件,结合各类体育测试的契机,是培养大学生意志品质的好机会,有利于培养大学生的自制性、自觉性和坚持性。

(五)结合体育课程"项目化"的特点,培养大学生的意志品质

当前,我国高校体育课程的组织主要以选项课的形式进行,不同的运动项目对应不同发授课安排。如何发挥好每个运动项目的特点和育人作用,对于大学生意志品质的培养无疑是十分重要的,已有专门的心理学实验对不同的运动项目对大学生的意志品质培养进行了较深入的研究①,具体结论见下表,便于我们在实践教学中结合自己的工作经验与实际情况进行参考与运用,其中的不同运动项目所具体蕴含的培养大学生意志品质的内容需要老师认真挖掘,如长跑能培养大学生意志品质中的坚持性、自制性等品质;球类运动讲究战术配合、遵守和利用比赛规则,能培养大学生的自觉性、自制性等,这与大家日常的认知十分相符,也非常容易得到学生的理解与认同。在以"项目化"组织开展高校体育课程的背景下,必须充分认识项目的特点,研究培养大学生意志品质手段与方法。

表 5-2　运动项目与意志品质的培养

项目	主要运动	次要品质
田径、射击、举重等室内运动	坚持性、自制性	果断性
滑雪、划船等户外运动	坚持性、自制性	果断性
击剑、跆拳道、武术、摔跤	自制性、果断性	自觉性、坚持性
摩托车、跳伞	果断性、坚持性	自制性、自觉性
球类	自觉性、自制性	果断性、坚持性

---

① 吴孟岭.心理学图解入门[M].北京:海潮出版社,2007(9):115.

五、高校体育培养大学生意志品质的基本路径

（一）坚持以课堂教学为主渠道，培养大学生的意志品质

1. 加强体育课程的目的和动机教育，提高大学生对培养意志品质
　　重要性的认识

正确理性的认识是大学生培养意志品质的前提。教育大学生树立"健康第一"的课程理念，正确理解健康的内涵（生理、心理、社会和精神健康），加强大学生对体育课程目的性教育，引导他们树立正确的体育动机。只有大学生在思想上有正确的认识，才能拥有在体育学习和锻炼中克服困难的决心、信心、恒心和勇气及动力，为培养意志品质提供正确的认知保障。

2. 认真研究运动项目特点，发挥项目优势，在运动实践中培养
　　大学生的意志品质

以"项目化"组织高校体育课是以满足大学生对运动项目的兴趣为根本的，一方面要更好地激发他们对运动的兴趣，保持对运动项目的热情，并认真研究运动项目促进大学生意志品质的特点和优势在哪里，在实践教学中加以充分利用；另一方面，要加强师生间的交流与沟通，关心、关注学生，保持与学生在情感上的互动，营造良好的师生关系，真正让学生在学习运动技术、技能及各类游戏、比赛、练习中潜移默化地得到意志品质的培养和提高。

（二）完善课外锻炼制度，组建各类体育社团，在自我
　　体育锻炼中培养大学生的意志品质

良好意志品质的培养不是一蹴而就的，需要各种实践活动长期、反复地磨砺才能形成，课外体育锻炼作为体育课的重要延伸，已是大学生生活

中的一个内容了,尤其是教育部一贯倡导各高校开展阳光体育运动,要求确保学生每天一小时的锻炼时间落到实处,团中央一直坚持开展大学生"三走活动"——走下网络、走出寝室、走向操场等执行以来,建立制定并完善课外体育锻炼的制度,已成为高校体育建设的工作要求,以此来引导、激励他们参加体育锻炼的积极性,同时组建各类体育社团,开展一系列适合大学生且他们感兴趣的活动,对于培养他们自我教育、自我管理、自我服务的能力是非常有帮助的,尤其对培养大学生的坚持性具有十分重要的教育意义。

(三)丰富各类体育比赛,激发学生体育兴趣,在比赛中锻炼 大学生的意志品质

争强好胜是大学生的心理特征,他们朝气蓬勃、充满活力、喜欢运动,开展一些大学生喜欢的体育赛事,如趣味运动会、传统的田径运动会,单项体育竞赛等,不仅能满足他们对胜利的渴望和竞技的需要,丰富他们的校园生活。更重要的是以赛促练,增进身心健康。通过举办体育比赛,一方面能提高大学生参与体育运动的积极性,以提升自己的体育技术、技能;另一方面,考验他们在紧张、激烈的比赛中,如何有效地应对各种挑战、克服各种困难,尽自己所能展现最佳的自己,实现不断地超越的意志品质。体育比赛对培养大学生意志品质的自觉性、自制性、坚持性和果断性的影响是全面的、深刻的。

(四)充分利用自媒体发达的优势,积极宣传体育经典与榜样, 营造良好的体育文化氛围,培养大学生的意志品质

在互联网高度发展的今天,手机作为自媒体已经成为每个人了解信息的主要手段,尤其是大学生们思维活跃、思想进步,他们关注社会、关注世界时事、关心身边舆情。环境文化氛围对他们的影响是潜移默化的,学校

要以微信、QQ 等途径,通过网络宣传充满正能量的体育经典故事,如中国女排五连冠、中国精神等,要积极大胆地宣传身边的师生体育榜样,如学校优秀运动员、运动达人等,树立典型、表彰先进,使大学生从体育经典和榜样中汲取良好意志品质带给人的力量,深切感受体育文化的精神动力。

第六章　体育促进大学生思想道德素质培养的现状调查

第一节　体育促进大学生爱国主义精神的培养

　　爱国是一个人最朴素、最深沉、最自然的情感,是人们对自己祖国的依赖、依靠、忠诚和热爱的心理品质,爱国是我国社会主义核心价值观中个人层面的重要价值准则之一,爱国主义也是支撑国家繁荣发展和民族振兴的精神动力。爱国主义精神的培育是高校思想政治教育的一个重要内容。

　　2016年,习近平总书记在全国思想政治工作会议上指出①:"高校思想政治工作关系高校培养什么样的人、如何培养人以及为谁培养人的根本问题,要坚持把立德树人作为中心环节,把思想政治工作贯穿教育教学全过程,实现全程育人、全方位育人,努力开创我国高等教育事业发展新局面。""要用好课堂教学这个主渠道,思想政治理论课要坚持在改进中加强,其他各门课都要守好一段渠、种好责任田,使各类课程与思想政治理论课同向同行,形成协同效应。"加强以爱国主义为核心的民族精神教育和

---

　　① 习近平在全国高校思想政治工作会议上强调:把思想政治工作贯穿教育教学全过程,开创我国高等教育事业发展新局面[N].人民日报,2016-12-09.

以改革开放为核心的时代精神教育,是为建设习近平新时代中国特色社会主义提供强大精神支撑和道德力量的客观需要。中共中央、国务院根据我国经济与社会发展水平的需要,在 2019 年 11 月,重新完善并修订了 1994年颁布的《爱国主义实施纲要》(以下简称《纲要》),详细阐述了新时代开展爱国主义教育的总体要求、主要内容、教育对象、实践载体、氛围营造及领导保障等,为新时代各级各类学校开展爱国主义教育提供了基本遵循。

学校是进行爱国主义教育的主渠道、主阵地,加强对大学生爱国主义的教育,是新时代高校培育一大批具有爱国之情、强国之志、报国之行的中国特色社会主义合格建设者和可靠接班人的迫切需要,事关中华民族伟大复兴和中国梦的实现。体育作为高等教育的有机组成部分,是进行大学生爱国主义教育的重要载体和路径,调查和分析体育对大学生爱国主义精神培养的现状,有利于提高体育育人的针对性和有效性。

一、研究对象和方法

(一)研究对象

共有两份调查问卷,一份采取随机抽样的方法,以天津市高校大学生400 人为研究样本,共发放问卷 400 份,回收 385 份,回收率为 96.25%,其中有效问卷为 360 份,有效率为 94.03%。另一份问卷在天津商业大学宝德学院学生中采用随机小样本抽样的调查方法,进行为期一周的跟踪调查,共发问卷 50 份,回收 48 份,回收率为 96%,有效问卷 45 份,有效率为93.75%。回收率和问卷有效率均满足统计学的要求。

(二)研究方法

1.问卷调查法。对体育促进大学生诚信品质的影响调查采用 4 级量表法:很大、比较大、说不准、没有作用。

问卷的结构效度和内容效度:问卷的调查项目是在对体育、教育学、心理学相关文献研究综述的基础上,通过咨询多学科专家并结合高校体育精神的特点和大学生的实际情况,构建而成的调查问卷,各项指标经过多名专家的论证并经实践的检验,具有较高的效度。

问卷的信度:本研究采用"重测法",在 1 个月内对 50 名大学生进行重测,得出相关系数 $R=0.903$,$P<0.01$,说明具有很高的可信度。

2.数理统计与分析方法(所有数据处理均由 spass19.0[①] 软件完成)。

3.专家咨询法。

4.文献资料法。

5.访谈法。

二、体育与大学生爱国主义精神培养的内涵

(一)爱国主义的概念

爱国主义是指个人或集体对祖国的一种积极的支持态度,集中体现为民族自信心和民族自尊心,为争取、保卫祖国的独立富强而献身的奋斗精神。爱国主义不仅体现在政治、道德、法律、艺术、宗教等各种意识形态及整个上层建筑之中,而且渗透到社会生活的各个方面,会成为影响国家、民族命运的重要因素。[②]

(二)体育培养大学生爱国主义精神的基本内涵

体育培养大学生爱国主义精神的基本内涵是指大学生通过学习体育课程、参加课外体育锻炼及欣赏体育赛事等多种体育手段与途径,使他们产生对我国体育物质文化的由衷喜欢、对体育制度文化的高度认可及对体

---

① 何国民.应用统计学案例教程:以 SPSS 为计算工具[M].华中科技出版社,2011.

② https://baike.so.com/doc/23304-24261.html.

育精神的无限崇尚与积极追求,从而进一步激发学生对我国体育文化产生强烈的民族自尊心、自信心和自豪感,从而培养学生对国家的眷恋、依赖、忠诚和对民族无限热爱的积极心理品质。

三、体育促进大学生爱国主义精神养成的现状调查

(一)体育对不同类别大学生爱国主义精神养成的现状调查

表 6-1　体育对不同类别大学生爱国主义品质养成的调查统计

类别		影响水平								合计	卡方检验值	
		很大		比较大		一般		没有作用			Chi-Square	P 值
		人数	%	人数	%	人数	%	人数	%	人数		
性别	男	144	67.29	58	27.10	12	5.61	0	0	214	4.86	0.028 < 0.05
	女	78	53.42	58	39.73	6	4.11	4	2.74	146		
	小计	222	61.67	116	32.22	18	5.00	4	1.11	360		
年级	一年级	116	58.00	68	34.00	14	7.00	2	1.00	200	12.13	0.001
	二年级	106	66.25	48	30.00	4	2.50	2	1.25	160		
	小计	222	61.67	116	32.22	18	5.00	4	1.11	360		
生源地	农村	130	63.11	60	29.13	14	6.80	2	0.97	206	$1.485^{1,2}$ $2.812^{2,3}$ $1.839^{1,3}$	0.138 0.005 < 0.01 0.066
	城镇	54	51.92	44	42.31	4	3.85	2	1.92	104		
	城市	38	76.00	12	24.00	0	0.00	0	0	50		
	小计	222	61.67	116	32.22	18	5.00	4	1.11	360		
学科	理科	118	60.82	60	30.93	14	7.22	2	1.03	194	6.79	0.01 < 0.05
	文科	104	62.65	56	33.73	4	2.41	2	1.20	166		
	小计	222	61.67	116	32.22	18	5.00	4	1.11	360		

续表

类别		影响水平									卡方检验值	
		很大		比较大		一般		没有作用		合计	Chi-Square	P 值
		人数	%	人数	%	人数	%	人数	%	人数		
是否独生子女	独生子女	132	70.21	50	26.60	4	2.13	2	1.06	188	27.63	0.00<0.01
	非独生子	90	52.33	66	38.37	14	8.14	2	1.16	172		
	小计	222	61.67	116	32.22	18	5.00	4	1.11	360		

表6-1的统计数据显示,体育对大学生爱国主义精神的正影响率达93.89%(把影响"很大"和"比较大"的占比之和称为正影响率),仅有6.11%的学生认为体育对爱国主义精神的培养"说不准"或"没有作用"。体育对男大学生爱国主义精神培养的正影响率为94.39%,而女生的正影响率为93.15%。进一步的卡方分析显示,体育对男女大学生之间爱国主义精神养成的正影响存在显著性差异(P<0.05),对男生诚信品质的养成比女生的影响要大。主要体现在影响"很大"和"比较大"数据上的差异。

体育对一年级学生爱国主义精神培养的正影响率为92%,而对二年级学生爱国主义精神的培养正影响率为96.25%,且统计分析表明两者之间存在非常显著性差异(P<0.01);

体育对城市学生爱国主义精神培养的正影响率为100%,对城镇学生的正影响率为94.23%,对农村学生的正影响率为92.24%,数理分析表明,体育对城市学生爱国主义精神的培养与城镇、农村学生之间存在非常显著性差异(P<0.01),而城镇与农村学生之间则不存在统计学意义的显著性差异。

体育对理科类学生爱国主义精神培养的正影响率为91.75%,对文科类学生的正影响率为96.38%,且两者之间存在数理统计学上的显著性差异。

体育对独生子女学生爱国主义精神培养的正影响率为96.81%,对非独生子女学生的正影响率为90.7%,且两者之间存在数理统计学上的非常显著性差异。

调查数据表明,体育对培养大学生爱国主义精神培养的作用得到了超过9成同学的高度认同,对城市生源学生爱国主义精神培养的正影响率竟达到100%,对高校男生、独生子女学生、二年级学生及文科类学生的正影响率均超过90%。

（二）体育培养大学生爱国主义精神的主要影响因素分析

表6-2　体育培养大学生爱国主义精神主要影响因素的调查统计

促进因素	人数	有效百分比	排序
中华体育精神的激励	306	85.00	1
辉煌的中国奥运近代史	296	82.22	2
优秀运动队、运动员的经典故事	278	77.22	3
科学合理的中国体育制度	263	73.05	4
先进的中国体育文化	253	70.28	5
我国日益完善的体育场馆设施	242	67.22	6

根据多因素选择法对大学生进行调查,统计数据显示,体育以其自身的特点和文化对大学生爱国主义精神的培育有着较大的影响作用,其中有6个主要因素对大学生爱国主义精神养成的影响获得了超过了2/3人数的认同,对此我们进行了简要的分析。

1. 中华体育精神激发大学生的爱国主义热情

中华体育精神成为促进大学生爱国主义精神养成的首选是符合现实逻辑的。随着体育各种赛事的常态化、规范化举办,尤其是2013年以来,我国举办全国性体育赛事每年在1000场以上,其中国际性赛事每年超过

200场。① 体育观赏已然成了人们生活的一个部分,借助"互联网+"的科技手段,使得自媒体高度发达,观赏体育赛事随时随地成为可能。中国体育经过一代又一代人接继努力,形成了优秀的中华体育精神②,具体指以爱国奉献、公平竞争、团结合作、顽强拼搏、快乐健康为主要价值准则的意识、思维活动和一般的心理状态,其包括爱国主义精神、英雄主义精神、公平竞争精神、团队合作精神、乐观自信精神及实用理性精神等。在和平年代运动员们这种积极进取、敢于胜利、不畏艰难等品质,易激起争胜好强大学生的心理共鸣,产生对国家的热爱。

2. 辉煌的中国近代奥运史激发大学生的爱国主义真情

辉煌的中国近代奥运史成为促进大学生爱国主义精神培养的第二选项是非常合情的。当前奥运会对世界的影响已远远超出体育比赛本身,她是对一个国家经济水平、管理制度、科技水平、人们健康、体育制度和体育组织等综合实力的反映。尽管我国因多种因素,直到 1984 年才正式组队参加第 23 届美国洛杉矶奥运会,但中国在历届奥运会的优异表演,常令国人兴奋和自豪,更易激发自尊心、和大学生对祖国的热爱之情,尤其是北京成功举办了 2008 年奥运会后,又承办了 2022 年第 24 届冬奥会,彰显了中国作为一个世界体育强国的高大形象,体现了中国在世界体育的地位,极大地激发我国大学生的爱国之情。杭州作为 2022 年亚运会的举办地,更能让在杭州学习的大学生感受到祖国的强大、杭州的魅力,激发爱国之情。

3. 优秀运动队、运动员的经典故事激发大学生的爱国主义豪情

经典的魅力在于其打动人内心的精神世界。20 世纪 80 年代初,中国女排"五连冠"的经典赛事,彻底点燃了改革开放初期中国人民的爱国热情,国人从内心喊响了"团结起来,振兴中华"的时代强音;后续中国女排

---

① 国家体育总局编. 新中国体育 70 年(综合卷)[M]. 北京:人民出版社,2019(9):165-168.

② 黄莉. 中华体育精神研究[M]. 北京:北京体育大学出版社,2007(12):49.

再夺 2003 年世界杯、2004 年奥运会、2015 年世界杯、2016 年奥运会、2019 年世界杯等世界冠军,中国女排成了国人值得自豪和骄傲的体育精神和体育标识;2020 年国庆假期期间一部记录中国女排光辉时刻的电影《夺冠》上演,重新唤起了几代人的国家记忆,给国人以强大的精神力量;另外,优秀运动员的经典赛事,同样也激发我们大学生的爱国豪情。如我国奥运六朝元老著名射击运动员王义夫,在参加 1996 年亚特兰大奥运会射击比赛时,身体发着高烧,但他还是强忍着坚持比赛,直到最后晕倒在赛场,最后仅以 0.1 环之差与金牌失之交臂,获得了宝贵的银牌,着实让人泪目,令人为之动容;我国优秀运动队、运动员的经典故事还有很多,体育比赛以其外显的张力给人以强烈的震撼,易激发大学生的爱国豪情!

4. 我国科学合理的体育制度成为培养大学生爱国主义精神的
重要因素,大学生是体育制度的受益者

作为新时代大学生,充分享受了我国体育制度带给他们的体育权益[①],1995 年《中华人民共和国体育法》的颁布与实施,使我国体育进入了依法治体的新阶段,确保了广大群众参加体育活动的权利;2002 年教育部关于印发《全国普通高等学校体育课程教学指导纲要》的通知(教体艺[2002]13 号),明确了大学生享受体育教育的权益;2007 年中共中央、国务院颁布《关于加强青少年体育增强青少年体质的意见》,2009 年始全面实施《全民健身条例》;进入新时代,中共中央在 2016 年颁布了《健康中国 2030 规划纲要》、国务院办公厅发布了《关于强化学校体育,促进学生身心健康全面发展的意见》(国办发[2016]27 号)等一系列有关体育的法规和行动计划、意见,进一步强调了体育在促进人民群众和大学生身心健康方面的作用,明确了保证实施法规和制度的要求,充分体现了国家尊重和保障人的宪法精神。大学生的体育受益经历,必然在内心产生深深的爱国之情。

---

① 国家体育总局编. 新中国体育 70 年(综合卷)[M]. 北京:人民出版社,2019(9):165-168.

5. 中国先进的体育文化是培养大学生爱国主义精神的基础

我国体育始终坚持以人民为中心的文化理念,尤其是进入新时代以来,坚持"健康第一"的体育观念,积极实施《全民健身计划》,大力倡导健康、科学、文明的体育生活方式;实施《体育强国建设纲要》(国办发〔2019〕40号),推动全民健身与全民健康相融合,满足对美好生活的向往;坚持竞技体育与群众、学校体育协同发展,坚持普及与提高相结合;大力弘扬"绿色、科技、人文"的奥运文化,注重体育发展与生态环境的协调发展和相互适应;始终把人民群众的健康放在首位,把体育作为改造人类自我的重要手段,充分彰显了以人民群众为中心的执政理念,深得大部分大学生的认同与拥护。

6. 我国日益完善的体育场馆和设施从感观上激发大学生的爱国之情

随着我国举办奥运会、冬奥会、亚运会、全运会等国际、国内赛事的增多,按照国际、国内赛事的标准,我国体育场馆和设施的建设日益完善,无论是2008年奥运会时建成的"北京鸟巢体育馆""水立方国家游泳中心"还是"折扇形国家体育馆"等标志性体育场馆,奥运会后都成为人们开展体育、娱乐活动的场所,既满足了人们日常体育锻炼的需要,更满足了人们的心理需求——曾经的奥运场馆;同样,2022年冬奥会标志性场馆——国家速滑馆及杭州2022年亚运会场馆——"莲花碗"(目前中国第三大体育场馆),各种设施及配置的仪器、设备十分先进,令人羡慕。这些易从外在的感观上激发大学生对国家和民族的热爱。另外,随着《学校体育工作条例》的贯彻落实,高校的体育场馆和设施也得到了极大的改善,第六次全国体育场馆普查数据显示①,2003—2013年我国体育场馆在经济高速增长的背景下得到了快速发展,为大学生开展体育运动提供了可靠的场馆和设施保障。

---

① 第六次全国体育场地普查数据公报[N].中国体育报,2014-12-26(03).

第二节 体育培育大学生诚信品质的
现状调查与分析

一、研究对象和方法

（一）研究对象

共有两份调查问卷，一份采取随机抽样的方法，以天津市高校在校大学生 400 人为研究样本，共发放问卷 400 份，回收 385 份，回收率为 96.25%，其中有效问卷为 360 份，有效率为 94.03%。另一份问卷在天津商业大学宝德学院学生中采用随机小样本抽样的调查方法，进行为期一周的跟踪调查，共发问卷 50 份，回收 48 份，回收率为 96%，有效问卷 45 份，有效率为 93.75%。回收率和问卷有效率均满足统计学的要求。

（二）研究方法

1.问卷调查法。对体育促进大学生诚信品质的影响调查采用 4 级量表法：很大、比较大、说不准、没有作用。

问卷的结构效度和内容效度：问卷的调查项目是在对体育、教育学、心理学相关文献研究综述的基础上，通过咨询多学科专家并结合高校体育精神的特点和学生的实际情况，构建而成的调查问卷，各项指标经过多名专家的论证并经实践的检验，具有较高的效度。

问卷的信度：本研究采用"重测法"，在 1 个月内对 50 名大学生进行重测，得出相关系数 R=0.903，P<0.01，说明具有很高的可信度。

2. 数理统计与分析方法(所有数据处理均由 spass19.0① 软件完成)。

3. 专家咨询法。

4. 文献资料法。

5. 访谈法

二、体育培育大学生诚信品质的现状调查

《全国普通高等学校体育课程教学指导纲要》②中明确了高校体育课程的五个基本目标,即运动参与目标、运动技能目标、身体健康目标、心理健康目标、社会适应目标,其中在社会适应目标中进一步明确了大学生要有良好的体育道德和合作精神,明确提出了要培养高校生的诚信品质。

(一)体育对不同类别大学生诚信品质养成的现状调查

表 6-3　体育对不同类别大学生诚信品质养成的现状调查

类别		影响水平									卡方检验值	
		很大		比较大		一般		没有作用		合计	Chi-Square	P 值
		人数	%	人数	%	人数	%	人数	%	人数		
性别	男	136	63.55	60	28.04	16	7.48	2	0.93	214	4.86	0.028 < 0.05
	女	74	50.68	52	35.62	18	12.33	2	1.37	146		
	小计	210	58.33	112	31.11	34	9.44	4	1.12	360		
年级	一年级	102	51.00	72	36.00	24	12.00	2	1.00	200	12.13	0.01
	二年级	108	67.50	40	25.00	10	6.25	2	1.25	160		
	小计	210	58.33	112	31.11	34	9.44	4	1.12	360		

---

① 何国民.应用统计学案例教程:以 SPSS 为计算工具[M].武汉:华中科技出版社,2011.

② 全国普通高等学校体育课程教学指导纲要[Z].教体艺[2002]13 号,2002.

续表

类别		影响水平									卡方检验值	
		很大		比较大		一般		没有作用		合计	Chi-Square	P 值
		人数	%	人数	%	人数	%	人数	%	人数		
生源地	农村	116	56.31	66	32.04	20	9.71	4	1.94	206	2.43[1,2] 30.93[2,3] 14.27[1,3]	0.056 0.00< 0.01 0.00< 0.01
	城镇	56	53.85	36	34.61	12	11.54	0	0	104		
	城市	38	76.00	10	20.00	2	4.00	0	0	50		
	小计	210	58.33	112	31.11	34	9.44	4	1.12	360		
学科	理科	106	54.64	66	34.02	20	10.31	2	1.03	194	6.79	0.010 < 0.05
	文科	104	62.65	46	27.11	14	8.43	2	1.20	166		
	小计	210	58.33	112	31.11	34	9.44	4	1.12	360		
是否独生子女	独生子女	134	71.28	40	21.28	12	6.38	2	1.06	188	27.63	0.00 < 0.01
	非独生子	76	44.19	72	41.86	22	12.79	2	1.16	172		
	小计	210	58.33	112	31.11	34	9.44	4	1.12	360		

表 6-3 的统计数据表明,体育对大学生养成诚信品质的正影响率为 89.44%(在此把影响很大和比较大的占比之和称为正影响率,下同),有 10.56%的学生认为体育对诚信品质的培养没有作用。体育对男大学生诚信品质的养成正影响率为 93.6%,而女生的正影响率为 86.3%。进一步的卡方分析显示,体育对男女大学生之间诚信品质养成的正影响存在显著性差异($P<0.05$),对男生诚信品质的养成比女生的影响要大。

体育对一年级大学生诚信品质养成的正影响率为 87%,而对二年级大学生诚信品质养成的正影响率为 92.5%,且统计分析表明两者之间存在非常显著性差异($P<0.01$);体育对城市大学生诚信品质养成的正影响率为 96%,对城镇大学生诚信品质养成的正影响率为 88.46%,对农村大学生的诚信品质培养的正影响率为 88.35%,数理分析表明,体育对城市大学生诚

信品质的培养与城镇、农村大学生之间存在非常显著性差异（P<0.01），而城镇与农村大学生之间则不存在统计学意义的显著性差异；

体育对理科类大学生诚信品质养成的正影响率为88.66%，对文科类大学生诚信品质养成的正影响率为90.36%，且两者之间存在数理统计学上的显著性差异；

体育对独生子女大学生诚信品质养成的正影响率为92.56%，对非独生子女大学生诚信品质养成的正影响率为86.05%。

调查数据表明，体育对培养大学生诚信品质的作用得到了近9成同学的认同，对城市生源大学生诚信品质养成的正影响率达到96%，对高职男生、独生子女学生、二年级学生及文科类的正影响率均超过90%。

（二）大学生对体育课程中不诚信现象的现状调查

表6-4　大学生对体育课程中不诚信现象的调查统计

不诚信现象	人数	百分比	排序
大学生没有按体育老师要求完成教学任务	193	53.61	1
体育测验、比赛、课外锻炼考勤时作弊	176	48.89	2
利用说谎体育课请假、迟到、早退等	165	45.83	3
教师自律与他律不一致	108	30.00	4
教学计划与实际教学完全不一致	86	23.89	5
日常教学与评价教学不一致	66	18.33	6
制度制订与执行不一致	53	14.72	7

问卷对大学生进行了体育课程中不诚信现象进行调查，分学生和教师两个层面。从学生层面讲主要存在三个方面的不诚信现象：首先，大学生没有按照老师的要求完成好体育教学的任务，在与部分学生座谈中我们也了解到，在课内外有部分学生对于体育老师安排的教学任务，尤其是需要自主练习完成的项目更是完成不到位，如耐力跑、引起向上等有一定强度

和难度的身体素质项目;其次,在体育测验、比赛及课外锻炼中存在作弊现象,常见的有在体育测验中找人替考、违规、课外锻炼违纪,如找人代打卡或代跑,出现一个人跑步锻炼拿着多个手机(其他同学的)的现象等;第三,利用说谎体育课请假、迟到、早退等,有同学找各种借口、托词、编造各种理由请假,甚至找医生开具假病假证明,逃避体育课,女生也存在利用生理周期说事请假,躲避体育课等现象,不少学生以身体不适为由,拒绝参加一些大运动量和强度高的练习项目。

从教师层面看,大学生通过日常对体育课程的观察,认为以下几个方面存在不诚信的现象:首先,有同学认为少数教师存在自律与他律不一致的现象,如要求学生提前到课,而自己则存在踩着铃声进入课堂的现象;要求学生在课上严格管控手机,而自己随意使用手机的现象等;其次,教学计划与实际教学完成不一致的现象,教师会因教学中的主客观原因,而不能顺利完成教学计划;第三,个别老师碰上教学评价课时,会表现出与日常教学巨大的反差,表现在课前的充分准备、学生的积极配合、时间的把握等方面,同学们理解评价教学课对教师的重要性,但如此巨大的反差,觉得作为教师并不合适,日常教学也应坚持认真、规范;第四,制度的执行不到位,如对违纪学生的处罚,存在雷声大雨点小的现象,存在怕丢分的心理,目前不少学校存在生评教的环节;个别教师也存在与学生搞关系、套近乎的现象。

(三)体育培育大学生诚信品质的主要影响因素

表6-5　体育促进大学生诚信品质主要因素的调查统计

促进因素	人数	有效百分比	排序
体育课程的实践性(如行合一)	303	84.17	1
体育技能形成规律和体质增强规律	286	79.44	2
体育教师的诚信自律	276	76.67	3
体育运动员项目的基本规则	267	74.17	4

促进因素	人数	有效百分比	排序
自我锻炼体育的习惯	259	71.94	5
体育测试的规范要求	251	69.72	6
体育课堂常规与课外体育锻炼制度等	248	68.89	7
体育同伴的诚信言行	243	67.50	8
体育竞赛中运动员和裁判的诚信言行	239	66.39	9

通过多选项调查统计数据显示,体育以其自身的特点和要求对大学生的诚信品质的培育有着积极影响,排位前5个因素的选择人数均超过了70%,依据以上数据及影响因子,我们认为在高校体育教学中应坚持以下几个方面来培养大学生的诚信品质。

1. 体育实践"促"诚

体育课程以实践活动为主,充分体现了知行合一的道德实践特点,以体育实践"促进"大学生诚信品质是体育学科的最大优势,道德知识并不等于道德品质,只有经过实践的道德知识并被道德主体所接受和认同,才能真正内化于心、外化于行,成为真正的道德品质,体育课程的实践性是促进大学生诚信品质的最大优势和特点。

2. 体育技能形成规律和体质增强规律"炼"诚

体育是以掌握和运用运动技术、技能为主要特点的学科,要熟练掌握、运用运动技术,必须要遵守技术形成规律,要经过泛化、固化及自动化等阶段的学习过程,来不得投机取巧,必须经过勤奋的持续练习,才能达到熟练掌握运动技术、技能的目标;大学生自身体质的增强需要符合超量恢复的运行规律,才能不断提高体能、增强体质,在这些规律面前大学生没有诚信品质,没有踏踏实实的练习与锻炼不可能熟练地掌握运动技术及增强体质。体育运动技术技能的形成规律和体质健康增进规律,要求大学生践行"知行合一"的诚信品质,这是体育运动自身内在的规律要求。

3.师生诚信榜样"引"诚

教师作为教学活动的实施者和组织者,其本身的诚信品质,对大学生道德品质的养成具有十分重要的影响作用,教师良好的诚信品质是大学生学习的榜样,教师对大学生的一诺千金、言出必行等诚信品质,会潜移默化地引领大学生的诚信品质;同样,拥有良好诚信品质的大学生同伴,对于身边的大学生引领也是十分重要和必要的,往往朋辈的影响会远超其他人的影响①,因为朋辈之间的年龄、经历、认知都非常相似、相近,他们之间有着许多的共同话语及较大的可比性,朋辈互助是促进大学生诚信品质的重要途径。因此,师生良好的诚信言行会积极引领大学生塑造良好的诚信品质。

4.体育规则、制度"立"诚

进行体育竞赛是体育课程的一个重要内容和特点,每项体育竞赛都有其自身的规则,以"公平、公正、公开"为基本遵循的体育规则,要求大学生必须以诚参赛,以诚竞技,倡导规则面前人人平等,加强裁判员对比赛的公正执法和监督,对于违反比赛规则的学生一定要以严厉的惩罚,通过体育规则对大学生诚信品质的养成是一个非常有效的措施。

5.体育成绩评价"奖"诚

体育课堂的规章制度、教学评价标准,同样对大学生的诚信品质塑造有着十分重要的激励作用,诚信品质不仅仅是对大学生道德层面的约束,也是大学生体育课成绩评价内容的一个考核指标。对于体育课程教学、竞赛及课外锻炼中的诚信行为要进行表扬和奖励,积极倡导把诚信、合作、互助等良好道德素质的考核,作为体育成绩评价的有机组成部分,既要给学生精神上的鼓励,还要给他们以一定的成绩肯定,以营造良好的、利于大学生诚信品质养成的教学氛围。

---

① 钱利安,熊秀兰.朋辈文化塑造品质学子研究[M].北京:九州出版社,2020.

6. 体育习惯"养"诚

体育课程坚持以"健康第一"理念为指导思想,从课程设置上是陪伴学生时间最长的课程,从小学到大学一路相随,守护并增进大学生的健康。如今随着课内外一体化的体育锻炼理念不断深入,更需要大学生把体育锻炼成为日常生活的一种习惯,随着"互联网+"技术的快速发展,利用 App平台进行体育锻炼成为一种新的体育锻炼模式,在做好诚信锻炼广泛舆论宣传的同时,良好的自我自律体育锻炼习惯已成为培养和检验大学生诚信品质的一种方法和手段。

第三节　体育培养大学生意志品质的调查分析

思想政治教育关系到培养什么人、为谁培养人和如何培养人的问题,事关育人的方向,事关学生是否能成为中国特色社会主义合格建设者和可靠接班人,事关我国"两个一百年"奋斗目标的实现和中华民族的伟大复兴。习近平总书记在 2016 年的全国思想宣传工作会议上强调指出,要坚持立德树人,要把思想政治教育工作贯穿教育教学全过程,实现全程育人,全方位育人;如今中国已经进入新时代,做好高校思想政治工作,要因事而化、因时而进、因势而新。不仅要遵循思想政治工作规律,更要遵循教书育人规律和学生成长规律,以不断提高工作能力和水平。课程承载思政教育已成为每一门课程进行育人的重要理念和教学思想,也是教书育人的现实需要,更是当代大学生健康成长的迫切需要;心理品质作为思想品德教育的一个重要内容,已越来越引起人们的重视和关注,体育是高等教育的重要内容,蕴含着丰富的育人资源,对提升大学生的心理品质和道德品质等都有着独特的作用,国务院办公厅于 2016 年颁布国办发[2016]27 号《关于强化学校体育,促进学生身心健康全面发展的意见》,其中在工作目标中强调:"学生体育锻炼习惯基本养成,运动技能和体质健康水平明显提升,规则意识、合作精神和意志品质显著增强。"结合课程思政的教育理念,培养大学生良好的意志品质已然是高校体育的一个重要目标和任务,需要认真研究和调查分析、精准落实。

一、研究对象和方法

(一)研究对象

共有两份调查问卷,一份采取随机抽样的方法,以天津市高校在校大学生 550 人为研究样本,共发放问卷 550 份,回收 524 份,回收率为95.27%,其中有效问卷为 502 份,有效率为 95.8%。另一份问卷在天津商业大学宝德学院学生中采用随机小样本抽样的调查方法,进行为期一周的跟踪调查。共发问卷 60 份,回收 55 份,回收率为 91.67%,有效问卷 50份,有效率为 90.9%。回收率和问卷有效率均满足统计学的要求。

(二)研究方法

1.问卷调查法。对体育培养大学生意志品质的影响调查采用 5 级量表法:非常大、比较大、说不准、基本没有、完全没有。

问卷的结构效度和内容效度:问卷的测验项目是在对体育精神相关文献研究综述的基础上,通过咨询多学科专家并结合高校体育精神的特点和大学生的实际情况,构建而成的调查问卷,各项指标经过多名专家的论证并经实践的检验,具有较高的效度。

问卷的信度:本研究采用"重测法",在 1 个月内对 50 名大学生进行重测,得出相关系数 R0.898,P<0.01,说明具有很高的可信度。

2.数理统计与分析方法(所有数据处理均由 spas19.0 软件完成)。

3.专家咨询法。

4. 文献资料法。

5. 访谈法。

二、意志和意志品质

意志是人类特有的心理品质,是人的主动性和积极性的充分表现。所谓意志是人自觉地确定目标,并以此来支配、调节自己的行动,克服困难去变现目标的心理过程。

意志品质是人在日常生活中形成的稳定的意志特征。意志品质具体表现为自觉性、自制性、果断性和坚持性四个方面。

1. 自觉性

指个体对自身行动的目的和动机有清晰而深刻的认知,并能以正确的信念和世界观调节支配自我,坚持原则和规范,使行动达到既定目标的品质,自觉性是个体坚定信仰和立场的反映,是意志产生的源泉。

2. 自制性

指个体自觉控制和调节自我思想情感及行为的品质,自制性是关于控制自己的情感,理性地支配自己的行为,往往是取得成功的重要条件。

3. 果断性

是个体意志敏锐的具体表现,是在复杂情境下,善于明辨是非,把握机遇及时处理问题的品质,果断性以深思熟虑和勇敢为基础,与当机立断和深谋远虑相结合的品质。

4. 坚持性

是指以顽强的精神、坚强的毅力,百折不挠地去完成目标的品质,不畏艰难、满怀信心、持之以恒是坚持性的明显特点。

三、体育培养大学生意志品质的基本分析

体育是人类为适应社会和自然,以身体练习为基本手段而自觉地改善自我身心和开发自身潜能的社会实践活动。[①] 结合意志和意志品质的基本特性,我们从体育课程的基本特点来分析,体育在培养大学生意志品质中有着自身学科的优势,具体体现为培养积极进取精神,培养大学生敢于挑战困难的自觉性,敢于艰苦奋斗的自制性和敢于胜利的顽强拼搏精神。

(一)体育学科运动技能形成规律等客观性要求,有利于培养大学生持之以恒的意志品质

首先,体育作为以学习一门技术动作和增强体能为特征的课程,需要遵循技能形成规律和体能增强规律,而这些都是需要一个客观的学习和练习过程。若半途而废,则就不可能达到掌握体育运动技能和增强体质的目标;其次,体育作为人类竞技的一种形式,输赢显而易见,而且冠军只有一个,面对各种各样的挫折与失败,只有始终不放弃、执著地对认定目标进行追求与拼搏,才会有进步、提升、突破自我的可能;第三,体育运动项目本身要求大学生在参与中学会坚持,如长距离跑、90 分钟的足球赛等,在比赛对抗中身心俱惫的情况下坚持到最后。

(二)"健康第一"思想指导下明确体育课程目标,有利于培养大学生意志品质的积极进取意识

"健康第一"是学校体育的指导思想,教育部关于印发《全国普通高等学校体育课程教学指导纲要》中(教体艺[2002]13 号),明确提出了高校体育课程的目标与任务,即运动参与目标、运动技能目标、身体健康目标、

---

① 周西宽.体育基本原理教程[M].北京:人民体育出版社,2004:35.

心理健康目标和社会适应目标。作为每个参与体育课程的大学生都必须为实现以上课程目标而努力,通过体育课程的教学的具体要求和完善的课外体育锻炼制度的激励及丰富的体育赛事等,均有利于培养大学生参加体育锻炼的积极进取意识。

(三)体育的超越性文化,有利于培养大学生敢于挑战困难的自觉性

体育不仅是人类增强自身体质与促进健康的重要手段,在精神层面上体育所崇尚的是"更快、更高、更强"的奥运精神。因此,在一定的体育规则面前应对自然、环境及竞争对手给自身生理、心理与精神极限进行考验时,能培养大学生敢于挑战遇到困难而表现出来的大无畏担当精神品质,敢于挑战困难是良好意志品质的内在要求,也是良好意志品质所必备的重要条件。

(四)体育的生理负荷性特点,有利于培养大学生艰苦奋斗的自制性

体育作为以身体练习为基本手段的技艺性学科,其特点之一就是要承受运动的生理负荷,要付出较大的体力、体能来学习运动技术、掌握运动技能,所谓的冬练三九夏练三伏,就是在各种恶劣气候、环境条件下,开展体育锻炼的情形,这是体现良好意志品质的积极行为和可贵品质,这是由体育学科自身特点所决定的,有利于培养大学生的自制性和自律性。

(五)体育的竞技性特点,有利于培养大学生敢于胜利、勇于顽强拼搏的果断性

公平竞争是体育的一个特点,无论是与同伴进行竞争,还是与自己进行比较,要想在体育成绩和运动水平上有进步、有提高、战胜对手与自我,

都离不开顽强拼搏的品性。顽强拼搏是指人们在运动过程中不断地超越，包括超越自我与他人，努力发挥自身的潜在能量（身体、心理、技术、技能等），尤其是在复杂环境下果敢地做出正确的判断——技战术及基本的动作等的运用，以争取更快、更高、更强，达到自己理想的目标，以体现人类自我存在价值的心理品质，这也是奥林匹克精神中的重要精髓之一。

根据以上简要的分析，我们对不同类别大学生围绕上述意志品质的五个方面进行抽象调查，以深入了解体育培养大学生意志品质的基本现状。

四、体育培养大学生意志品质的调查与分析

（一）体育培养大学生意志品质的现状调查

表 6-6　体育培养大学生意志品质的调查统计

类别		影响水平											卡方检验值	
		非常大		比较大		一般		不太大		完全没有		合计	Chi-Square	P 值
		人数	%	人数	%	人数	%	人数	%	人数	%	人数		
性别	男	88	59.46	40	27.03	16	10.81	2	1.35	2	1.35	148	20.42	000 < 0.01
	女	22	34.46	166	46.89	54	15.25	8	2.26	4	1.13	354		
	小计	210	41.83	206	41.04	70	13.94	10	1.99	6	1.20	502		
年级	一年级	88	46.32	72	37.90	20	10.53	6	316	4	2.10	190	1.79	0.18
	二年级	122	39.10	134	42.95	50	16.03	4	1.28	2	0.64	312		
	小计	210	41.83	206	41.04	70	13.94	10	1.99	6	1.20	502		
生源地	农村	144	43.64	142	43.03	38	11.52	2	0.61	4	1.21	330	15.57[1,2] 18.13[2,3] 6.66[1,3]	000 < 0.01
	城镇	38	29.23	54	41.54	28	21.54	8	6.15	2	1.54	130		
	城市	28	66.67	10	23.81	4	9.52	0	0	0	0	42		
	小计	210	41.83	206	41.04	70	13.94	10	1.99	6	1.20	502		

续表

类别		影响水平										卡方检验值	
		非常大		比较大		一般		不太大		完全没有		合计	Chi-Square	P 值
		人数	%	人数	%	人数	%	人数	%	人数	%	人数		
学科	理科	100	47.17	78	36.79	28	13.21	6	2.83	0	0	212	3.37	0.07
	文科	110	37.93	128	44.14	42	14.48	4	1.38	6	2.07	290		
	小计	210	41.83	206	41.04	70	13.94	10	1.99	6	1.20	502		
是否独生子女	独生子女	86	47.78	68	37.78	22	12.22	2	1.11	2	1.11	180	4.23	0.040 < 0.05
	非独生子女	124	38.51	138	42.86	48	14.91	8	2.48	4	1.24	322		
	小计	210	41.83	206	41.04	70	13.94	10	1.99	6	1.20	502		

注:1 代表农村,2 代表城镇,3 代表城市,以下同。

体育在崇尚"更快、更高、更强"奥运超越精神的同时,我们也积极提倡"重在参与""参与比获胜更重要"的价值理念,尤其是大众体育,旨在培养人的积极参与精神,培养人不放弃,坚持到底的意志品质,因为体育精神是可以迁移到其他领域的,人类社会的发展最基本的要求是积极执着地去参与、去追求,去不断地努力才有实现自己目标的可能与希望,[①]但体育作为一个改造人类自我的手段,技能的掌握、健康的维护需要循序渐进和持之以恒,这是体育运动技能形成规律和运动生理规律所决定的;另外作为一种竞技手段,无论是哪个竞赛、哪种比赛,输赢是显而易见的,很多时候比赛就在一瞬间完成,且往往冠军只有一个,如何正确认识和对待遇到的失败与挫折,在失败与挫折面前是否能寻求好的改进办法与途径再执着地坚持下去、超越自我,这就体现出意志品质的真正内涵,面对失败与挫折敢于正视,冷静分析且积极应对,勇往直前、不放弃才是良好意志品质所倡导

① 金元浦.大学奥林匹克文化教程[M].高等教育出版社,2006:12.

的价值理念,这也是人们追求体育精神的重要价值所在。表6-6是体育对培养大学生意志品质的影响情况,总体的正影响率为82.87%(以非常大和比较大的和称作正影响率),不同类别大学生中城市学生、农村学生、男生的影响率位居前三,分别是90.48%、86.66%、86.49%,而对城镇学生的正影响率最低为70.77%;卡方分析的数据告诉我们,男女生之间、不同地区学生之间、独生子女与非独生子女之间体育对培养意志品质的正影响上存在统计学意义上的非常显著性差异(P<0.01)和显著性差异(P<0.05),男生和城市、农村学生及独生子女的影响水平要高于女生和城镇学生及非独生子女,而其余不同类别大学生之间则不存在数理统计上的差异。

(二)体育培养大学生意志品质之积极进取精神的现状调查

表6-7　体育培养大学生意志品质之积极进取精神的调查统计

类别		影响水平										合计	卡方检验值	
		非常大		比较大		一般		不太大		完全没有			Chi-Square	P 值
		人数	%	人数	%	人数	%	人数	%	人数	%	人数		
性别	男	84	56.76	50	33.78	12	8.1	0	0	2	1.35	148	17.55	000 ＜ 0.01
	女	128	36.16	166	46.89	56	15.82	4	1.13	0	0	354		
	小计	212	42.23	216	43.03	68	13.55	4	0.80	2	0.40	502		
年级	一年级	96	50.53	72	37.89	20	10.53	0	0	2	1.05	190	8.555	0.003 ＜ 0.05
	二年级	116	37.18	144	46.15	48	15.38	4	1.28	0	0	312		
	小计	212	42.23	216	43.03	68	13.55	4	0.80	2	0.40	502		
生源地	农村	140	42.42	144	43.64	44	13.33	2	0.61	0	0	330	$0.074^{1,2}$	0.79
	城镇	56	43.8	52	40.00	18	13.85	2	1.54	2	1.54	130	$0.54^{2,3}$	0.82
	城市	16	39.10	20	47.62	6	14.29	0	0	0	0	42	$0.517^{1,3}$	0.472
	小计	212	42.23	216	43.03	68	13.55	4	0.80	2	0.40	502		

续表

类别		影响水平											卡方检验值	
		非常大		比较大		一般		不太大		完全没有		合计	Chi-Square	P 值
		人数	%	人数	%	人数	%	人数	%	人数	%	人数		
学科	理科	98	46.23	92	43.40	18	8.49	2	0.94	2	0.94	212	4.34	0.037 < 0.05
	文科	114	39.31	124	42.76	50	17.24	2	0.69	0	0	290		
	小计	212	42.23	216	43.03	68	13.55	4	0.80	2	0.40	502		
是否独生子女	独生子女	88	48.89	72	40.00	16	8.89	2	1.11	2	1.11	180	5.721	0.017 < 0.05
	非独生子	124	38.51	144	44.72	52	16.15	2	0.62	0	0	322		
	小计	212	42.23	216	43.03	68	13.55	4	0.80	2	0.40	502		

　　人作为万物之首区别于其他生物，主要在于人具有主观能动性，能用正确的思想、理论来武装自身的头脑，提升人类改造自然、改造社会乃至改造人类自身的能力，而人类历史的进步并不是作为理论概念的历史还是存在的历史自身的进步，本质上是人们自身思想与认知水平的提高。[①] 良好的意志品质是人类创造历史、开拓进取的重要个性品质，它其中所蕴含的积极进取精神是人类主观能动性的充分体现，也是人们不断走向更高级社会形态必要的主观条件，更是指导人们成就学习、工作、生活取得成功的精神力量。人类持之以恒地开展各项活动，坚持顽强拼搏，超越自我，无不受到积极进取精神的支撑。体育课程作为特殊的教育手段，其有自身的教育教学目标和要求，无论其所追求的精神实质——超越精神，还是其所采用的方式手段——公平竞争，均能培养大学生的积极进取精神。表6-7的统计数据表明，体育对培养大学生积极进取精神的正影响率为85.26%，不同类别大学生中，男生、独生子女和一年级学生的正影响率位居前三，分别

---

　　① 王坤庆.精神与教育——一种教育哲学视角的当代教育反思与构建[M].华中师范大学出版社,2009.

是 90.54%、88.89%、88.42%,而对女生的正影响率最低为 83.05%;卡方分析的数据告诉我们,男女生、不同年级学生、不同学科学生及独生子女与非独生子女学生之间对体育培养积极进取精神的影响上存在统计学意义上的非常显著性差异(P<0.01)和显著性差异(P<0.05),男生、一年级学生、理科生及独生子女的正影响率要高于女生、二年级学生、文科生及非独生子女,而不同生源地的大学生之间则不存在数理统计上的差异。

(三)体育培养大学生意志品质之挑战困难精神的现状调查

表 6-8　体育培养大学生意志品质之挑战困难精神的调查统计

类别		影响水平										合计	卡方检验值	
		非常大		比较大		一般		不太大		完全没有			Chi-Square	P 值
		人数	%	人数	%	人数	%	人数	%	人数	%	人数		
性别	男	78	52.70	60	40.54	8	5.41	2	1.35	0	0	148	15.46	000 0.01
	女	132	37.29	152	42.94	58	16.38	10	2.82	2	0.56	354		
	小计	210	41.83	212	42.23	66	13.15	12	2.39	2	0.4	502		
年级	一年级	92	48.42	70	36.84	24	12.63	4	2.11	0	0	190	4.31	0.038 < 0.05
	二年级	118	37.82	142	45.51	42	13.46	8	2.56	2	0.4	312		
	小计	210	41.83	212	42.23	66	13.15	12	2.39	2	0.4	502		
生源地	农村	146	44.24	128	38.79	48	14.55	8	2.42	0	0	330	1.561.2 1.972.3 0.1413	0.21 0.37 0.71
	城镇	46	35.38	64	49.23	14	10.77	4	3.08	2	1.54	130		
	城市	18	42.86	20	47.62	4	9.52	0	0	0	0	42		
	小计	210	41.83	212	42.23	66	13.15	12	2.39	2	0.4	502		
学科	理科	100	47.17	80	37.74	28	13.21	4	1.89	0	0	212	3.37	0.06
	文科	110	37.93	132	45.52	38	13.10	8	2.76	2	0.7	290		
	小计	210	41.83	212	42.23	66	13.15	12	2.39	2	0.4	502		

续表

类别		影响水平										卡方检验值	
		非常大		比较大		一般		不太大		完全没有		合计	Chi-Square	P 值
		人数	%	人数	%	人数	%	人数	%	人数	%	人数		
是否独生子女	独生子女	82	45.56	78	43.33	14	7.78	4	2.22	2	1.11	180		
	非独生子	128	39.75	134	41.61	52	16.15	8	2.48	0	0	322	3.21	0.073
	小计	210	41.83	212	42.23	66	13.15	12	2.39	2	0.4	502		

意志品质的内涵是非常丰富的,笔者认为敢于挑战困难的精神是良好意志品质的重要条件。没有敢于同困难做抗争的态度与决心,意志品质无从谈起,挑战困难精神是人类追求进步顽强不屈的充分体现。[1] 体育对大学生意识品质中挑战困难精神的培养在于其实践性,在于运动环境及气候等带给人生理上需要确克服的困难,为掌握体育运动技能而反复练习带来的枯燥、体育竞赛和体育测试等带来心理上的困难,表6-8 的调查数据表明,大学生对体育培养意志品质之挑战困难精神的正影响率为84.06%,不同类别大学生中,男生、城市的学生和独生子女的正影响率位居前三,分别是93.25%、90.48%、88.89%,而女生的正影响率最低,为80.23%;卡方分析的数据告诉我们,男女生之间、不同年级学生之间对体育培养挑战困难精神的正影响上存在统计学意义上的非常显著性差异(P<0.01)和显著性差异(P<0.05),男生和一年级学生的正影响率要高于女生和二年级的学生,而其余不同类别大学生之间则不存在数理统计上的差异。

① 黄莉.中华体育精神研究[M].北京体育大学出版社,2007.

（四）体育培养大学生意志品质之艰苦奋斗精神的现状调查

表6-9　体育培养大学生意志品质之艰苦奋斗精神的调查统计

类别		影响水平										卡方检验值	
		非常大		比较大		一般		不太大		完全没有		合计	Chi-Square	P值
		人数	%	人数	%	人数	%	人数	%	人数	%	人数		
性别	男	82	55.41	42	28.38	20	13.51	4	2.70	0	0	148	21.08	000 < 0.01
	女	108	30.51	160	45.20	76	21.47	8	2.26	2	0.56	354		
	小计	190	37.85	202	40.24	96	19.12	12	2.39	2	0.4	502		
年级	一年级	80	42.11	70	36.84	32	16.84	6	3.16	2	1.05	190	1.29	0.26
	二年级	110	35.26	132	42.31	64	20.51	6	1.92	0	0	312		
	小计	190	37.85	202	40.24	96	19.12	12	2.39	2	0.4	502		
生源地	农村	130	39.39	138	41.82	52	15.76	8	2.42	2	0.61	330	$2.45^{1,2}$ $2.98^{2,3}$ $1.01^{1,3}$	0.12 0.23 0.32
	城镇	44	33.85	52	40.00	30	23.08	4	3.08	0	0	130		
	城市	16	38.10	12	28.57	14	33.33	0	0	0	0	42		
	小计	190	37.85	202	40.24	96	19.12	12	2.39	2	0.4	502		
学科	理科	68	32.08	88	41.51	52	34.53	2	0.94	2	0.94	212	6.17	0.013 < 0.05
	文科	122	42.07	114	39.31	44	20.75	10	3.45	0	0	290		
	小计	190	37.85	202	40.24	96	19.12	12	2.39	2	0.4	502		
是否独生子女	独生子女	80	44.44	68	37.78	28	15.56	4	2.22	0	0	180	5.76	0.016
	非独生子	110	34.16	134	41.61	68	21.12	8	2.48	2	0.62	322		
	小计	190	37.85	202	40.24	96	19.12	12	2.39	2	0.4	502		

　　体育是以身体练习为主要手段的教育,受教育者必须承受一定量的生理负荷和运动强度,尤其是要取得成绩的进步与提高、娴熟地掌握运动技能、在竞争中获胜,必须付出艰苦的努力,消耗大量的体能与精力,要有不怕吃苦的精神,才能克服因体能的持续付出而带给生理上的难受和心理上

的紧张与恐惧,这是由体育运动的实践性所决定的。在自动化、机械化、互联网空前发达的今天,体育成了唯一能够让大学生苦筋骨劳心志、全面提升体能素质的教育手段,是培养大学生吃苦耐劳品质的一个重要途径。表6-9是体育对培养大学生艰苦奋斗吃苦精神的影响情况,总体的正影响率为78.09%,不同类别大学生中男生、独生子女、文科生的正影响率位居前三,分别是83.79%、82.22%、81.38%,而对城市学生的正影响率最低,为66.67%;卡方分析的数据告诉我们,男女生之间、不同学科学生之间在对体育培养艰苦奋斗精神的正影响率上存在着统计学意义上的非常显著性差异(P<0.01)和显著性差异(P<0.05),男生和文科学生的正影响率均要高于女生和理科学生,而其余不同类别大学生之间则不存在数理统计上的显著性差异。

(五)体育培养大学生意志品质之顽强拼搏精神的现状调查

表6-10 体育培养大学生意志品质之顽强拼搏精神的调查统计

类别		影响水平										卡方检验值	
		非常大		比较大		一般		不太大		完全没有		合计	Chi-Square	P 值
		人数	%	人数	%	人数	%	人数	%	人数	%	人数		
性别	男	90	60.81	44	29.73	10	6.76	4	2.70	0	0	148	18.56	000
	女	130	36.72	188	53.11	28	7.91	8	2.26	0	0	354		
	小计	220	43.83	232	46.22	38	17.57	12	2.39	0	0	502		
年级	一年级	90	47.37	76	40.00	20	10.53	4	2.11	0	0	190	0.36	0.551
	二年级	130	41.67	156	50.00	18	5.77	8	2.56	0	0	312		
	小计	220	43.83	232	46.22	38	17.57	12	2.39	0	0	502		
生源地	农村	154	46.67	144	43.64	22	6.67	10	3.03	0	0	330	$5.00^{1,2}$	0.025
	城镇	46	35.38	68	52.31	14	10.77	2	1.54	0	0	130	$4.47^{2,3}$	0.035
	城市	20	47.62	20	47.62	2	4.76	0	0	0	0	420	$0.502^{1,3}$	0.479
	小计	220	43.83	232	46.22	38	17.57	12	2.39	0	0	502		

续表

类别		影响水平											卡方检验值	
		非常大		比较大		一般		不太大		完全没有		合计	Chi-Square	P 值
		人数	%	人数	%	人数	%	人数	%	人数	%	人数		
学科	理科	88	41.51	106	50.00	14	6.60	4	1.89	0	0	212	0.21	0.65
	文科	132	45.52	126	43.45	24	8.28	8	2.76	0	0	290		
	小计	220	43.83	232	46.22	38	17.57	12	2.39	0	0	502		
是否独生子女	独生子女	84	46.67	80	44.44	12	6.67	4	2.22	0	0	180	1.022	0.312
	非独生子	136	42.24	152	47.20	26	8.08	8	2.48	0	0	322		
	小计	220	43.83	232	46.22	38	17.57	12	2.39	0	0	502		

体育的竞技性特点,体育所倡导的"更快、更高、更强"的奥运文化,很大程度上会激励好胜心强的大学生敢于追求进步、敢于拼搏的精神品质,表6-10的统计数据表明,大学生对体育培养顽强拼搏精神的正影响率为90.05%,有2.39%的学生不太认可体育对顽强拼搏精神的培养,数理统计分析得出,大学生认为体育对培养他们的顽强拼搏精神有着积极作用,而从不同类别大学生的影响现状深入分析,则在男女大学生之间,农村与城镇、城镇与城市间的大学生之间存在统计学意义上的非常显著性差异(P<0.01)和显著性差异(P<0.05),男生的正影响率高于女生,农村和城市的大学生在"非常大"的级别上远高于城镇大学生,其余类别的大学生之间不存在统计学意义上的差异。令人欣慰的是,没有一个大学生完全否定体育在培养大学生顽强拼搏精神中的作用,这是对学校长期坚持体育教育教学的最大肯定。从类别上看,体育对城市大学生,二年级大学生和文科类大学生培养顽强拼搏精神的正影响排在前三位。

体育对培养大学生意志品质中顽强拼搏精神的正影响率要远高于其他几个要素,说明体育的竞技文化和奥运"更快,更高、更强"的文化对大学生有着较大的影响,在体育教育教学中应用好竞赛的方法与手段对于培养大学生的意志品质十分重要。

体育对培养男女大学生意志品质的影响是存在数理统计意义上的差异的,需要在体育教育内容与手段、评价上进行深入思考与研究,以提升体育对培养女生意志品质的促进作用。

从体育对培养大学生意志品质中四个内在要素的影响水平来分析,如今的体育对大学生艰苦奋斗精神的培养却相对较弱,需要从体育教育理念上来重新思考与梳理,是否我们的体育被休闲化、娱乐化、快乐化了?为什么在机械化、自动化程度日益提高、互联网十分发达的当今社会,作为唯一一门需要付出一定体能的课程却在艰苦奋斗精神的培养上并没有得到更多同学的认可,值得深刻反思与研究,尤其是在倡导劳动光荣传统的时代背景下,培养大学生的艰苦奋斗精神显得更加具有时代意义和价值,尽管体育不能替代劳动,但在生理负荷、技能掌握上有着一定的相通性。笔者认为需要从以下几点展开思考:其一,培养目标上体育不仅是锻炼身体还要铸就积极向上的意志品质,如何做到生理与心理、身体与精神的统一。其二,教育理念上以学生为主体是不是大多数同学认为轻松、舒适的体育课就是好课,如何开展真正体现教师主导、学生主体的体育课,尤其是教育主管部门和教师应立场明确,坚持正确的教育理念,如何真正找回体现"野蛮其体魄,文明其精神"[①]的真义体育。其三,体育教学评价的内容与主体。首先,在评价内容上,在重视学生有形成绩进步的同时,如何关注学生精神品质的成长、发展与进步,并纳入成绩评价的体系中来,真正使体育教育成为大学生精神成长的有效载体;其次,教学评价的主体,除了教师主导以外,学生作为一个参与学习的主体,也应参与到同学之间的相互评价中来,体现其能动性,也体现教学评价的全面性。

课程思政建设必将成为提高各课程育人质量的重要手段,体育作为育人的重要环节,其中蕴含着丰富的思想教育资源。如项目本身要求的团结

---

① 何劲鹏,姜立嘉.体育课程生命化探究[M].东北师范大学出版社,2009.

合作、持之以恒、遵纪守规,体育竞技要求的顽强拼搏、超越自我、坚持公平等,作为体育工作者,尤其是体育教师必须站在育人铸魂的高度来从事体育教育教学,要把社会主义核心价值观、中国优秀传统文化、法治教育、心理健康教育等内容,融入体育教学实践中,使体育教学真正成为立德树人的重要手段与载体,发挥以"体"育人的优势。

第七章　体育在高校精神素质培养中的作用机制

第一节　体育与高校"公平公正"精神的培养

　　大学生是国家宝贵的人才资源,承担着未来"两个一百年"中国梦建设的历史重任,高校作为培养合格大学生的专业基地,不仅要传授给大学生丰富的专业知识、过硬的专业技能,还必须让大学生拥有崇高的思想品德与健康的精神品格。而对我国经济放开带来的一些负面影响,如价值取向扭曲、诚信意识淡薄、艰苦奋斗精神淡化、团结协作意识较差、心理素质软弱等问题。中共中央、国务院于2004年10月15日发布了《关于进一步加强和改进大学生政治思想教育的意见》(中发(2004)16号),此《意见》指出要进一步加强思想政治教育课程和高校哲学课程的主渠道和主阵地外,其他各门课程都要承担起本课程对大学生思想政治教育的独特功能,广大教师要以高度的历史责任感和使命感,言传身教,率先垂范,以良好的思想品德和人格精神影响学生,同时加强学科教学本身所蕴含的对大学生思想道德和精神的教育功能,以提升大学生的思想境界、道德品质和精神内涵。2013年12月中央办公厅印发了《关于培育与和践行社会主义核心价值观的意见》^①,其中也明确提出了"自由、平等、公正、法治"是社会层面的核心价值取向,可见培养大学生的"公平公正"精神也是培育与践行社会主义核心价值观的现实需要。高校作为我国教育体制的重要一环,培育大学生的社会主义核心价值观责无旁贷,让大学生践行社会主义核心价值观更是高校育人的重要目标。培育和践行社会主义核心价值观的思想应渗透到高校教学教育活动中去。高校体育作为学校教育的重要组成部分,有其自身的育人特点,其对大学生的思想道德与精神的影响有着独特的作用。

"公平公正"精神,是保证社会良性有序运行的基本规范与要求,也是人类孜孜以求的精神。人与人之间的平等,社会的公平、公正是人类文明进步的标志,大学生是未来社会的建设者和引领者,也是和谐社会的创造者。因此,他们首先应该是"公平公正"精神的遵守者,同时也是"公平公正"精神的守护者,这同培育与践行社会主义核心价值观是相向而行的。高校体育对大学生"公平公正"精神的培养,有着其自身学科的优势,我们将采用文献资料法、逻辑归纳法、比较研究法等,就此展开深入分析与论述。

一、"公平公正"精神的内涵

"公平"概念^②的内涵主要体现在两个方面:首先,是指以同样的态度对待同样的人和事,如我们常说的"一视同仁";其次,是指人们在从事同样的社会活动时,必须遵循同样的规则和程序,不允许有任何例外者。总之,"公平"所强调的是态度、规则、程序的同一性。显然,在构建社会主义

---

① 中共中央办公厅印发《关于培育和践行社会主义核心价值观的意见的通知》(中办发[2013]24号)[Z].2013-12.

② 刘晓靖.公平、公正、正义、平等辨析[J].郑州大学学报(哲学社会科学版),2009(1):14-17.

和谐社会的过程中,必须大力提倡、强调社会"公平"。没有社会"公平",社会生活就不可能安定、有序。但是,如果一味强调社会"公平"也是不行的。这是因为人们彼此之间在各方面都是有差异的,规则、程序上的"公平",并不能够保证结果上的"公平"。如果一味强调社会"公平",那么将可能造成结果上的巨大差异,从而造成社会矛盾。因此,我们在提倡社会"公平"的同时,还必须大力提倡社会公正、正义、平等等原则。

"公正"的基本内涵:一是指实事求是;二是指去私立公;三是指遵循一定的道理、规律说话做事。即它所着重强调的是行为处事的态度、立场。

二、高校体育的性质与目标

(一)高校体育课程的性质

《全国普通高等学校体育课程教学指导纲要》①(以下简称《纲要》)指出,高校体育课程是大学生以身体练习为主要手段,通过合理的体育教育和科学的体育锻炼过程,达到增强体质、增进健康和提高体育素养为主要目标的公共必修课;是学校课程体系的重要组成部分;是高等学校体育工作的中心环节。体育课程是寓身心和谐发展、思想品德教育、文化科学教育、生活与体育教育于身体活动并有机结合的教育过程,是实施素质教育和培养全面发展人才的重要途径。

(二)高校体育课程的人才培养目标

《纲要》把高校体育课程的目标分为基本目标与发展目标,其中除了要求大学生们积极参与和掌握体育基本技能及自我评价手段、方法外,也十分注重心理与社会发展目标。心理健康目标是期望大学生能自觉通过

---

① 《全国普通高等学校体育课程教学指导纲要》[Z].教体艺[2002]13号,2002-8.

体育活动来改善心理状态、克服心理障碍,养成积极乐观的生活态度;运用适当的方法来调节自己的情绪;在体育运动中体验到其所带来的乐趣和成功,并能在具有挑战性的体育运动环境中表现出勇敢顽强的意志品质;社会发展目标是希望大学生表现出良好的体育道德和合作精神;能正确处理竞争与合作的关系,形成良好的行为习惯,主动关心、积极参加社区体育事务。

三、高校体育对大学生"公平公正"精神的培养

从上述高校体育的性质与目标来分析,高校体育作为体育运动的一个有机组成部分,既要传习体育知识、体育技术、技能,同样也承担着传承体育运动文化与精神的使命,尤其是对奥林匹克精神的传播与传承,其中"公平、公正、公开比赛"就是奥林匹克精神的重要内容,它对人的影响是全面和深远的。因此,高校体育对大学生"三公"精神的培养和教育既渗透着奥林匹克精神的精髓和本质,同样也是高校体育自身发展和育人的重要目标。高校对大学生"公平公正"精神的培养主要体现在以下几个方面:

(一)《体育法》《学校体育工作条例》给予大学生参与体育
　　　活动的保障,有利于强化大学生公平意识的养成

《中华人民共和国体育法》第三章从宏观的角度明确了大学生参与体育的权利。大学生享有参与体育活动的权利,学校要为他们开设体育课程,并为他们创造开展课外体育锻炼活动的条件,任何人不得侵犯或剥夺。而《学校体育工作条例》则更加细致地规定了学校体育该如何保证、落实体育法的要求与规定,出台了具体的细则,为大学生参与体育活动提供人、财、物的保障。当前高校选项体育课及保健体育课的开设,是对大学生"公平公正"精神的很好体现,不论性别、不论系别、不论身体素质的差异、

不论地域的差异、不论技术技能的高低等,每一个学生都有机会平等地选择自己喜欢的运动项目,并接受老师的教学、帮助及个性化指导,积极平等地参与教学活动,如技能练习、教学比赛、裁判工作等。同样在体育成绩的评定与考核时,每一个同学均在同样的成绩评定标准面前接受公平、公正、公开的检验,以获得各自相对应的体育成绩;大学生还能自由地选择课外体育锻炼项目等,这些均充分体现了学校体育对不同类别大学生参与体育的公平、公正、公开精神,体育法的实施有利于强化大学生公平、公开、公正地参与体育活动的权利意识。

(二)高校体育的实践性特点有利于培养大学生光明正大、公开做事的阳光个性

体育运动是以身体练习为基本手段,通过与个体思维相结合的"技艺性"实践活动,是一种实实在在的行为,是外显的而不是内敛的,是具体的而不是抽象的。接受运动伙伴、老师及其他同学的监督是体育运动自身的形式所决定,高校体育以身体练习为主要形式是有别于其他一切文化类课程的显著特点。体育课程的实践性特点潜移默化地影响着大学生习惯于接受监督、公开处事的态度和意识。通过长期的体育教学与坚持锻炼使得大学生逐渐养成一种敢于公开展示自我、公平竞争的良好精神风貌和阳光的个性。

(三)体育运动项目的规则对大学生"公平公正"精神的形成有着深刻的教化作用

高校体育教学的项目众多,但每个体育运动项目都有一定的比赛规则,每个大学生必须严格遵守运动项目的规则,以确保每个人都有在同一起跑线上的公平的权利。运动项目规则的权威性,能整治一切有意或无意的不良行为。所有运动项目的规则都对一切不公平的违规行为给予严肃

的惩罚。如田径项目中的百米赛跑,每个同学都有属于自己的一条跑道,都站在同一起跑线上,若哪个同学提前抢跑或是在跑进过程中抢占别人的跑道进而影响他人,其结果均是违反规则的,必将遭到严肃的处罚。规则的严肃性是建立在法治基础之上的,对每个参与者都有着严肃的警示作用。运动规则的合理性、公平性、公正性,必将促使大学生们树立起规范、标准、有序的价值理念和操作程序。体育运动项目的规则要求同样也深深影响着大学生的诚信意识,一切不符合体育道德要求和不诚实、不真实的体育现象,如冒名顶替、投机取巧、服用兴奋剂等都将在规则的约束下,受到应有的严厉处罚。体育运动项目的规则对大学生"公平公正"精神的养成有着深刻的教化作用,同时对培养大学生的诚信意识起到了良好的教育和引导作用。

(四)体育比赛中裁判员和运动员代表的庄严宣誓对大学生"公平公正"精神的培养有着强烈的引领作用

体育运动不仅是增强大学生体质,获得健康快乐,更重要的是通过体育运动来达到教育人的终极目标。体育的育人功能更是被大众所肯定,如近代著名教育家蔡元培说:"完全人格,首在体育",他主张通过体育运动提高大学生的道德修养。高校体育教学与体育竞赛不仅是大学生相互学习、同场竞技的过程,更是高等学校对大学生开展育人的过程。学校在体育竞赛中均有运动员代表与裁判员代表庄严宣誓的仪式,既体现运动员对裁判员、对手、观众的尊重、友谊与友好,更体现了所有参与人员确保比赛公平、公正、公开的信心与决心。① 这种神圣的仪式,不仅对参与竞赛的同学树立"公平、公正、公开"精神有着强烈的引领与模范作用,同样对所有观众与工作人员也是一次深刻的社会规范教育。以下是裁判员代表和运动员代表宣誓词的基本精神介绍,其中心思想均体现了对"公平、公正、公

---

① 于涛.体育哲学研究[M].北京:北京体育大学出版社,2009.

开"精神的维护与崇尚:

1.裁判员代表宣誓词:在体育比赛中,我们将认真履行裁判员职责,坚决服从裁判长指挥,严格遵守裁判员纪律和竞赛规则,严格遵循公开、公正、公平的基本原则,尊重参赛选手,文明裁判,严肃认真,为运动员创造佳绩提供良好的比赛条件。

2.运动员代表宣誓词:我们将以积极饱满的热情参加运动会,严格遵守赛事的各项安排,遵守比赛规则和赛场纪律,服从裁判,尊重对手,团结协作,公平竞争,顽强拼搏,赛出风格,赛出水平。

两个宣誓词的文化内涵均体现了倡导比赛认真严肃的纪律、激励大学生以"公平、公正、公开"的体育精神参赛的良好风尚和行为,杜绝造假的不良赛风等,这其实就是对人类优秀体育文化的传承,也是对大学生的体育文化熏陶。

(五)裁判员严格执法对大学生培养"公平公正"精神有着
良好的榜样作用

在一切比赛中,裁判员得严格执法,不徇私情,不偏袒任何一方,公平对待每一位参赛选手;所有运动员在规则面前一律平等①,比赛过程中运动员违反了比赛规则,违反了体育道德,裁判员就按照规则的要求,做出相应的处罚和裁定,这不仅对参与者起到了较大的威慑作用,同样对其他同学也有深刻的警示教育作用。裁判员公平、公正、公开的执法精神会对大学生树立"公平公正"精神起到良好的示范效应。

(六)体育道德风尚奖的评比对培养大学生"公平公正"精神
起到了积极的激励作用

高校开展体育竞赛一般都有体育道德风尚奖的评比活动环节,不管是

---

① 金元浦.大学奥林匹克文化教程[M].北京:高等教育出版社,2006-12.

集体的体育道德风尚奖,还是优秀运动员、优秀裁判员的评比,在一定程度上均是对"公平公正"精神做得非常好的单位和个人的褒奖,是对他们在比赛过程中遵守和维护"公平公正"精神的肯定与鼓励。体育比赛不仅是看谁获得了多少奖牌,取得了多少优异的比赛成绩,还要看比赛中所展现出来的精神风貌、道德风尚、人格魅力等,这些内在的、优秀的精神品格对人的影响将是深远的、长期的。通过对这些优秀单位及其个人的鼓励和褒扬,必定对大学生追求"公平公正"精神起到积极的激励作用,榜样的力量是无穷的。在弘扬"公平公正"精神的基础上取得优异的成绩是高校体育所应该追求的目标和崇高的理想境界。

第二节 体育与高校"团队合作"精神的培养

随着科技的快速发展和"互联网+"技术的广泛应用,使得知识的专业化程度越来越高,行业分工细分现象也日益呈现。不同领域的知识和技术壁垒也越来越厚,导致行业之间、企业之间、社会团体之间的依赖性也日益提高,由于知识、专业的精细化。人作为个体要想取得事业的成功更是离不开团队的平台,团队合作不仅是一个行业、一个企业生存发展的方式,也是一个国家、民族发展的方略,更是个体发展的基本生存方式。作为当代大学生更要学会团队合作,积极奉献,才能担负起实现我国"两个一百年"奋斗目标和中华民族伟大复兴的中国梦。

一、团队合作精神的概念与内涵

有关团队的定义,从不同的学科角度来阐释各有着重,按照本文的研究逻辑,从社会学和管理学定义团队①是指"一个为了实现某一目标而相互合作的个体组成的正式群体"。

合作②指个人与个人、群体与群体之间为达到共同目标而进行彼此尽责的一种联合行动。一般指两个及以上群团相互协作,分为直接合作与间接合作,自觉合作与不自觉合作,结构性合作与非结构性合作等类型。

鉴于上述团队与合作的理解,我们认为团队合作是指团队内各成员之间,按照规范有序的方式,为实现团队的目标而进行共同配合的行为。团队合作是一个成员之间互相助推的行为。

基于以上对团队、合作及团队合作等内涵的分析,我们认为团队合作精神是指在团队中每个成员发挥自己最大所能,且在行动上互相配合支持、情感上互相认同激励,为达到共同的目标所具有的意识和品质。团队合作精神是人客观存在的主观状态,属于意识形态范畴。

二、大学生团队合作精神培养的背景

(一)培养团队协作精神是大学生精神成人的内在需要

大学阶段是大学生精神发育和成长的黄金期,在大学里大学生既不能没有专业知识、技术、技能的武装,更不能缺少把握人发展方向的精神思想。然而大学生成长的现状表明,大学生精神成人方面还存在一定的缺欠。如一些大学生不同程度地存在着政治信仰迷茫、理想信念模糊、价值取向扭曲、诚信意识淡薄、社会责任感淡化、艰苦奋斗精神缺失、团结合作观念较差及心理素质欠佳等问题,这些不良的精神和心理现象,是完全不符合高等教育育人目标的,也不符合社会对当代大学生的期望。要真正把培养大学生成为中国特色社会主义事业的合格建设者和可靠接班人,高等

---

① (美)斯蒂芬·罗宾斯.管理学[M].北京:中国人民大学出版社,1997.
② 吴玲.论当代体育精神的构建[J].山东师范大学,2007.

教育必须把培育大学生良好的精神素养提到极其重要的位置上来,加强大学生的团队合作精神培育就是其中比较重要的精神因素。

(二)培养大学生团队合作精神是社会发展的客观要求

现代社会知识更新的周期越来越短,科技的快速发展,信息技术"互联网+"的广泛应用,使得知识的专业化程度越来越高,行业分工越来越细,不同行业、企业之间的依赖性越来越强。作为个体的大学生生活在当下,必须在学好学业的同时,要学会认识社会、适应社会、改造社会。马克思说,人是一切社会关系的总和,而不是一个孤立的生物个体。人是一个与社会各种事物群体有着诸多关联的、带有能动意识和思想信念的精神存在体,人有自身的多种需要和价值追求。大学生同样也离不开与社会的千丝万缕,离不开人与人之间的各种合作。所以,大学生必须学会与人合作共处,掌握与人积极沟通的能力。在各门课程教学中,大学生通过学习把自己的思想、行为、心理、情感,尤其是精神品质提高到与社会相适应的程度,应是大学生学习的重要目标,更是高校教学的重要任务。

三、高校体育课程的特点与目标

(一)高校体育课程的特点

体育以身体练习为基本手段,以增强体质、增进健康、提高心理健康为目标的课程,而高校体育的高等性体现在以学习技术技能的基础上,注重大学生精神层面的拓展与提升,除了体育应有的技艺性、竞争性、情意性、运动负荷性、人文性外,主要体现其培育人的精神性,即在体育实践中培养、提高大学生的精神素质。高校体育的以上特点中蕴含着丰富的精神内涵,是大学生精神成人的重要载体和手段,如通过体育可以培养大学生的拼搏精神、参与精神、吃苦耐劳精神、公平公正精神、超越精神、合作精

◆ 课程思政教育理念引领下的高校体育教学改革与实践探索研究

神等。

(二)高校体育课程的目标

《全国普通高等学校体育课程教学指导纲要》中明确了高校体育课程的五个基本目标,即运动参与目标、运动技能目标、身体健康目标、心理健康目标、社会适应目标,其中社会适应目标中明确了大学生要有良好的体育道德和合作精神。因此,在高校体育中加强大学生团队合作精神的培养是体育教学应有的题中之义。

四、高校体育与大学生团队合作精神的培养

高校体育以身体练习为内容区别于其他学科,其形体动作的直观显性,以及各种比赛练习结果的公开及时性,更有利于在情感上、氛围上感染大学生团队合作精神的培养。当然,高校体育教学的组织形式、实践教学过程、各科游戏比赛、成绩评定方式等,加以精心组织、合理安排都能起到激发大学生团队合作精神的作用。

(一)高校体育应注重发展大学生的精神成长

高等教育在人的培养上[①],不仅要加强大学生对专业知识、技术技能的学习,更应注重发展大学生内向度的精神发展,如理想信念、自主精神、合作意识等,一个受过良好高等教育的人,应在人发展的最高层次——精神的发展上显示出其个人的文明素质或受教育后所达到的应有水平。高等教育的根本属性应是人的"个性化",以追求人的精神世界的发展为使命,从最严谨的科学到诗歌的所有精神领域和想象领域,都应是高等教育的内容。体育作为以身体练习为主要特征的教育学科,同样负有促进大学

---

① 王坤庆. 精神与教育:一种教育哲学视角的当代教育反思与构建[M]. 华中师范大学出版社,2009.

生精神成人的重要使命与责任,在关注大学生体育学习掌握"三基"的基础上,注重发展大学生的精神品质,促进大学生的社会化,体现高校体育的高等性。合作精神作为现代人应有的精神品质和素质要求,无疑应成为学科教学中所要高度关注和认真教育的内容。

(二)树立合作教学理念,为培养大学生团队合作精神创立载体

培养大学生的团队合作精神,需要教师在教学中树立合作教学理念,没有在思想上树立相应的理论观念并以之为指导,是很难在教学实践中达到理想的育人效果的。所谓合作教学①是指以小组为单位,在教师的指导下,通过组内学生的自主探究和互助活动共同完成学习任务的一种学习方式。培养大学生团队合作精神需要有理念,也需要有载体、手段与方法,搭建团队载体是培养大学生团队合作精神的前提。

首先,发挥教师教学的主导作用,组建学生学习团队。为满足大学生的体育需求,当前大多数高校体育的教学模式是执行选项课的,即一个运动项目的选项班会有来自不同行政班级的学生共同组成。要培养大学生的团队合作精神,组建学生学习团队显得十分必要和重要。根据运动项目的基本要求、学生实际的运动能力、个性、性别等情况,由教师主导来组建学生学习团队,并明确各学习团队的职责与要求,通过引导首先在心理上解除同学之间的陌生感,在思想认识上树立团队合作意识,保证合作教学理念的落实。

其次,充分利用好集体项目的天然优势,组建学生学习团队,培养大学生团队合作精神。体育教学中有许多集体项目如篮球、排球、足球等,这些项目是开展大学生团队合作学习的优势所在,也是培养大学生团队合作精神的良好载体。因为集体项目按照运动规则每个同学在场上进行运动时,尤其是比赛时往往都有十分明确的分工和职责,这有利于培养大学生团队

---

① 于瑾.合作学习的价值取向及形式探索[D].辽宁师范大学,2006.

合作的责任意识、互帮互助的合作意识。因此,按照集体项目的规则要求,确定每个学生在集体项目中的位置、所承担的任务,组建这样大学生的学习团队相对容易,也非常自然。体育教师要对主动承担团队队长或负责人的同学给予充分肯定和鼓励。

最后,以团队为单位开展教学,注重过程学习与评价,在日常教学中培育大学生团队合作精神。体育以身体练习为主要特征,以学习体育的基本技术、技能为主要内容,技术的学习会经历泛化、分化、固化等学习阶段,是一个循序渐进的过程。由于不同学生的体育基础、体育学习能力等存在差异,会出现学生个体间掌握技术技能的差异性,有的同学学得轻松,掌握得快,而有的同学则学习得吃力,掌握得慢。体育教师作为体育教学的主导者,有责任来指导帮助学习困难者,倡导同队学生间的团结协作、互帮互助,以培养大学生的团队合作精神,并在教学中注重对整个团队学习、练习取得的成绩进行评价。体育教师要善于观察了解学生,对于每个团队中积极发挥作用、体现出互帮互助精神的现象要进行及时褒奖,对于具有良好团队合作精神的同学予以肯定表扬。

(三)开展形式多样的日常比赛,淬炼大学生的团队合作精神

体育教学纯粹的技术、技能练习既需要一定的体能付出,又需要积极激发自己的动商①(狭义的动商是指个体的运动商数,是个体克服自身和客观事物进行运动的能力,是人挖掘、发挥运动天赋和潜能的能力,主要包括运动素质、运动心理、身体机能等),努力完成好教学任务,持续练习的过程有时会因技术动作的机械性而呈现出枯燥的一面,会影响同学们的练习积极性,开展形式多样的日常体育教学游戏和比赛(班级、专业、各社团、校级等比赛)及学校大型的体育赛事,会更好地激发大学生积极性,也能满足他们的求胜心。以团队为单位开展的体育游戏和比赛,会在很大程

① 王宗平等.动商——人类全面发展的重要支脚[J].体育学刊,2016(7):13-1.

度上激发他们的战斗力,包括体能分配、技战术安排等,也会激励每位同学为团队贡献自己力量的决心,会增进团队成员之间相互的友谊,从而磨炼大学生在团队面对困难时精诚合作的精神。做好每一次体育教学的游戏和比赛,有针对性地淬炼大学生的团队合作精神是体育特有的优势。

(四)坚持团队考核与个人考核相结合,在成绩考核中强化
　　　大学生团队合作精神

教学评价是对师生双方完成教学任务和教学目标情况的基本考核,不同的教学评价体系会产生不同的教学指向,影响师生的教学思想与教学行为,当然也会产生不同的教学效果。传统的体育教学评价,以考核个人的技术、技能、素质等项目为内容,尽管还有平时学习的指标纳入其中以测评体育成绩,主要考核的是个人学习掌握体育技术、技能及参与的情况,但对大学生合作精神方面的考评显得相对欠缺,把团队合作学习的情况作为体育教学考核的内容列入测评范围,会在一定程度上强化大学生对团队合作的意识,会使他们的团队概念更加牢固,也会更好地体现团队合作的精神。

第三节　体育与高校"超越"精神的培养

人既是物质的存在,更是精神的存在。超越精神是人类特有的精神,是人生命的品质,但所有人具有的品质都有潜在性,它不会自发地全表露出来,需要有一定的引导和教育。因此,唤醒人内在的超越意识,培养人应有的超越精神和锻炼人的超越能力,是生命成长的超越性对教育的客观要求。体育是高等教育的育人手段与方法,是大学生身体健康成长和精神成长的载体和平台,也是唤醒和培养大学生超越精神的独特途径。

超越精神是人之为人的精神,一个没有超越精神的人就不会有强大的

竞争力,一个没有超越精神的民族就不会有强大的创新力,一个没有超越精神的国家就不会有强劲的发展动力。高校体育有责任和义务为振兴教育,培养有超越精神的大学生而发挥应有的作用。

一、超越与教育的超越性

(一)超越的内涵

在英语中"超越"的解释,《牛津英语词典》[①]中作为动词的超越 transcend 来自拉丁语 tran(s)scend-ere 有四个含义:一是超出或超过物理的障碍或限制;爬过或翻越墙顶、山顶等。二是超过或超出非物理的限制;超出某种非物质的限制。三是在某些方面,品质或贡献超出,超越,超过,胜出。四是攀登,上升,升起,向上或向前通过。作为名词的超越 transcendence 的含义是超出的行动或事实,超越的状态或品质。

《古汉语常用字词典》[②]对超越一词的释义有三种意思,一是跳跃,指习武;二是超过;三是越过。

英语和汉语对超越的注释表明,其主要内涵是指人超过某种限制,包括看得见的物理限制或看不见的精神限制等,指向人不断追求卓越的品性。超越是一种行为,更是一个过程,超越包括对自我的超越和其他主体的超越。

(二)人的超越性

人不仅是自然存在物,而且是精神存在物,人的精神存在主要表现为:首先,人具有能动性和创造性。人的能动性体现在认识世界和改造世界

---

① *The Oxford English Dictionary. Second Edition.* Volume XVI Oxford University Press. 1989:388-389.

② 杨希义.古汉语常用字词典[M].长春:长春出版社,2010.

上,主要通过实践来把人的主观感觉、知觉及判断、推理等把客观世界对象化,创造出属于人自己的人化世界,体现出人创造性的一面。其次,人具有意义和精神性。人的存在是一种"意义"的存在,离开了"意义"的引导,人就成了"无意义的存在";另外人不仅是物质存在体,更是精神存在体,人有物质需要,更有精神的需要,精神需要是人类特有的需要,是人的本质需要。由于人的主观能动性,对意义世界的不断追问、对现实世界的不满及对客观世界的持续改造,使超越性成了人内在的本质。

（三）教育的超越性

一切实践活动的本质就是超越。[1] 教育作为一种有目的的实践活动,它以受教育者自身为实践的对象,以对受教育者现实规定性的否定和超越为出发点。教育不是教育者对受教育者的改造,而是受教育者自身的自我改造和自我超越的实践活动。教育给予人以现实的规定性[2],是为了否定、超越这种规定性。一切现实的规定性只能是规定人的现在,而不能决定他的未来。理想的教育并不是要以各种现实的规定性去束缚人、限制人,而是能使人从现实性中看到各种发展的可能性,并且将可能性转化为现实性;它要使人树立起发展和超越现实的理想,并将理想付诸现实。培养一种理想与现实相统一的人,超越意识和超越能力相统一的人,这才是教育之宗旨,也是教育的超越性所在。

二、高校体育课程的性质、发展目标与特点

（一）高校体育课程的性质

《全国普通高等学校体育课程教学指导纲要》(以下简称《纲要》)明

① 冯建军.人的超越性及其教育意蕴[J].教育研究与实验,2005(1):17-21.
② 鲁洁.论教育之适应与超越[J].教育研究,1996.

确指出体育课程是大学生以身体练习为主要手段,通过合理的体育教育和科学的体育锻炼过程,达到增强体质、增进健康和提高体育素养为主要目标的公共必修课程;是学校课程体系的重要组成部分;是高等学校体育工作的中心环节。体育课程是寓促进身心和谐发展、思想品德教育、文化科学教育、生活与体育技能教育于身体活动并有机结合的教育过程;是实施素质教育和培养全面发展的人才的重要途径。

(二)高校体育课程的发展目标

《纲要》规定了大学生体育课程的基本目标,且在这基础上制定了发展目标,其主要是针对部分学有所长和有余力的学生确定的,也是作为大多数学生的努力目标,具体有以下五个:

1. 运动参与目标:形成良好的体育锻炼习惯;能独立制订适用于自身需要的健身运动处方;具有较高的体育文化素养和观赏水平;

2. 运动技能目标:积极提高运动技术水平,发展自己的运动才能,在某个运动项目上达到或相当于国家等级运动员水平;能参加有挑战性的野外活动和运动竞赛;

3. 身体健康目标:能选择良好的运动环境,全面发展体能,提高自身科学锻炼的能力,练就强健的体魄;

4. 心理健康目标:在具有挑战性的运动环境中表现出勇敢顽强的意志品质;

5. 社会适应目标:形成良好的行为习惯,主动关心、积极参加社区体育事务。

(三)高校体育教育的特点

体育作为高校教育的育人内容,和其他学科相比有以下几个特点①:

---

① 潘绍伟,于可红.学校体育学[M].北京:高等教育出版社,2005:67-68.

其一,高校体育是以大学生身体练习为主要手段掌握体育"三基"为特征的"技艺性";其二,是以发展身体体验与情感交流为特征的"情意性";其三,是以承受一定运动负荷而增进身体健康为主要特征的"艰苦性";其四,是以加强交流、适应角色转换提高个体社会化程度为主要特征的"人文性";其五,以运动成绩高低划分等级的"竞争性"。

从人的超越性品质和教育具有超越性,结合高校体育的性质、发展目标与特点,我们发现在高校体育教育过程中,具备培养大学生超越精神的内在要求、育人内容与逻辑。高校体育以自身的独特优势来培育大学生的超越精神,既是学科本身发展的需要,也是高校教书育人目标的要求,更是大学生精神成长的需要。在全面建成小康社会,培养中国特色社会主义可靠接班人和合格建设者的当下,高校体育应有这份文化自觉和历史担当。

从超越精神的内涵与大学生精神成人的作用来看。根据上述对超越概念的解析,我们认为超越精神的通用定义应是人不断追求自我完善、挑战自我、实现自我的过程中,创造新纪录的奋斗意识。超越在目标上有两种情况,即超越自我和超越他人;超越在内容上也有两种情形,即物质超越和精神超越,物质的超越是有限的,而精神的超越是无限的。人作为有意识的能动主体,尽管体力有限、生命有限,正是人的精神的无限性,推动着人类社会的发展和历史的进步。

从高中进入大学,是学生成长中一个质的飞跃,由接受普通知识到转向接受专业教育及精神教育是高等教育的巨大进步。偏向于精神内向度教育的大学对于一个精神成长正处于黄金期的大学生来讲是何等重要与需要,这关乎大学生成长的方向和今后成才的高度。超越精神是一个人证明自己、不断走向成功的精神品质,青年大学生拥有超越精神不仅有利于自身的快速成长,也是一个民族的希望所在,更是一个国家不断创新的动力所在。

三、高校体育与大学生超越精神的培养

高校体育是融科学与人文精神于一体的学科,对大学生的成长成才有着独特的作用,不仅在于增强大学生的体质,更在于促进大学生的精神成长。体育以其独特的体育文化,如"更快、更高、更强"的奥运格言,运动技术技能的学习与掌握,运动所取得的成效、实效的显性等激励着大学生的拼搏精神和超越精神,是培养大学生精神成人的重要载体与手段。按照《纲要》对大学生体育发展目标的要求,结合体育课程的特点和大学生的能动性,从以下几个方面着手培养大学生的超越精神。

(一)以"更快、更高、更强"的奥运格言培养和熏陶大学生的超越精神

"更快、更高、更强"是奥运格言,是人类突破自我、战胜自我、超越自我的最好写照,更是超越精神的最好彰显,超越精神是人类历史进步和发展的重要精神品质。

首先,以"更快、更高、更强"的奥运格言熏陶大学生的超越精神。奥运格言"更快、更高、更强"是指在竞技体育中人们要不断地挑战纪录、挑战自我、挑战他人、挑战极限,向人们展示的是要不畏强手、不怕困难,要不断进取,要敢于拼搏的英勇气魄和魄力。作为当代大学生,要学习这种超越精神,要有超越意识,不仅在体育学习中领会这种精神,更要在学习、工作、生活中树立超越意识,指导自己的成长与成才,要不甘于平庸,努力前进,要朝气蓬勃,超越自我,将自己的潜能发挥到极限,促进自身持续成长与进步。

其次,以"更快、更高、更强"的奥运格言要求大学生树立体育学习目标,追求自我超越。在日常的体育学习中,以"更快、更高、更强"的奥运格言要求大学生树立体育学习目标,努力按照《纲要》的要求,在实现大学生

体育基本目标的基础上,积极参与努力把自己锻炼成为一个符合"发展目标"标准的人;按照《全国大学生健康体质测试评分标准》(2014 年修正版),这个测试标准明确规定大学 3—4 年级学生要比 1—2 年级学生有更高的要求,体现出了国家对大学生体质不断提升与进步的要求,即不断超越的要求;在大学生体育学习成绩目标上,关注学生的过程学习与进步,树立每天进步一小步,年年均有大进步,课课均有提高的目标,树立积跬步至千里,积小流至江海的积小胜为大胜的超越意识。

(二)以高校体育教学的实践磨炼培养大学生的超越精神

实践是体现超越精神的重要手段,也是践行超越精神的重要载体,体育是以身体练习为手段的改造人自身的实践活动,更是人类践行、检验超越精神的独特手段。

1. 在体育实践教学中磨炼大学生的超越精神

日常的体育教学在教师的指导下,以完成一定的体育教学任务为目标,以身体练习为主要方法,以项目为载体,以学习技术为主要内容,给予一定的运动负荷进行学习,并通过小组比赛、日常体能练习、定量练习等形式,让大学生通过重复的实践练习、艰苦的实践练习、竞争的实践练习、团队的实践练习,不断磨炼奋勇争先、不断超越的精神品质,要褒扬鼓励在体育实践积极磨炼自己、敢于自我超越的学生。

2. 在体育教学考评、健康体质测试中检验大学生的超越精神

体育教学的考评是体育课程的一个重要环节,不仅关系学生一个学期以来掌握体育技术技能的真实情况,更反映了大学生对自我的要求与追求,是检验大学生超越精神的良好契机;一年一度的学生健康体质测试,项目众多,尤其是耐力跑(男生 1000 米、女子 800 米)对绝大部分大学生是一种生理和心理上的考验,体质测试的成绩会影响大学生的评奖评优,如何以敢于自我超越的精神在测试中展现自己的最佳水平和状态,也是一个考验大学生是否具有超越精神的难得契机。要表扬成绩优异的学生,更要表扬进步很快的学生,这是自我超越的一个体现。

3. 以丰富多样的校园体育竞赛淬炼大学生的超越精神

大学生校园体育竞赛是高校体育的核心组成部分,争胜好强的大学生喜欢展示自我,喜欢与同伴交流、切磋体育技能,更喜欢同台竞技以体现自我的能力与实力,体育竞赛是培养大学生超越精神的绝佳途径。

(1)以校园体育比赛为载体淬炼大学生的超越精神

大学校园里体育竞赛的形式多样,小至寝室之间的比赛,更多的是班级、专业、二级学院间的比赛及体育社团、校级体育的比赛,更有校际的体育友谊赛。所有的体育比赛既是对大学生体育技术、技能、体能的比拼,更是对超越精神和意志品质的较量。大学生对胜利的渴望和对自信的坚定及对团队创新合作的展示等,都会激发他们积极参与、努力进取、敢于胜利的超越精神,全身心地投入比赛,彰显青春的活力与豪迈。要树立在比赛中敢打敢拼学生的典型与榜样,赞扬进取、努力不断超越的精神文化。在体育竞赛中淬炼大学生的超越精神是不可多得的契机,也是高校体育所具有的独特优势。

(2)以大型体育比赛的典型事迹为载体陶冶大学生的超越精神

体育作为21世纪的新兴产业和健康产业得到了众多商家的赞助与运作,各种体育赛事频频开展,且项目众多,激发了运动员们的参赛热情,观看、欣赏体育赛事也成了现代人生活的一部分。随着"互联网+"技术的高度发达和自媒体的快速发展,当代大学生观看体育赛事已是十分便捷。面对这种新的体育发展形势,要在体育教学中,弘扬我国优秀体育健儿在赛场上那种顽强拼搏,勇于超越的体育精神。如我国上海籍运动员刘翔在田径赛道上110米栏项目上作为黄种人不断超越创造历史,多次夺得奥运会、世锦赛等冠军,中国女排历经曲折再次问鼎世界冠军、网球选手李娜作为亚洲第一位大满贯女子单打冠军得主等,他们在赛场上的那种积极进取、敢于超越的精神及对体育事业的执着与热爱,值得当代青年学子去深入学习。

4. 以体育"课内外一体化"教学模式强化大学生的超越精神

(1)以正确的体育锻炼理念强化大学生的超越精神

体育"课内外一体化"教学模式是贯彻"健康第一"体育指导思想和"每天锻炼一小时,健康工作五十年,幸福生活一辈子"体育锻炼理念的具体表现。对体育指导思想和体育锻炼理念的深刻认识是大学生践行超越精神的基础,没有思想认知上的认同,很难以此理论来指导自己的行为。"健康第一"的体育指导思想与"每天锻炼一小时,健康工作五十年,幸福生活一辈子"体育锻炼理念是相一致的。体育从根本上讲也是一种修身,是对自我健康和自我行为管理的一种修为,健康的重要性不言自明。把体育锻炼与自我的健康联系起来,把健康与自我的幸福、家庭的幸福、集体的和谐、国家的昌盛联系起来,是一种认识上的超越,做到坚持每天的健身锻炼就是另一种超越。只有认识上有了超越意识,才会在实践中践行超越精神。

(2)拓展课内外锻炼模式培育大学生的超越精神

成功的教育是教会学生能开展自我教育。体育的"课内外化一体化"模式是对学生自我教育的一种要求和考验,从教育的角度讲,也是一种超越,即在教师教授的状态下超越成为自我安排、自我教育、自我锻炼,走向自主、自为。从时空上讲也是一种拓展,由课上走向课下,由课内走向课外、由校内走向校外,更多是要求大学生的一种自律与坚持,这是超越精神的基础,没有平时的脚踏实地、刻苦练习、团队合作,何来比赛时的辉煌与成功,何来真正的超越精神。超越是一种精神,是一种行为,更是一个过程,需要平时不断的积累作为基础,需要有一个量变到质变的过程。

第八章　体育促进大学生精神素质培养的现状调查

　　本章主要通过问卷调查、数理统计等研究方法与手段,对体育促进大学生精神素质的现状进行调查分析,以深入了解体育对大学生精神提升中的实然作用,主要从大学生"公平公正"精神、"团队合作"精神和"超越"精神的培养进行研究。

　　共有两份调查问卷,一份采取随机抽样的方法,以天津市在校高校大学生 550 人为研究样本,共发放问卷 550 份,回收 524 份,回收率为95.27%,其中有效问卷为 502 份,有效率为 95.80%。另一份问卷在天津商业大学宝德学院学生中采用随机小样本抽样的调查方法,进行为期一周的跟踪调查,共发问卷 60 份,回收 55 份,回收率为 91.67%,有效问卷 50份,有效率为 90.90%。回收率和问卷有效率均满足统计学的要求。

第一节　体育培养大学生"公平公正"精神的现状调查

　　大学生精神成人是高等教育的公共命题,也是高等教育育人的重要目标之一,更是每门学科所应承担的育人使命。大学时期是大学生灵魂发育与精神成长的黄金时期,加强大学生的精神教育和培养是国家、社会对大学生的客观要求,也是大学生自身发展的内在需要,更是人之为人的根本要求。如果一个受过高等教育的大学生没有在精神方面得到发展与进步,这不仅是个人成长的不幸,更是高等教育的失败。因此,注重大学生的思政教育与培养是每门课程所应承担的教育责任。体育作为高等教育的有机组成部分,把体育作为一种改造自我的手段与方式,崇尚"公平、公正"的精神,使大学生懂得人之为人的基本准则。

在高校体育对大学生体质、生理机能产生重要作用的今天,研究分析高校体育对大学生养成"公平公正"精神的促进作用,解析高校体育对大学生精神层面的积极影响,更好地拓展高校体育课程,对提升大学生思想政治教育具有重要价值。

一、公平公正精神的内容

公平公正的内容主要有三个方面:其一,是按照实事求是的原则;其二,是按照一定的制度、规则和道理办事说话;其三,是以公去私。公正主要强调的是人们处事行为的立场与态度。

公平公正体育精神的基本内涵是指以严格的规则、相同的要求对待和处理所有从事体育活动的人,按法规、制度来管理、规范体育人的言行,促进体育活动的有序和谐,具体包括规则意识、自由民主意识和开放参与意识。

(一)规则意识

规则,一般指由群众共同制定、公认或由代表人统一制定并通过的,由群体里的所有成员一起遵守的制度和章程,没有规矩不成方圆。规则意识,指是发自内心的、以规则为行动准绳的意识。为了保证每个参与体育活动的人都站在同一起跑线上,体育比赛必须有相应的规则,参赛者必须按照规则开展活动,才能使一切不合规则的行为得以约束,才能保证体育活动的公平公正性。因此,作为参与体育运动的个体只有具备一定的规则意识并遵守一定的规则才能确保体育活动的公平公正性,这是公平公正精神的制度保障。

(二)自由民主意识

从一般意义讲,自由指由宪法或根本法所保障的一种权利或自由权,能够确保人民免于遭受某一专制政权的奴役、监禁、控制,或是确保人民能获得解放,在这里我们认为自由是人在自己所拥有的领域自主追求自己设定目标的权利;民主是指在一定的阶级范围内,按照平等和少数服从多数原则来共同管理国家事务的国家制度,民主是保护人类自由的一系列原则和行为方式;它是自由的体制化表现。民主是以多数决定、同时尊重个人与少数人的权利为原则。体育活动尤其是体育比赛都有一定的组织与程序,每个参与者都有选择自己所喜爱运动项目的权利,可以充分表达对活动组织、规则、程序意见的民主自由,在规则允许的范围内参与者可最大限度地表现自己的观点与诉求,也可对比赛或活动中的判决提出申辩等。因此,自由民主意识是公平公正精神在主体主观思想的充分表达和需求。

(三)开放参与意识

开放意指解除限制、封锁、禁令等,允许进入。体育的公平公正精神需要有开放参与意识,以此来保证人们进行体育活动并达到公平的交流。一个封闭的环境与系统根本不可能确保活动的公平公正,只有在公开开放的情况下,才能有监督与交流,才能真正消除不平等与歧视,从而保证活动的公平与公正。

基于以上对体育"公平公正"精神的分析,我们就体育培养大学生"公平公正"精神影响的具体情况进行了调查分析与研究。

二、体育培养大学生养成"公平公正"精神的调查研究

(一)体育培养不同类别大学生养成"公平公正"精神的现状调查

表8-1　体育培养不同类别大学生对养成"公平公正"精神的调查统计

类别		影响水平											卡方检验值	
		非常大		比较大		说不准		基本没有		完全没有		合计	Chi-Square	P值
		人数	%	人数	%	人数	%	人数	%	人数	%	人数		
性别	男	80	54.05	52	35.14	12	8.11	2	1.35	2	1.35	148	18.80	000 < 0.001
	女	120	33.90	158	44.63	60	16.95	12	3.39	4	1.13	354		
	小计	200	39.84	210	41.83	72	14.34	14	2.79	6	1.20	502		
年级	一年级	86	45.26	74	37.37	26	13.68	2	1.05	2	1.05	190	4.064	0.044 < 0.05
	二年级	114	36.54	136	43.59	46	14.74	12	3.85	4	1.28	312		
	小计	200	39.84	210	41.83	72	14.34		2.79	6	1.20	502		
生源地	农村	132	40.0	140	42.42	44	13.33	12	3.64	2	0.61	330	0.5341,2 1.1012,3 0.5001,3 注	0.465 0.294 0.479
	城镇	48	36.92	56	43.08	20	15.38	2	1.54	4	3.08	130		
	城市	0	47.62	14	33.33	8	19.05	0	0	0	0	42		
	小计	200	39.84	210	41.83	72	14.34	14	2.79	6	1.20	502		
学科	理科	86	40.57	88	41.51	32	15.09	4	1.89	2	0.94	212	0.134	0.714
	文科	114	39.31	122	42.07	40	13.79	10	3.45	4	1.38	290		
	小计	200	39.84	210	41.83	72	14.34	14	2.79	6	1.20	502		
是否独生子女	独生子女	84	46.67	70	38.89	18	10.00	6	3.33	2	1.11	180	5.759	0.016 < 0.05
	非独生子	116	36.02	140	43.48	54	16.77	8	2.48	4	1.24	322		
	小计	200	39.84	210	41.83	72	14.34	14	2.79	6	1.20	502		

注:1代表农村,2代表城镇,3代表城市,以下同。

统计表 8-1 的数据表明,体育对大学生公平公正精神养成的影响率为(以"非常大"和"比较大"两个量级的和作为影响率)81.67%,有 3.99%的学生认为体育对公平公正精神的培养没有作用,14.34%的同学无法判断体育对大学生公平公正精神养成的影响。男生认为体育对大学生公平公正精神的养成影响率为最大 89.19%,而女生为最低 78.53%。进一步的卡方分析得出,体育对男女大学生、不同年级大学生、独生与非独生子女之间公平公正精神养成的影响存在非常显著性差异(P<0.01)和显著性差异(P<0.05),对男生、一年级学生、独生子女公平公正精神的养成要比女生、二年级学生和非独生子女的影响要大,尽管总体的影响率并不相差很大,但"非常大"和"比较大"的影响级别上存在着较大的差异。而不同学科与不同生源地学生对公平公正精神养成的影响均不存在统计学意义上的差异。在统计分析体育对大学生公平公正精神养成的总体影响后,我们对体育培养大学生公平公正精神所包含的上述四个内在精神意识或品质进行进一步的深入调查,以更深入、全面了解体育对培养大学生公平公正精神养成的内在因素。

(二)体育培养不同类别大学生养成"公平公正"精神之规则意识的现状调查

表 8-2　体育培养不同类别大学生养成"公平公正"精神之规则意识的调查统计

类别		影响水平										卡方检验值	
		非常大		比较大		说不准		基本没有		完全没有		合计	Chi-Square	P 值
		人数	%	人数	%	人数	%	人数	%	人数	%	人数		
性别	男	97	65.54	35	23.65	11	7.43	4	2.70	1	0.68	148	14.50	000<0.001
	女	164	46.33	124	35.03	46	12.99	18	5.08	1	0.28	354		
	小计	261	51.99	159	31.67	57	11.35	22	4.38	2	0.40	502		

续表

类别		影响水平											卡方检验值	
		非常大		比较大		说不准		基本没有		完全没有		合计	Chi-Square	P值
		人数	%	人数	%	人数	%	人数	%	人数	%	人数		
年级	一年级	98	51.58	59	31.05	22	11.58	9	4.74	1	0.53	190	0.042	0.837
	二年级	163	52.24	100	32.05	35	11.22	13	4.17	1	0.53	312		
	小计	261	51.99	159	31.67	57	11.35	22	4.38	2	0.40	502		
生源地	农村	162	49.09	112	33.94	40	12.12	13	3.94	2	0.40	330	1.337 1,2	0.248
	城镇	74	56.92	35	26.92	12	9.23	9	6.92	0	0	130	0.281 2,3	0.596
	城市	25	59.52	12	28.57	5	11.90	0	0	0	0	42	2.659 1,3	0.265
	小计	261	51.99	159	31.67	57	11.35	22	4.38	2	0.40	502		
学科	理科	113	53.30	69	32.55	23	10.85	6	2.83	1	0.47	212	0.26	0.441
	文科	148	51.03	90	31.03	34	11.72	16	5.52	1	0.34	290		
	小计	261	51.99	159	31.67	57	11.35	22	4.38	2	0.40	502		
是否独生子女	独生子女	100	55.55	55	30.56	18	10.00	6	3.33	0	0	180	2.135	0.144
	非独生子女	161	50.00	104	32.30	39	12.11	16	4.97	2	0.62	322		
	小计	261	51.99	159	31.67	57	11.35	22	4.38	2	0.40	502		

表8-2的统计数据显示,体育对大学生养成公平公正精神之规则意识的影响率为83.6%,有4.78%的学生认为体育对规则意识的培养基本没有或完全没有作用,11.35%的同学无法判断体育对大学生规则意识养成的影响。男生认为体育对大学生规则意识的养成影响率为最大89.19%,而女生为最低81.36%。通过进一步的卡方分析得出,体育对男女大学生之间规则意识养成的影响存在非常显著性差异($P<0.01$),对男生规则意识的养成比女生影响要大。而其他不同类别的学生对规则意识养成的影响均不存在统计学意义上的差异。每个体育活动或任何体育比赛都有一

定的规则,规则是保证每个人站在同一起跑线上开展公平竞争的基本准则。体育规则是建立在法治意识上的,包括有构成性规则、技术性规则和惩罚性规则。只有树立规则意识,才能使体育活动或体育竞赛保持有序、合理、公正、公平等地进行。经常性地开展体育锻炼或接受体育教育,其本质是在运动过程中既增强大学生体质,更是在接受体育规则的过程中,促进大学生精神意识的成长与发展。养成良好的规则意识,既是社会对一个合格公民的客观需要,更是高等教育对大学生精神成人的基本诉求,也是体育课程本身教育所蕴含的价值之所在。调查数据表明,体育对大学生规则意识的养成有着良好的教育与塑造作用。

(三)体育培养不同类别大学生养成"公平公正"精神之自由民主意识的现状调查

表 8-3   体育培养不同类别大学生养成"公平公正"精神之自由民主意识的调查统计

类别		影响水平										卡方检验值	
		非常大		比较大		说不准		基本没有		完全没有		合计	Chi-Square	P 值
		人数	%	人数	%	人数	%	人数	%	人数	%	人数		
性别	男	42	28.38	66	44.60	30	20.27	4	2.70	6	4.05	148	18.18	000 < 0.001
	女	48	13.56	138	38.98	126	35.59	28	7.91	14	3.95	354		
	小计	90	17.93	204	40.64	156	31.08	32	6.37	20	3.98	502		
年级	一年级	40	21.05	60	31.58	68	35.79	10	5.26	12	6.32	190	1.287	0.257
	二年级	50	16.03	144	46.15	88	28.21	22	7.05	8	2.56	312		
	小计	90	17.93	204	40.64	156	31.08	32	6.37	20	3.98	502		
生源地	农村	58	17.58	126	38.18	116	35.15	18	5.45	12	3.64	330	0.091[1,2] 2.742[2,3] 1.232[1,3]	0.763 0.100 0.267
	城镇	20	15.38	62	47.69	34	26.15	8	6.15	6	4.62	130		
	城市	12	28.57	16	38.10	6	14.29	6	14.29	2	4.76	42		
	小计	90	17.93	204	40.64	156	31.08	32	6.37	20	3.98	502		

续表

类别		影响水平										卡方检验值	
		非常大		比较大		说不准		基本没有		完全没有		合计	Chi-Square	P 值
		人数	%	人数	%	人数	%	人数	%	人数	%	人数		
学科	理科	36	16.98	88	41.51	68	32.08	10	4.72	10	4.72	212		
	文科	54	18.62	116	40.00	88	30.34	22	7.59	10	3.45	290	0.26	0.871
	小计	90	17.93	204	40.64	156	31.08	32	6.37	20	3.98	502		
是否独生子女	独生子女	36	20.00	80	44.44	50	27.78	8	4.44	6	3.33	180		
	非独生子	54	16.77	124	38.51	106	32.92	24	7.45	14	4.35	322	3.666	0.056
	小计	90	17.93	204	40.64	156	31.08	32	6.37	20	3.98	502		

表8-3的统计数据显示,体育对大学生养成公平公正精神之自由民主意识的影响率为58.57%,有10.35%的学生认为体育对自由民主意识的培养基本没有或完全没有作用,31.08%的同学无法判断体育对大学生自由民主意识养成的影响。男生认为体育对大学生自由民主意识的养成影响率为最大72.98%,而女生为最低52.54%。进一步的卡方分析得出,体育对男女大学生之间自由民主意识养成的影响存在非常显著性差异($P<0.01$),对男生自由民主意识的养成比女生影响要大。从其他不同类别的大学生来看,体育对他们自由民主意识养成的影响均不存在数理统计学意义上的差异。体育是每个大学生的基本人权,有选择的自由,参与体育活动过程中所有的评判是在规则的基本前提下开展的,是民主的。调查结果表明对大学生对体育培养自我的自由民主意识影响率并不高。在与学生的座谈中,我们发现造成这一现象的主要原因是,一方面与传统的体育教学方式有关,第一,在教育理念上我国教育强调以集体为重,个人服从集体,强调统一集中;第二,在教学方法上主要是老师教,学生只管被动地学习;第三,在体育教学组织形式上缺乏更多团队式教育环境的营造,导致学

生缺少自由民主意识表达的平台与载体;第四,在体育教学的评价上,缺少大学生自己的话语权,最终成绩均由体育老师评定,作为学习的主体大学生参与性差。另一方面,大学生在主观思想上对体育课或体育活动的认识不到位,以为体育就是娱乐休闲而已,没有注重体育对身体生理的影响,对体育培养自我精神的成长缺乏正确和深刻的认识。

(四)体育培养不同类别大学生养成"公平公正"精神之开放参与意识的现状调查

表 8-4　体育培养不同类别大学生"公平公正"精神之开放参与意识养成的调查统计

类别		影响水平										卡方检验值	
		非常大		比较大		说不准		基本没有		完全没有		合计	Chi-Square	P 值
		人数	%	人数	%	人数	%	人数	%	人数	%	人数		
性别	男	52	35.14	70	47.30	20	13.51	6	4.05	0	0	148	17.89	000< 0.001
	女	74	20.90	156	44.07	100	28.25	22	6.21	2	0.56	354		
	小计	126	25.10	226	45.02	120	23.90	28	5.58	2	0.39	502		
年级	一年级	62	32.63	66	34.74	50	26.32	10	5.26	2	1.05	190	2.066	0.151
	二年级	64	20.51	160	51.28	70	22.44	18	9.47	0	0	312		
	小计	126	25.10	226	45.02	120	23.90	28	5.58	2	0.39	502		
生源地	农村	78	23.64	158	47.88	76	23.03	16	4.85	2	0.61	330	6.06[1,2] 5.69[2,3] 1.4[1,3]	0.014 <0.05 0.018 <0.05 0.235
	城镇	36	27.69	46	35.38	38	29.23	10	7.69	0	0	130		
	城市	12	28.57	22	52.38	6	14.29	2	4.76	0	0	42		
	小计	126	25.10	226	45.02	120	23.90	28	5.58	2	0.39	502		
学科	理科	60	28.30	92	43.40	50	23.58	10	4.72	0	0	212	0.594	0.441
	文科	66	22.76	134	46.21	70	24.14	18	6.21	2	0.69	290		
	小计	126	25.10	226	45.02	120	23.90	28	5.58	2	0.39	502		

续表

类别		影响水平											卡方检验值	
		非常大		比较大		说不准		基本没有		完全没有		合计	Chi-Square	P 值
		人数	%	人数	%	人数	%	人数	%	人数	%	人数		
是否独生子女	独生子女	48	26.67	86	47.78	36	20.00	10	5.56	0	0	180	1.715	0.191
	非独生子	78	24.22	140	43.48	84	26.09	18	5.59	2	0.62	322		
	小计	126	25.10	226	45.02	120	23.90	28	5.58	2	0.39	502		

表8-4的统计数据显示,体育对大学生养成公平公正精神之开放参与意识的影响率为70.12%,有5.97%的学生认为体育对开放参与意识的培养基本没有或完全没有作用,23.90%的同学无法判断体育对大学生开放参与意识养成的影响。男生认为体育对大学生开放参与意识的养成影响率为最大82.44%,而女生为最低64.97%。进一步的卡方分析得出,体育对男女大学生开放参与意识养成的影响存在非常显著性差异($P < 0.01$),对男生开放参与意识的养成比女生影响要大。而农村与城镇所在地的学生及城市与城镇所在地的学生之间,体育对农村、城市所在地学生开放参与意识的培养要比城镇所在地的学生更积极和深刻,存在数理统计意义上的显著性差异($P < 0.05$),而其他不同类别的学生对开放参与意识养成的影响均不存在统计学意义上的差异。体育以其特有的方式,在公开的情境下进行体育教学、活动、交流、竞赛及裁判等,在完全透明公开的情形下开展的,既接受大家的公开监督,同时也以直观、直接的形式展示公平公正,对培养人的开放意识有着潜移默化的作用。

三、结论

体育的"公平公正"精神具有规则意识、自由民主意识和开放意识四个基本的内在要素。

有 81.67% 的大学生认为体育对养成"公平公正"精神有积极的正面影响,且体育对男女大学生、不同年级大学生、独生与非独生子女之间公平公正精神养成的影响存在非常显著和显著性差异,正影响率前三位的是男生 89.19%、独生子女大学生 85.56%、一年级大学生 82.63%。

有 68.93% 的大学生认为体育对养成诚信意识有积极的正面影响,且体育对男女大学生之间诚信意识养成的影响存在非常显著性差异,正影响率前三位的是男生 81.06%、城市大学生为 76.19%、独生子女大学生为 73.33%。

有 83.66% 的大学生认为体育养成规则意识有积极的正面影响,且体育对男女大学生之间规则意识养成的影响存在非常显著性差异,正影响率前三位的是男生 89.19%、城市大学生为 88.09%、独生子女大学生为 86.11%。

有 58.57% 的大学生认为体育对养成自由民主意识有积极的正面影响,且体育对男女大学生之间自由民主意识养成的影响存在非常显著性差异,正影响率前三位的是男生 72.98%、城市大学生为 66.67%、独生子女大学生为 64.44%。

有 70.12% 的大学生认为体育对养成开放参与意识有积极的正面影响,且体育对男女大学生、农村与城镇城市大学生之间开放参与意识养成的影响存在非常显著和显著性差异,正影响率前三位的是男生 82.44%、城市大学生为 80.95%、独生子女大学生为 74.45%。数理统计分析表明,体育对男女大学生养成公平公正精神的影响率以及公平公正精神四个内在要素的影响率上均存在统计学意义上的非常显著性差异,表现为对男生的正影响率均高于女生,研究结果还表明体育在对大学生培养诚信意识、规则意识、开放参与意识的群体上趋于一致性,前三均为男生、城市大学生和独生子女大学生。

第二节　体育培养大学生"团队合作"精神的现状调查

在知识经济迅猛发展、科技日益发达的社会背景下,行业的划分越来越细,专业化程度越来越高,社会团体之间、人与人之间的相互依赖性越来越强。团队合作已成为现代人的一种生存方式,团队合作精神则已经成为一个国家、民族、企业及个人发展的必备素养。作为当代大学生,要想真正担当起建设中国特色社会主义小康社会的历史重任,没有团队合作精神、没有团队意识将无法很好地融入社会、奉献社会,充分实现个人的社会价值。高校作为培养大学生知识成人、技能成人,尤其是思想品德教育的重要领地,塑造大学生的良好精神品质责无旁贷。在全面实施课程思政的时代背景下,高校体育作为大学教育的重要内容,在培养大学生的团队合作精神方面有着其独特的学科优势。高校体育的运动性、竞技性、技艺性、实践性等特点,给大学生培养团队合作精神提供了显性、直观、易接受的良好平台,无论是在体育运动项目本身的客观要求,如集体项目篮球、排球、足球等,在运动技术或者技能、战术方面需要大学生精诚的合作与配合,还是体育教学的基本要求,需要以小组、团队的形式开展身体练习、游戏和技术、技能的学习,尤其是运动竞赛的规则要求,更需要每个团队的各个成员积极配合,认真参与,全力以赴,发挥团队的最大优势以取得最佳的成绩。

大学生作为多年来接受体育教育的群体,体育对他们思想道德素质的影响如何,值得我们深入研究。

一、团队合作精神的内涵

(一)团队合作精神的概念

"团队"是指具有某种性质的集体;"合作"是指二人或多人共同完成某一任务;"团队合作"是指具有一定性质的集体通过每个成员的努力来共同完成某项任务。

"团队合作精神"一词,已于近年来成为人们的热词,但由于视角不同,研究者对其的定义也各有侧重,如学者唐晓燕和聂文龙认为:所谓"团队合作精神",就是大局意识、协作精神和服务精神的集中体现。尊重个人的兴趣是团队精神的基础,协同合作是其核心,充分发挥全体成员的向心力、凝聚力,反映的是个体利益和整体利益的统一。学者王晓红则认为:团队合作精神表现为团队成员对团队强烈的归属感与一体感,是团队成员为了实现共同利益和目标,团结协作,全力以赴,以保证团队的高效运转,促进成员的共同发展等。团队精神(Team Spirit)在英文中,本来是指一个团体(Team)为了实现某一特定的目标,通过主动调节团体内部成员的矛盾和行为,而呈现出通力合作、一致对外的精神面貌(Spirit)。

根据以上的研究表述,我们认为"团队合作精神"是团队所有成员在理想目标的指引下,通过协作、组合的方式,为发挥出团队整体最佳能力而展现出来的崇高思想、良好意识及积极的心理品质等。团队合作主要体现的是团队的力量,彰显的是互帮互助精神,而追求卓越的目标是团队奋斗的精神动力。毫无疑问,团队合作精神其基本体现的是协作互助精神,但如何真正发扬协作互助精神,根据日常教学与工作经验及团队理论的研究,笔者认为团队合作精神的培养其还蕴含着其他重要的思想精神品质。

(二)团队合作精神的基本内涵

团队的建设需要合理目标的指引与各种技巧,如何发挥团队合作的优势,对团队成员所需的精神方面的品质进行相关研究,如需要一定的沟通技巧、管理制度等。毫无疑问,团队合作精神从字面上更多地体现出互帮互助的含义,但真正要达到互帮互助的良好效果,根据对团队合作精神的理解与团队建设的需要,我们认为团队合作精神主要还应有以下几个方面的精神内涵。

1. 责任意识

所谓责任是指应做的事,应当承担的任务。从精神层面上讲责任也是每个个体对自己所负的使命忠诚和信守,也是忘我的坚守。团队成员若没有责任意识,缺少担当精神,连自己的基本任务都没有完成,那么团队任务也就无从谈起。团队的合作是建立在有责任的个体之上的,信守责任是对自己团队的忠诚,任何一个团队的成员,都有义务信守责任,完成好本该完成的任务。因此,责任意识是发扬团队合作精神的基本前提。

2. 奉献精神

奉献:"奉",即"捧",意思是"给、献给";"献",原意为"献祭",指把实物或意见等恭敬庄严地送给集体或尊敬的人。两个字合起来,奉献,就是"恭敬地交付、呈献"。"奉献"指满怀感情地为他人服务,做出贡献,是不计回报的无偿服务。著名科学家爱因斯坦对团队合作中的奉献精神做了很好的阐释:一天中有很多时候,我都意识到,我的工作和思考,是建立在同伴劳动的基础上,无论他们是活着,还是已经不在了,我必须竭尽全力释放能量,才能回报他们。没有奉献精神,不可能造就强大的团队,奉献精神是团队合作的核心关键。

3. 关爱精神

从字面来理解"关爱"表示关心与爱护,是指对团队成员所处的境况与发展表示重视、关注,并给予保护、爱惜,甚至对于可能存在的问题或发展不利的地方提供合理性建议,使整个团队向着正确的方向共同迈进,真正体现团队成员的集体智慧与力量,在心理上使团队成员贴得更近,情感上增进团队成员之间的凝聚力与向心力,在思想达到高度默契,在精神上达到相互激励,关爱精神是团队合作精神的催化剂。

4. 宽容精神

宽容是指宽恕,谅解、理解。宽容是一种高贵的内在品质,也是人精神成熟的表现。宽容是对别人的释怀,也是对自己的善待;宽容是打造强大团队的一种智慧和艺术,是洞悉了人类社会的发展过程后所获得的那份自信和超然;其可贵之处不仅在于对同类的认同,更在于对团队成员的尊重,体现了团队融为一体的精神境界。团队合作中每个成员各自安排对应的任务和目标,且每个成员能力与水平均不一样,在执行任务的过程中,尽管大家均非常努力,付出艰辛的劳动,但会出现不可预测的因素或因部分成员自身的原因而导致任务执行过程中的曲折、失败,甚至影响团队目标的完成。这时需要团队成员的宽容精神,给同伴予以理解与劝慰,以保护团队的凝聚力,并在这基础上再来解决遇到的问题与困难,会使团队产生更加强大的能量,宽容是团队合作精神的保护伞。

笔者认为要真正培养团队合作精神,必须从以上四个方面进行逐个培养并努力促进其发展,且每个精神品质是团队合作精神系统的有机组成,任何一个精神品质的缺失都会对团队合作精神的培养起到阻碍作用。反过来看,对团队合作精神的培养,必然对以上四个精神品质起到相应的促进作用。

二、体育培养大学生团队合作精神的调查与分析

（一）体育培养大学生团队合作精神的现状调查

表 8-5 体育培养大学生团队合作精神的调查统计

类别		影响水平										合计	卡方检验值	
		非常大		比较大		说不准		基本没有		完全没有			Chi-Square	P 值
		人数	%	人数	%	人数	%	人数	%	人数	%	人数		
性别	男	102	68.92	42	28.38	2	1.35	2	1.35	0	0	148	10.920	0.001 < 0.01
	女	194	54.80	162	45.76	34	9.60	4	1.13	2	0.56	354		
	小计	296	58.96	162	32.27	36	7.17	6	1.20	2	0.40	502		
年级	一年级	128	67.37	50	26.32	10	5.26	2	1.05	0	0	190	9.073	0.003 < 0.01
	二年级	168	53.85	112	35.90	26	8.33	4	1.28	2	0.64	312		
	小计	296	58.96	162	32.27	36	7.17	6	1.20	2	0.40	502		
生源地	农村	194	58.79	110	33.33	24	7.27	2	0.61	0	0	330	1.251 2 4.961 2,3 1.820,3	0.263 0.026 < 0.05 0.069
	城镇	72	55.38	40	30.77	12	9.23	4	3.08	2	1.54	130		
	城市	30	71.43	12	28.57	0	0	0	0	0	0	42		
	小计	296	58.96	162	32.27	36	7.17	6	1.20	2	0.40	502		
学科	理科	134	63.21	58	27.36	16	7.55	4	1.88	0	0	212	1.860	0.173
	文科	162	55.86	104	35.86	20	6.90	2	0.69	2	0.69	290		
	小计	296	58.96	162	32.27	36	7.17	6	1.20	2	0.40	502		
是否独生子女	独生子女	106	58.89	58	32.22	12	6.67	2	1.11	2	1.11	180	0.004	0.952
	非独生子	190	59.01	104	32.30	24	7.45	4	1.24	0	0	322		
	小计	296	58.96	162	32.27	36	7.17	6	1.20	2	0.40	502		

注：1 代表农村，2 代表城镇，3 代表城市，以下同。

表 8-5 的调查数据表明，体育对大学生培养团队合作精神的正影响

率为(以非常大和比较大的和称作正影响率)91.23%,有1.6%的学生不太认可或不认可体育对团队合作精神的培养,调查统计表明,大学生认为体育对培养他们的团队合作精神有着积极作用,其中对城市学生的影响率为最高达100%,而对城镇大学生的影响率最低为86.15%,而从不同类别大学生的影响现状深入分析,则在男女大学生之间,不同年级、城镇与城市间的大学生之间存在统计学意义上的非常显著性差异($P<0.01$)和显著性差异($P<0.05$),对城市生源学生的积极影响远高于城镇的学生、对男生高于女生,一年级的大学生在"非常大"的影响级别上远高于二年级大学生,其余类别的大学生之间均不存在统计学意义上的差异。体育对城市大学生、男大学生、一年级大学生、农村大学生及文科类大学生和非独生子女大学生的团队合作精神影响水平均高于平均水平。城市大学生作为在人口密集地区成长的个体,更易理解人的群居性,更懂得集体、团队的重要性;而男生从个性上来讲要比女生更加外向、主动、活泼,且从生理上讲更有力量故愿意参加体育活动,对体育培养大学生团队合作精神的认可度为最高;而作为一年级大学生需要适应新的环境,通过体育活动来达到同学之间相互熟悉、相互了解的过程,既自然又直接,这与体育课程的实践性、直观性密切相关;农村地区相对比较闭塞,因此,农村学生进入大学后,性格比较内向,情绪也不稳定。以体育为媒介来促进同学之间的团队合作与相互了解,增进同学彼此间的友谊,找到集体的归属感,应是农村大学生对体育培养团队合作精神高度认的合理性解释,这是由人的生长环境影响造成的。

在调查了体育对大学生团队合作精神的总体影响后,我们对体育培养大学生团队合作精神所包含的上述四个具体内在精神因子展开了进一步的深入调查与分析,以更加深入全面地了解体育对大学生团队合作精神的影响。

（二）体育培养大学生团队合作之责任意识的现状调查

表 8-6 体育培养大学生团队合作之责任意识的调查统计

类别		影响水平										卡方检验值	
		非常大		比较大		说不准		基本没有		完全没有		合计	Chi-Square	P 值
		人数	%	人数	%	人数	%	人数	%	人数	%	人数		
性别	男	86	58.11	34	22.97	24	16.22	4	2.70	0	0	148	15.60	0.000 < 0.01
	女	118	33.33	162	45.76	66	18.64	4	1.13	4	1.13	354		
	小计	204	40.64	196	39.04	90	17.93	8	1.59	4	0.80	502		
年级	一年级	90	47.37	62	32.63	32	16.84	4	2.11	2	1.05	190	3.064	0.080
	二年级	114	36.54	134	42.95	58	18.60	4	3.21	2	0.64	312		
	小计	204	40.64	196	39.04	90	17.93	8	1.59	4	0.80	502		
生源地	农村	126	38.18	140	42.42	58	17.58	2	0.61	4	1.21	330	$1.003^{1,2}$	0.316
	城镇	60	46.15	44	33.85	20	15.38	6	4.62	0	0	130	$0.385^{2,3}$	0.535
	城市	18	42.86	12	28.57	12	28.57	0	0	0	0	42	$1.065^{1,3}$	0.587
	小计	204	40.64	196	39.04	90	17.93	8	1.59	4	0.80	502		
学科	理科	94	44.34	66	31.13	44	20.75	6	2.83	2	0.94	212	0.10	0.921
	文科	110	37.93	130	44.83	46	15.86	2	0.69	2	0.69	290		
	小计	204	40.64	196	39.04	90	17.93	8	1.59	4	0.80	502		
是否独生子女	独生子女	80	44.44	62	34.44	28	15.56	6	3.33	4	2.22	180	0.361	0.548
	非独生子	124	38.50	134	41.61	62	19.25	2	0.62	0	0	322		
	小计	204	40.64	196	39.04	90	17.93	8	1.59	4	0.80	502		

表 8-6 的统计数据表明,体育对大学生培养责任意识的正影响率为79.68%,有2.39%的学生不太认可或不认可体育对责任意识的培养,有17.93%的大学生说不清楚体育对培养他们的责任意识的作用,而从不同

类别大学生的影响现状深入分析,则在男女大学生之间存在统计学意义上的非常显著性差异($P<0.01$),对男生的影响远高于女生,其余类别的大学生之间均不存在统计学意义上的差异,主要体现在"非常大"级别上男生远高于女生,而在"比较大"级别上则女生的比例较大。从统计数据来看,体育对男子大学生、文科大学生及农村大学生责任意识的培养影响排在前列,而对城镇大学生、理科类大学生及独生子女大学生的影响水平则相对较弱。

责任心是人之为人的基本精神品质。从社会角色期望来分析,男性作为有担当、有责任的个体,一直被社会寄予厚望。体育课堂作为培养大学生社会化过程的一个有效环节,同样也深深地打上社会对人要求的烙印。男大学生对体育培养责任意识的高度认可,既体现了社会对他们的期望,同样也是男大学生自己对社会角色期望的认可,这是值得被我们鼓励和肯定的,只有这样的大学生才能肩负起建设当今中国特色社会主义小康社会的光荣使命。

(三)体育培养大学生团队合作之奉献精神的现状调查

表8-7　体育培养大学生团队合作之奉献精神的调查统计

类别		影响水平										卡方检验值	
		非常大		比较大		说不准		基本没有		完全没有		合计	Chi-Square	P 值
		人数	%	人数	%	人数	%	人数	%	人数	%	人数		
性别	男	56	37.84	62	41.89	22	14.86	6	4.05	2	1.35	148	22.42	0.000 < 0.01
	女	62	17.51	170	48.02	90	25.42	18	5.08	14	3.95	354		
	小计	118	23.51	232	46.22	112	22.31	24	4.78	16	3.19	502		
年级	一年级	44	23.68	84	44.21	44	23.16	10	5.26	8	4.21	190	0.574	0.449
	二年级	74	23.72	148	47.44	68	21.79	14	4.47	8	2.56	312		
	小计	118	23.51	232	47.44	112	22.31	24	4.78	16	3.19	502		

续表

类别		影响水平										卡方检验值	
		非常大		比较大		说不准		基本没有		完全没有		合计	Chi-Square	P 值
		人数	%	人数	%	人数	%	人数	%	人数	%	人数		
生源地	农村	76	23.03	160	48.48	74	22.42	10	3.03	10	3.03	330	0.605[1,2] 0.014[2,3] 0.679[,3]	0.437 0.904 0.712
	城镇	32	24.62	54	41.54	28	21.54	10	7.69	6	4.62	130		
	城市	10	23.81	18	42.86	10	23.81	4	9.52	0	0	42		
	小计	118	23.51	232	46.22	112	22.31	24	4.78	16	3.19	502		
学科	理科	62	29.25	92	43.40	42	19.81	14	6.60	2	0.94	212	4.965	0.026 < 0.05
	文科	56	19.31	140	48.28	70	24.14	10	3.45	14	4.83	290		
	小计	118	23.51	232	46.22	112	22.31	24	4.78	16	3.19	502		
是否独生子女	独生子女	54	30.00	84	46.67	30	16.67	6	3.33	6	3.33	180	8.880	0.003 < 0.01
	非独生子	64	19.88	148	45.96	82	25.47	18	5.59	10	3.11	322		
	小计	118	23.51	232	46.22	112	22.31	24	4.78	16	3.19	502		

表8-7的统计数据表明,体育对大学生培养奉献精神的正影响率为69.73%,有7.97%的学生不太认可或不认可体育对奉献精神的培养,有22.31%的大学生说不准体育对培养他们的奉献精神有多么大的作用,而从不同类别大学生的影响现状深入分析,则在男女大学生之间、独生子女与非独生子女及不同学科大学生之间存在统计学意义上的非常显著性差异(P<0.01)和显著性差异(P<0.05)。对男生的影响远高于女生,对独生子女的影响高于非独生子、对理科生的影响高于文科生,其余类别的大学生之间均不存在统计学意义上的差异。从具体的统计数值看,体育对男大学生、独生子女大学生和理科大学生培养奉献精神的影响程度较大,而对女大学生、城镇、城市大学生的影响程度则相对较低。

奉献精神是一个社会进步和发展十分需要的崇高精神力量,人类正是在奉献的过程中改变自然、改变社会、改变自我的,人类辉煌的历史文化也正是由人们长期以来的无私奉献造就的。高校体育作为大学生相互学习、相互帮助的一个重要载体,离不开每个同学的积极奉献,这不仅是掌握运动技术、技能的需要,更是体育竞技的内在要求,理应对大学生奉献精神的培养有较大作用。现状调查表明,大学生对体育培养奉献精神的情况并不理想,有近三成的学生不认可体育对培养奉献精神的作用,这值得我们对高校体育教学的现状进行反思。

(四)体育培养大学生团队合作之关爱精神的现状调查

表8-8　体育培养大学生团队合作之关爱精神的调查统计

类别		影响水平										合计	卡方检验值	
		非常大		比较大		说不准		基本没有		完全没有			Chi-Square	P值
		人数	%	人数	%	人数	%	人数	%	人数	%	人数		
性别	男	58	39.19	60	40.54	28	18.92	0	0	2	1.35	148	2.974	0.019 < 0.05
	女	104	29.38	148	41.81	84	23.73	16	4.52	2	1.13	354		
	小计	162	32.27	208	41.43	112	22.31	16	3.19	4	0.80	502		
年级	一年级	68	35.79	72	37.89	42	22.11	6	3.16	2	1.05	190	0.586	0.673
	二年级	92	29.49	136	43.59	70	22.44	10	3.21	2	1.28	312		
	小计	162	32.27	208	41.43	112	22.31	16	3.19	4	0.80	502		
生源地	农村	114	34.55	136	41.21	72	21.82	8	2.42	0	0	330	7.0031,2 5.0582,3 0.6311,3	0.008 < 0.01 0.025 < 0.05 0.427
	城镇	32	24.62	54	41.54	32	24.62	8	6.15	4	3.08	130		
	城市	16	38.10	18	42.86	8	19.05	0	0	0	0	42		
	小计	162	32.27	208	41.43	112	22.31	16	3.19	4	0.80	502		
学科	理科	70	33.02	90	42.45	48	22.64	2	0.94	2	0.94	212	1.521	0.195
	文科	92	31.72	118	40.69	64	22.07	14	4.83	2	0.69	290		
	小计	162	32.27	208	41.43	112	22.31	16	3.19	4	0.80	502		

续表

类别		影响水平										卡方检验值	
		非常大		比较大		一般		不太大		完全没有		合计	Chi-Square	P 值
		人数	%	人数	%	人数	%	人数	%	人数	%	人数		
是否独生子女	独生子女	60	30.00	76	42.22	34	10.00	6	3.33	4	1.11	180	2.214	0.066
	非独生子	100	32.00	134	42.95	78	16.77	10	2.48	0	1.24	322		
	小计	162	32.27	208	41.43	112	22.31	16	3.19	4	0.80	502		

表 8-8 的统计数据表明,体育对大学生培养关爱精神的正影响率为 73.6%,有 22.31% 的大学生对体育培养关爱精神的认知并不十分清楚,有 3.99% 的学生不太认可或不认可体育对关爱精神的培养。调查统计表明,大学生认为体育对培养他们的关爱精神有一定的积极作用。从不同类别大学生的影响现状深入分析,发现在农村与城镇、男女大学生、城镇与城市的大学生之间存在统计学意义上的非常显著性差异(P<0.01)和显著性差异(P<0.05),对男生的影响远高于女生,城市、农村大学生在"非常大"的影响级别上远高于城镇大学生,其余类别的大学生之间均不存在统计学意义上的差异。

关爱精神是人的一种胸怀,也是一种风度,更是难能可贵的精神品质。作为团队成员既需要得到大家的关爱,同样也要对自己的同伴给予更多的认可,这样的团队才会有凝聚力、战斗力。从人的社会化倾向要求,男性被要求给予社会更多的关爱。社会化程度高的人能更多地感受到在实践活动中关爱与友好协作的重要性。农村大学生一般因较早地接触社会懂得关爱的必要,而城市大学生则视野开阔,交际广泛,情商相对较高,知晓关爱对人际交往的重要性。从这三个群体对体育培养大学生关爱精神的认可度来反观,提升大学生的认知非常重要和必要。在高校体育教学中营造关爱精神的环境和氛围十分重要,采取什么样的教学内容、方式、方法,则更为重要。

(五)体育培养大学生团队合作之宽容精神的现状调查

表 8-9 体育培养大学生团队合作之宽容精神的调查统计

类别		影响水平										卡方检验值	
		非常大		比较大		说不准		基本没有		完全没有		合计	Chi-Square	P 值
		人数	%	人数	%	人数	%	人数	%	人数	%	人数		
性别	男	68	45.95	42	28.38	28	18.92	6	4.05	4	2.70	148	13.47	0.000 < 0.01
	女	76	21.47	174	49.15	86	24.29	10	2.82	8	2.26	354		
	小计	144	28.69	216	43.03	114	22.71	16	3.19	12	2.39	502		
年级	一年级	66	34.74	76	40.00	34	17.89	8	4.21	6	3.16	190	3.504	0.061
	二年级	78	25.00	140	44.87	80	25.64	8	2.56	6	2.56	312		
	小计	144	28.69	216	43.03	114	22.71	16	3.19	12	2.39	502		
生源地	农村	94	28.48	142	43.03	78	23.64	8	2.42	8	2.42	330	0.116[1,2] 0.867[2,3] 0.856[1,3]	0.734 0.352 0.652
	城镇	34	26.15	60	46.15	26	20.00	6	4.62	4	3.07	130		
	城市	16	38.10	14	33.33	10	23.81	2	4.76	0	0	42		
	小计	144	28.69	216	43.03	114	22.71	16	3.19	12	2.39	502		
学科	理科	82	38.68	68	32.08	52	24.53	8	3.77	2	0.94	212	5.810	0.016 < 0.05
	文科	62	21.38	148	51.03	62	21.38	8	2.76	10	3.45	290		
	小计	144	28.69	216	43.03	114	22.71	16	3.19	12	2.39	502		
是否独生子女	独生子女	56	31.11	80	44.44	32	17.78	6	3.33	6	3.33	180	1.467	0.226
	非独生子	88	27.33	136	42.24	82	25.47	10	3.11	6	1.86	322		
	小计	144	28.69	216	43.03	114	22.71	16	3.19	12	2.39	502		

表 8-9 的统计数据表明,体育对大学生培养宽容精神的正影响率为 71.72%,有 22.31% 的大学生对体育培养宽容精神的作用并不十分清楚,

有 2.39% 的学生不太认可或不认可体育对宽容精神的培养。调查统计表明,有超过七成的大学生认可体育对培养他们宽容精神的作用,而从不同类别大学生的影响现状深入分析,则在男女大学生之间,不同学科的大学生之间存在统计学意义上的非常显著性差异($P<0.01$)和显著性差异($P<0.05$),对男生的影响远高于女生,对文科大学生的影响要高于理科大学生,其余类别的大学生之间不存在统计学意义上的差异。从数值占比上来看,体育对独生子女大学生、一年级大学生及男生培养关爱精神相对要好些,而对非独生子女大学生、二年级大学生及理科大学生则相对较弱些。

宽容是一种人生态度,是一种人格魄力,更是团结集体的一种精神品质。身处一个集体,每个人都有自己的长处和不足,在执行任务的过程中难免会受到内外因素的制约与影响,面对困难、挫折、失败,应以宽容的心态对待同伴,这是一种人之为人的境界。体育作为以身体练习为主要特征的课程,且带有较强的竞争性,常遇到失败与挫折,在一定程度上考验着大学生的心理品质与精神状况,从中学会宽容、理性地看待问题和分析挫折是当代大学生应有的态度。从调查情况看,体育对培养大学生的关爱精神尚有较大的提升空间。懂得宽容是当代大学生与人相处的基本道理,应有的人格素质,更是造就和谐团队的基本要求。

三、结论

要培养团队合作精神,除了基本的协作互助精神外,还培养人的责任意识、奉献精神、关爱精神和宽容精神。

有 91.23% 的大学生认为,体育对培养团队合作精神有非常大和比较大的作用,对城市大学生、男大学生和一年级大学生的正影响率列前三位,城市与城镇所在地的大学生、男女大学生及一、二年级大学生之间存在统计学意义上的差异性。

有 79.68% 的大学生认为,体育对培养责任意识有非常大和比较大的作用,17.93%的大学生对体育培养他们的责任意识认知模糊,体育对男子大学生、文科大学生及农村大学生责任意识的培养正影响率排在前三。

有69.73%的大学生认为,体育对培养奉献精神有非常大和比较大的作用,有22.31%的大学生对体育培养奉献精神认知不清,有7.97%的学生不太认可或不认可体育对奉献精神的培养;男女大学生之间、独生子女与非独生子女及不同学科大学生之间存在统计学意义上的非常显著性或显著性差异,对男生的影响远高于女生,对独生子女的影响高于非独生子女、对理科生的影响高于文科生,体育对男大学生、独生子女大学生和理科大学生培养奉献精神的正影响程度较大。有73.6%的大学生认为,体育对培关爱养精神有非常大和比较大的作用,有22.31%的大学生对体育培养关爱精神的认知并不十分清楚;农村与城镇、男女大学生、城镇与城市的大学生之间存在统计学意义上的非常显著或显著性差异,对男生、农村大学生、理科大学生的正影响率排在前三位。

有71.72%的大学生认为,体育能培养宽容精神且有非常大和比较大的作用,而22.31%的大学生对体育能否培养宽容精神并不太明白;男女大学生之间,不同学科的大学生之间存在统计学意义上的非常显著性或显著性差异,对独生子女、一年级大学生和男生的正影响率较高。

体育培养大学生团队合作精神中各因子正影响的排序分别为责任意识、关爱精神、宽容精神和奉献精神,从数值上看均低于培养团队合作精神总的正影响水平。

数理分析结果表明,体育对培养男女大学生团队合作精神的各个因子上均存在数理统计上的差异性,对男生的积极影响要好于女生,其余类别的大学生不存在规律性的差异。

第三节　体育培养大学生"超越"精神的现状调查

从哲学意义上讲,人不仅是自然存在物,还是一个社会存在体,更是一个有价值和意义追求的精神个体,人具有能动性,总是在实然的基础上追求应然的理想状态,也正是人类不断地改变自己,改造世界,才形成了一部不断进化的人类发展史,历史的进步其实是人主观能动性的积极体现。人类社会的快速发展和历史的不断进步,是人们在不同的历史阶段传承优秀文化且持续创新超越前人的结果,也是不断超越人类自我的结果。时代的变迁,同样需要高等教育因时而进,因势而新,各门课程也须顺应社会的要求与人的发展需要,不断超越时空的变迁发挥学科应有的育人作用。

体育是高等教育的重要组成部分,对大学生的精神发展有着其他学科无法替代的积极作用。体育精神作为体育文化的核心与精髓,对大学生的精神成长与发展是重要的,也是必要的。体育在促进大学生身心健康的同时,也以其丰富的精神内涵广泛而又深刻地影响着大学生的精神成长。超越是体育精神中核心的精神品质。从理论上分析,高校体育具有其自身的独特优势来培养大学生的超越精神。超越精神是个人自信的表现,更是对困难与挑战的无所畏惧。超越精神是人主观能动性的强烈表现,是对人自身理想的不懈追求和积极进取,超越精神是民族、国家进步的不竭动力。

大学阶段是大学生灵魂发育的重要时期,更是大学生接受精神教育的黄金阶段。在高等教育阶段,不同学科在注重大学生专业成长的同时,更要关注大学生内在层面的精神成人。体育以身体练习为主要特征,且其强身健体的功能一贯被人们所熟知,大部分人对体育的功能认识也基于此。但随着社会的发展,健康的概念有了进一步的发展,人不仅要生理健康,还要心理健康,更需要精神健康。十多年来,体育对于增进大学生健康的作用无须赘述,但其对大学生精神成长的效果如何,值得我们在新的时代下进行聚焦、审视与研究。超越精神作为人之为人的精神品质,对大学生的成长与发展有着重要的育人价值和意义,本节着重就体育对培养大学生的超越精神现状进行调查研究与分析。

一、超越精神的文化内涵

(一)辞典对"超越"的释义

汉语词典的释义,超是指超过、超出、跨过,在某些范围以外;越是指跨过,不按一般的次序;两字合并成"超越"其内涵更强调事物在原来的基础上得到了拓展、进步和发展,其程度、水平、等级比以前更高、更好。超越在形式上有超越他人和超越自我两种,在内容上有超越有形的和超越无形的两种。

(二)超越精神的内涵

超越精神是人在不满于实然的状态下而主动追求应然的理想境界,体现人永不止步、力争上游的心理意识和思维活动,是人主观能动性的表现,超越精神是人类前进的不竭动力。

(三)体育视角下超越精神的内在品质

高校体育课程是以身体练习为基本手段,以促进大学生身心健康和提高大学生体育素养为目标的课程,是高校体育的核心环节,是开展素质教育和培养全面发展人才的重要途径。体育课程与其他课程相比有自身的特点,即技艺性、生理负荷性、竞争性、情感性等。结合上述对超越精神的分析,我们以为体育中的超越精神主要是人在运动中不断地挑战自我、挑战纪录、挑战困难过程中表现出来的积极心理意识和思维活动。按照体育课程的特点,笔者认为实现体育中的超越精神,须具备以下几个核心的内在品质:需要持之以恒的毅力、勤学苦练的作风、开拓创新的意识、坚持科学的理性、顽强拼搏的勇气。

1. 实现体育的超越精神需要持之以恒的毅力

体育是体现知行合一最好的载体与手段,有良好的体育意识非常有必要,但必须付诸体育实践才能真正起到体育育人效果。体育运动以基本技术、技能、体能为支撑的,而技术、技能、体能的维持离不开持之以恒的锻炼,所谓熟能生巧也是体育技艺性特点的体现,没有长期的坚持和积极的参与,要实现超越只能是纸上谈兵,这是实现超越的基本条件,从哲学角度讲这是实现超越的基本数量的积累。

2. 实现体育的超越精神需要勤学苦练的作风

体育除了持之以恒的坚持锻炼外,还需要有勤学苦练的好作风,无论是技术、技能及体能的掌握,保持在一定水平上是基础,但要想实现超越还要依靠勤学苦练,促使技术、体能不断提高。如果说持之以恒是量的积累,那么,勤学苦练则是量的提升,没有勤学苦练所达到的质变,也就无法实现体育中的超越精神。

3. 实现体育的超越精神需要开拓创新的意识

体育作为以身体练习为手段,以掌握技术、技能和提高体能为基本的育人方式,坚持脚踏实地的专注锻炼与学习是不可缺少的。随着科学技术发展和体育运动科研水平的不断提高,新材料、新理念、新方法在体育界的广泛运用已是一种常态的社会背景下,在坚持持之以恒、勤学苦练的基础上,要有开拓创新意识,要及时吸纳最新的研究成果来提升自己,在体育实践中不断探索适合自身的练习方法和方式,这是实现体育超越精神的思想保障。

4. 实现体育的超越精神需要坚持专业科学的理性指导

体育锻炼需要遵循人的生理机能发展规律和运动技术技能形成规律,

在体育锻炼与学习过程中不要急于求成,不能为了达到超越的理想目标而蛮干,缺乏科学理性的指导。在体能的训练中要遵循超量恢复的原理,在技术的学习中要遵循动作泛化、分化、巩固提高和自动化等四个阶段的规律,要掌握好每个阶段的特点,循序渐进,加强对运动损伤的预防等。同时还要注重运用心理知识对体育锻炼的合理干预,调动体育锻炼的积极性、主动性。体育中的超越若没有科学理性的指导,操之过急,会适得其反,要有哲学的逻辑思维,事物的前进是迂回曲折的。开拓创新意识是人自我意识的唤醒,是完善自我思想的主动体现,这是实现体育中超越精神的认知保障。

5. 实现体育的超越精神需要顽强拼搏的勇气

尽管我们崇尚在日常的体育锻炼与学习中实现不断地超越,但体育的超越往往表现在各种正式的比赛和竞技中,在与别人的竞争中体现自身的能力与水平,实现超越而得到大家的认同与赞扬。涉及竞争,就会有各种的较量,不仅包括技术、技能、体能,更有心理与意志品质的比拼,在这种激烈的竞争氛围中,如果缺少迎难而上、顽强拼搏的精神,缺乏面对挑战敢于亮剑的胆魄,那就难以发挥自己的水准,也很难实现超越的良好局面。所谓两强相遇勇者胜,就是对顽强拼搏的最好诠释。顽强拼搏精神是实现超越的关键环节。

超越是一种行为,超越更是一个过程,也是一个自我不断拓展的表现。要实现超越必须要有平时的积累与沉淀,要有与时俱进的创新意识,要有科学系统的理性指导,要有在关键时候顽强拼搏的精神,以上五个内在的品质和意识是表现超越精神的重要因子,互相关联,互相促进。

鉴于上述的分析与讨论,本书对不同类别大学生对超越精神及上述五个精神因子进行抽象调查,以深入了解体育培养大学生超越精神的基本现状与影响。

二、体育培养大学生超越精神的调查与分析

（一）体育培养大学生超越精神的现状调查

表 8-10　体育培养大学生超越精神的调查统计

类别		影响水平										卡方检验值	
		非常大		比较大		说不准		基本没有		完全没有		合计	Chi-Square	P 值
		人数	%	人数	%	人数	%	人数	%	人数	%	人数		
性别	男	92	62.16	42	29.38	8	5.41	4	2.70	2	1.35	148		
	女	138	38.98	160	45.20	44	12.43	8	2.26	4	1.13	354	19.86	000
	小计	230	45.80	202	40.24	52	10.36	12	2.39	6	1.20	502		
年级	一年级	98	51.58	60	31.58	22	11.58	6	3.16	4	2.11	190		
	二年级	132	41.31	142	45.51	30	9.58	6	1.92	2	0.64	312	1.15	0.28
	小计	230	45.80	202	40.24	52	10.36	12	2.39	6	1.20	502		
生源地	农村	160	48.48	128	38.79	36	10.91	2	0.61	4	1.21	330	7.611,2	0.006
	城镇	46	35.38	60	46.15	12	9.23	10	7.69	2	1.54	130	6.612,3	0.010
	城市	24	57.14	14	33.33	4	9.52	0	0	0	0	42	10.191,3 注	0.006
	小计	230	45.80	202	40.24	52	10.36	12	2.39	6	1.20	502		
学科	理科	110	51.89	72	33.96	22	10.38	8	3.77	0	0	212		
	文科	120	41.38	130	44.83	30	10.34	4	1.38	6	2.07	290	3.463	0.063
	小计	230	45.80	202	40.24	52	10.36	12	2.39	6	1.20	502		
是否独生子女	独生子女	82	45.56	76	42.22	16	8.89	4	2.22	2	1.11	180		
	非独生子	148	45.96	126	39.13	36	11.80	8	2.48	4	1.24	322	0.047	0.829
	小计	230	45.80	202	40.24	52	10.36	12	2.39	6	1.20	502		

注:1 代表农村,2 代表城镇,3 代表城市,以下同。

表8-10的统计数据表明,体育培养大学生超越精神的正影响率为(以非常大和比较大的和称作正影响率)86.04%,有3.59%的学生不太认可或完全不认可体育对超越精神的培养。调查统计表明,大学生认为体育对培养他们的超越精神有着积极作用,其中对男生的影响率为最高达92.54%,而对城镇大学生的影响率最低为81.53%。从不同类别大学生的影响现状深入分析,在男女大学生之间,农村与城镇、农村与城市、城镇与城市之间的大学生之间存在统计学意义上的非常显著性差异(P<0.01)和显著性差异(P<0.05)。从男女大学生的情况来看,体育对培养男生超越精神的影响远超于女生,一方面男生在生理上更加强悍,在参与体育活动方面更优于女生,另一方面社会对男生的角色期望高于女生,男生要承担更多的社会责任。因此,通过体育来磨炼自己,他们表现得更愿意突破自我、超越自己;体育对不同年级学生超越精神培养的影响,二年级学生好于一年级学生,主要在于一年级学生在心理上更多的是去适应新环境,适应新的学习,主观思想上比二年级同学相对缺少主动性和开拓性;对不同生源的学生,体育对培养城市学生的超越精神达到最佳,且不同生源的学生之间均存在差异,城市大学生生长在人口密集、现代化程度高的地方,视野更开阔,更懂竞争。因此,体育活动非常适合在城市环境中长大的学生,而来自农村的学生,尽管他们相对在沟通、交际方面差一些,但有一股不甘落后、力争上游的劲,所以他们也在体育中不断磨炼自己,而作为城镇生源的同学,他们在心理上就处于中间位置,少数同学会在思想上易出现中庸的观念;体育对文理大学生、独生子女与非独生子女超越精神的影响基本处于总体水平,没有大的差异性。

我们对体育中超越精神所包含的五个内在品质或者说核心因素的影响也进行了深入的调查与分析,以更加深入全面地了解体育对大学生超越精神的积极影响。

(二)体育培养大学生超越精神之持之以恒毅力的现状调查

表 8-11　体育培养大学生超越精神之持之以恒毅力的调查统计

类别		影响水平											卡方检验值	
		非常大		比较大		说不准		基本没有		完全没有		合计	Chi-Square	P 值
		人数	%	人数	%	人数	%	人数	%	人数	%	人数		
性别	男	84	56.76	50	33.78	12	8.11	0	0	2		148	17.55	0000 < 0.01
	女	128	36.16	166	46.89	56	15.82	4	1.13	0		354		
	小计	212	42.23	216	43.03	68	13.55	4	0.80	2		502		
年级	一年级	96	50.53	72	37.89	20	10.53	0	0	2		190	8.555	0.03 < 0.05
	二年级	116	37.18	144	46.15	48	15.38	4	1.28	0		312		
	小计	212	42.23	216	43.03	68	13.55	4	0.80	2		502		
生源地	农村	140	42.42	144	43.64	44	13.33	2	0.61	0		330	0.074 1,2	0.79
	城镇	56	43.08	52	40.00	18	13.85	2	1.54	2		130	0.542,3	0.82
	城市	16	39.10	20	47.62	6	14.29	0	0	0		42	0.517,3	0.472
	小计	212	42.23	216	43.03	68	13.55	4	0.80	2		502		
学科	理科	98	46.23	92	43.40	18	8.49	2	0.94	2		212	4.34	0.037 < 0.05
	文科	114	39.31	124	42.76	50	17.24	2	0.69	0		290		
	小计	212	42.23	216	43.03	68	13.55	4	0.80	2		502		
是否独生子女	独生子女	88	48.89	72	40.00	16	8.89	2	1.11	2		180	5.721	0.017 < 0.05
	非独生子	124	38.51	144	44.72	52	16.15	2	0.62	0		322		
	小计	212	42.23	216	43.03	68	13.55	4	0.80	2		502		

　　"只要功夫深,铁杵磨成针"的故事,告诉人们一个浅显的道理,那就是做事要学会持之以恒,才会达到成功的目标。从人的成长角度来看,学会坚持也是人走向成熟的标志,表示其懂得了自律、自主、自为,懂得自己

开启了追求理想之门的第一步。体育作为一门技艺性课程,没有深奥的理论,但有技术,技能和体能的要求,想取得优异的成绩,学会持之以恒必不可少。理想的体育应对培养大学生持之以恒的毅力有着积极影响。表8-11是调查统计体育对培养大学生持之以恒毅力品质的影响状况,产生的正影响率为85.26%,不同类别大学生中,男生、理科大学生和独生子女的正影响率位居前三,分别是90.54%、89.63%、88.89%,而对文科生的正影响率最低为82.07%;卡方分析告诉我们,男女生、不同年级学生、文理科大学生及独生子女与非独生子女学生之间对体育培养持之以恒的内在品质存在统计学意义上的非显著性差异(P<0.01)和显著性差异(P<0.05),而其他不同生源地的大学生之间则不存在数理统计上的差异。

(三)体育培养大学生超越精神之勤学苦练作风的现状调查

表8-12 体育培养大学生超越精神之勤学苦练作风的调查统计

类别		影响水平										卡方检验值	
		非常大		比较大		说不准		基本没有		完全没有		合计	Chi-Square	P 值
		人数	%	人数	%	人数	%	人数	%	人数	%	人数		
性别	男	66	44.59	60	40.54	12	8.11	6	4.05	4	2.70	148	24.98	000 < 0.01
	女	80	22.60	164	46.33	86	24.29	20	5.65	4	1.13	354		
	小计	146	29.08	224	44.62	98	19.52	26	5.18	8	1.59	502		
年级	一年级	58	30.53	78	41.05	40	21.05	10	5.26	4	2.11	190	0.024	0.876
	二年级	88	28.21	146	46.79	58	18.59	16	5.13	4	1.28	312		
	小计	146	29.08	224	44.62	98	19.52	26	5.18	8	1.59	502		
生源地	农村	84	25.45	164	49.70	66	20.00	12	3.64	4	1.21	330	0.163[1,2] 5.061[2,3] 6.44[1,3]	0.686 0.024 0.040
	城镇	42	32.31	46	35.38	24	18.46	14	10.77	4	3.08	130		
	城市	20	47.62	14	33.33	8	19.05	0	0	0	0	42		
	小计	146	29.08	224	44.62	98	19.52	26	5.18	8	1.59	502		

类别		影响水平											卡方检验值	
		非常大		比较大		说不准		基本没有		完全没有		合计	Chi-Square	P值
		人数	%	人数	%	人数	%	人数	%	人数	%	人数		
学科	文科	78	26.90	130	44.83	58	20.00	18	6.21	6	2.07	290	2.526	0.112
	理科	68	32.08	94	44.34	40	18.87	8	3.77	2	0.94	212		
	小计	146	29.08	224	44.62	98	19.52	26	5.18	8	1.59	502		
是否独生子女	独生子女	58	32.22	82	45.56	30	16.67	8	4.44	2	1.11	180	2.644	0.104
	非独生子	88	27.33	142	44.10	68	21.12	18	5.59	6	1.86	322		
	小计	146	29.08	224	44.62	98	19.52	26	5.18	8	1.59	502		

勤学苦练是大学生应有的基本素质,也是大学生应该继承的良好求学作风。勤学苦练适用于所有的课程,但对体育课程来讲,主要体现在身体上的练习,更多的是承受运动负荷对生理机能的刺激,带来生理上的疲惫感,只有在生理上经受得住考验的人,才能面对其他困难时无所畏惧,才能为不断地突破自我而创造良好的身体和心理条件,这是高校体育培养大学生超越精神的一个重要方面。表8-12是对体育培养大学生勤学苦练品质的数据分析,正影响率均值为73.7%,不同类别大学生所受影响的前三位分别是男生、城市大学生、独生子女大学生,比率为85.13%、80.95%、77.28%,而后三位分别是城镇大学生、女生、一年级学生,比率为67.69%、68.93%、71.58%。卡方分析数据表明,男女生之间存在非显著性差异,一年级与二年级大学生,城市大学生与城镇、农村大学生之间存在显著差异性。除男生外,城市大学生和独生子女比其他类别大学生更认可体育队培养他们勤学苦练的品质,与他们的生存环境与家族教育有一定的关系,城市大学生和独生子女大学生进行体力活动的时间相对于其他大学生会更少,体育对他们的心理体验就是非常直接的。

(四)体育培养大学生超越精神之开拓创新意识的现状调查

表 8-13　体育培养大学生超越精神之开拓创新意识的调查统计

类别		影响水平												卡方检验值	
		非常大		比较大		说不准		基本没有		完全没有		合计		Chi-Square	P 值
		人数	%	人数	%	人数	%	人数	%	人数	%	人数			
性别	男	64	43.24	56	37.84	20	13.51	4	2.70	4	2.70	148		20.75	000 < 0.01
	女	80	22.60	154	43.50	102	28.81	14	3.95	4	1.13	354			
	小计	144	28.69	210	41.83	122	24.30	18	3.59	8	1.59	502			
年级	一年级	46	24.21	92	48.42	44	23.16	2	1.05	6	3.16	190		0.253	0.615
	二年级	98	31.41	118	37.82	78	25.00	16	5.13	2	0.64	312			
	小计	144	28.69	210	41.83	122	24.30	18	3.59	8	1.59	502			
生源地	农村	92	27.88	138	41.82	88	26.67	4	1.21	4	1.21	330		0.1444[1,2]	0.704
	城镇	36	27.69	54	41.54	28	21.54	8	6.15	4	3.08	130		2.760[2,3]	0.097
	城市	16	38.10	18	42.86	6	14.29	2	4.76	0	0	42		3.051[1,3]	0.217
	小计	144	28.69	210	41.83	122	24.30	18	3.59	8	1.59	502			
学科	理科	60	28.30	98	46.23	46	21.70	6	2.83	2	0.94	212		0.974	0.324
	文科	84	28.97	112	38.62	76	26.21	12	4.14	6	2.07	290			
	小计	144	28.69	210	41.83	122	24.30	18	3.59	8	1.59	502			
是否独生子女	独生子女	58	32.22	80	44.44	34	18.89	4	2.22	4	2.22	180		4.286	0.038
	非独生子	86	26.71	130	40.37	88	27.33	14	4.35	4	1.24	322			
	小计	144	28.69	210	41.83	122	24.30	18	3.59	8	1.59	502			

开拓创新意识是人不断克服困难,接受挑战的主观能动性的体现,是人对自我意识的唤醒,也是人对应然状态的主动追求,这也是推动人类社会不断发展的精神动力。从理论层面讲,体育追求"更快、更高、更强"的精神会激励、引导大学生不断地开拓进取。表 8-13 对体育培养大学生开

拓创新意识进行了统计分析,正影响率均值为70.52%,不同类别大学生所受影响的前三位分别是男生、独生子女大学生、理科大学生,比率为81.08%、76.66%、74.53%,而后三位分别是女生、非独生子女大学生、文科大学生,比率为66.10%、67.08%、67.59%。进一步的卡方分析表明,男女生之间存在非常显著性差异,独生子女与非独生子女大学生之间存在显著差异性。其余类别大学生均不存在统计学意义上的差异。

(五)体育培养大学生超越精神之科学意识的现状调查

表 8-14　体育培养大学生超越精神之科学意识的调查统计

类别		影响水平											卡方检验值	
		非常大		比较大		说不准		基本没有		完全没有		合计	Chi-Square	P 值
		人数	%	人数	%	人数	%	人数	%	人数	%	人数		
性别	男	46	31.08	44	29.73	46	31.08	10	6.76	2	1.35	148	18.96	0.00
	女	50	14.12	110	31.07	134	37.85	36	10.17	24	6.78	354		
	小计	96	19.12	154	30.68	180	35.86	46	9.16	26	5.18	502		
年级	一年级	36	18.95	64	33.68	54	28.42	26	13.68	10	5.26	190	0.008	0.927
	二年级	60	19.23	90	28.85	126	40.38	20	6.41	16	5.13	312		
	小计	96	19.12	154	30.68	180	35.86	46	9.16	26	5.18	502		
生源地	农村	64	19.39	102	30.91	116	35.15	34	10.30	14	4.24	330	0.440[1,2]	0.057
	城镇	20	15.38	40	30.77	54	41.54	10	7.69	6	4.62	130	0.940[2,3]	0.332
	城市	12	28.57	12	28.57	10	23.81	2	4.76	6	14.29	42	1.009[1,3]	0.604
	小计	96	19.12	154	30.68	180	35.86	46	9.16	26	5.18	502		
学科	理科	44	20.75	52	24.53	82	38.68	20	9.43	14	6.60	212	1.197	0.274
	文科	52	17.93	102	35.17	98	33.79	26	8.97	12	4.14	290		
	小计	96	19.12	154	30.68	180	35.86	46	9.16	26	5.18	502		

续表

类别		影响水平											卡方检验值	
		非常大		比较大		一般		不太大		完全没有		合计	Chi-Square	P 值
		人数	%	人数	%	人数	%	人数	%	人数	%	人数		
是否独生子女	独生子女	36	20.00	80	44.44	48	26.67	8	4.44	8	4.44	180		
	非独生子	60	18.63	74	22.98	132	40.99	38	11.80	18	5.59	322	14.869	0.000
	小计	96	19.12	154	30.68	180	35.86	46	9.16	26	5.18	502		

体育作为一门文理综合性的运用性实践课程,在体育学习过程中需要有理科类知识的支撑,包括物理学、生理学、解剖学、生物化学、运动损伤等。在教学层面上,老师需要对学生进行传授,指导学生要用专业的学科知识来指导体育实践,并通过教学实践和自我锻炼体验来深化对身体锻炼机理的认识和效能。表 8-14 统计了体育对培养大学生科学意识的影响数据,正影响率均值为 49.8%,不同类别大学生所受影响的前三位分别是独生子女大学生、男生、城市大学生,比率为 64.44%、60.81%、57.14%,而后三位分别是非独生子女大学生、女生、理科大学生,比率为 41.61%、44.19%、45.28%。进一步的卡方分析表明,男女生、独生子女与非独生子女大学生之间存在非常显著性差异。其余类别大学生均不存在统计学意义上的差异。从调查数据看,大学生对体育能够培养他们的科学意识并不太认同,均值并未超过一半,这可能与大学生受社会传统对体育的偏见有关。

（六）体育培养大学生顽强拼搏精神的现状调查

表 8-15　体育培养大学生顽强拼搏精神的调查统计

类别		影响水平											卡方检验值	
		非常大		比较大		说不准		基本没有		完全没有		合计	Chi-Square	P 值
		人数	%	人数	%	人数	%	人数	%	人数	%	人数		
性别	男	90	60.81	44	29.73	10	6.76	4	2.70	0	0	148	18.56	000
	女	130	36.72	188	53.11	28	7.91	8	2.26	0	0	354		
	小计	220	43.83	232	46.22	38	17.57	12	2.39	0	0	502		
年级	一年级	90	47.37	76	40.00	20	10.53	4	2.11	0	0	190	0.36	0.551
	二年级	130	41.67	156	50.00	18	5.77	8	2.56	0	0	312		
	小计	220	43.83	232	46.22	38	17.57	12	2.39	0	0	502		
生源地	农村	154	46.67	144	43.64	22	6.67	10	3.03	0	0	330	$5.00^{1,2}$	0.025
	城镇	46	35.38	68	52.31	14	10.77	2	1.54	0	0	130	$4.47^{2,3}$	0.035
	城市	20	47.62	20	47.62	2	4.76	0	0	0	0	42	$0.50^{1,3}$	0.479
	小计	220	43.83	232	46.22	38	17.57	12	2.39	0	0	502		
学科	理科	88	41.51	106	50.00	14	6.60	4	1.89	0	0	212	0.21	0.65
	文科	132	45.52	126	43.45	24	8.28	8	2.76	0	0	290		
	小计	220	43.83	232	46.22	38	17.57	12	2.39	0	0	502		
是否独生子女	独生子女	84	46.67	80	44.44	12	6.67	4	2.22	0	0	180	1.022	0.312
	非独生子	136	42.24	152	47.20	26	8.08	8	2.48	0	0	322		
	小计	220	43.83	232	46.22	38	17.57	12	2.39	0	0	502		

　　体育的竞争性在一定程度上迎合了大学生们争强好胜的心理,无论是体育教学中的各种比赛,还是学校举行的传统社团比赛、校级联赛及校际的各项比赛中,都会看到同学们积极争取胜利、赢得比赛或者超越自我而

进行顽强拼搏的身影。表8-15统计的数据表明,体育对培养大学生顽强拼搏精神的正影响率为90.05%,2.39%的大学生不太认可体育对顽强拼搏精神的培养,而没有一个大学生完全否定体育对培养大学生顽强拼搏精神的作用,这应该是同学们对体育学科的最大认同与肯定,也是体育课程在育人中显现的成效。进一步统计分析显示,大学生认可体育对培养他们的顽强拼搏精神有着积极作用,前三位分别是城市大学生、二年级大学生、理科大学生,正影响率为95.24%、91.67%、91.51%,而从不同类别大学生的影响现状解析,则在男女大学生之间,农村与城镇、城镇与城市间的大学生之间存在统计学意义上的非常显著性差异(P<0.01)和显著性差异(P<0.05),男生的正影响率高于女生,农村和城市的大学生在"非常大"的级别上远高于城镇大学生,其余类别的大学生之间不存在统计学意义上的差异。

三、结论

研究认为实现体育中的超越精神,需具有核心的内在品质,即需要持之以恒的毅力、勤学苦练的作风、开拓创新的意识、坚持科学的理性、顽强拼搏的勇气。

(一)体育培养大学生超越精神及内在品质影响的数据

表8-16 高校体育培养大学生超越精神及内在因素提升的统计数据(前三位)

类别	超越精神及内在因素											
	持之以恒		勤学苦练		开拓创新		科学意识		顽强拼搏		超越精神	
正影响率排序	类别	%	类别	%	类别	%	类别	%	类别	%	类别	%
1	男大学生	90.54	男大学生	85.13	男大学生	81.08	独生子女	64.44	城市大学生	95.24	男大学生	92.54

续表

类别	超越精神及内在因素					
	持之以恒	勤学苦练	开拓创新	科学意识	顽强拼搏	超越精神
2	理科大学生 89.63	城市大学生 80.95	独生子女 76.66	男大学生 60.81	二年级大学生 91.67	城市学生 90.47
3	独生子女 88.89	独生子女 77.28	理科大学生 74.53	城市大学生 57.14	理科生 91.51	独生子女 87.78
均值	85.06	73.70	70.52	49.80	90.05	86.04
差异状况	男女大学生(＊＊)、不同年级大学生、文理科大学生及独生子女与非独生子女学生(＊)	男女大学生(＊＊)、不同年级大学生、城市大学生与城镇、农村大学生(＊)	男女大学生(＊＊)、独生子女与非独生子女大学生(＊)	男女大学生(＊＊)、独生子女与非独生子女大学生(＊)	男女大学生(＊＊)、农村与城镇、城镇与城市大学生(＊)	男女生(＊＊)、农村与城镇、农村与城市、城镇与城市大学生(＊)

注:差异状况:＊＊表示非常显著性差异,＊显著性差异

多项统计数据表明,体育对男女生精神素质的影响存在着差异性。随着现代社会的进步和信息技术的迅猛发展,自动化、机械化、信息化程度的日益提高,人们参加体力劳动的机会日益减少,按照用进废退的进化原则,体育应成为人类保持自然生命的重要手段,体育对女大学生的精神养成明显差于男生,需要有针对性地做好女大学生体育教育工作,尤其是精神方面的教育。

体育运动中需要有专业科学的理性指导,作为高校体育教师需要在教学上对学生进行专业知识的进一步深化,确保体育技术技能学习的科学性、技战术安排的合理性,并在促进人身心健康的基础上,避免运动损伤的发生。教育在于改变人的观念,高校体育有责任使大学生对体育一个全面科学的认识。

体育的强身健体作用已深入人心,但体育作为育人的内容与手段,尤其是高校体育不能局限于此,应在大学生参与体育实践的过程中培养他们

的体育精神,并积极引导他们把体育精神迁移到学习、工作、生活等领域,努力使他们在体育中养成走向人生成功的精神品质、积累攀越事业巅峰的内在动力。

第九章　高校体育课程思政中的问题及原因分析

第一节　高校体育课程思政存在的问题

一、教学理念有待完善,思政资源挖掘匮乏

高校体育在高等教育中是必不可少的一个环节,在如今在高校体育课的教学过程中,教师仍然是以"填鸭式"重技能轻理论的教学方法为主,一旦面临期末考试、大学生体测等活动,学生和老师大多也以应付的态度,形式化的步骤结束活动。在教学内容上主要以考试重点为主进行实操,在评分上只注重对学生技能成绩的打分,忽视了学生的思想教育以及心理健康。在这种教育理念的引导下,教学活动最终只会成为一种应付考试的机械性活动,教育理念的不当,教育手段的缺失,思政资源挖掘的匮乏,教学内容过于僵化,不能做到因时而新,推陈出新,使得体育教学丧失了实质性的意义。高校体育课,应当善于引导学生树立终身体育的理念,养成良好的生活和学习习惯,提倡体育精神,站在长远的角度看待体育运动。体育教师应当深入挖掘体育课的育人资源,以爱国主义教育为核心、以理想信

念教育为前提、以德育教育为基础,既不能偏离体育教学的理念和目标,也不能忽视对学生健全人格和全面发展的培养。

二、体育教师德育意识不强,思政教学能力不足

高校思想政治课是对学生进行思想政治教育的必修课,这门课的开设是对学生进行思想教育工作的重要途径。习近平总书记在全国高校思想政治会议上强调了要坚持把立德树人作为中心环节,同时也强调了其他课程在育人体系中的重要性,加强各类课程与思政课同向同行。自课程思政理念提出后,各高校大力推行课程思政建设,但是效果并不理想。教育者作为教育环节中重要的一环,并没有重视此教学理念。部分体育教师对课程思政这一教育理念认识片面,对宏观性的把握还不到位。认为只要完成教学内容,教授相关专业理论基础和技能操作即可,思想政治教育是思政课教师的职责,和自己无关。由此可见,这一理念并没有在体育教师中达成共识,也因此反映出体育教师德育意识不强的问题。习近平总书记强调各类课都要发挥育人功能,从古至今,中西方都对体育尤为重视。在西方,古希腊作为西方精神文明的发源地,公元前776年的第一届古奥运会的举办,古罗马时期人们通过竞技比赛发展军事体育,全民皆兵、疯狂掠夺使得古罗马不断扩张发展壮大,文艺复兴时期人文主义思潮的出现,促进了体育的发展。在我国西周时期,"六艺"就包含了多样的体育要素,再看先秦到两汉,蹴鞠、投壶等活动也体现了古代对体育事业的发展。1917年,毛泽东同志曾在《体育之研究》中提到"体育一道,配合德育与智育,而德智皆寄予体,无体是无德智也"。可以看出体育与德育智育是分不开的,是相互联系的。这也就奠定了体育在历史长河中与思想政治教育存在千丝万缕的联系。由此可见,高校体育课程蕴含着丰富的思政元素,但是课程思政教学理念的推进能否顺利,主要在于学科教师是否具备思政育人能力。在现实教学中,体育教师缺乏思政育人能力,主要表现在以下几方面:

首先体育教师课程内容单一,单一的体育活动成为课程的唯一内容。其次,课程内容缺乏人文关怀,没有以学生为主体,忽略学生的上课体验。最后,体育教师缺乏对思政元素的挖掘,忽视了对学生健全人格的培养,进而影响了体育课程思政的实效性。体育教师只有提高自己的思想政治素养以及思政育人能力,才能更好地推动体育课程思政的实施。

三、体育教师考核评价制度不完善

当前我国高校体育课程在教学评价中还存在诸多的问题,在对学生的考评制度中,教师通常仅以体育技能的掌握程度作为考评内容,忽略了学生意识形态的评价,这种终结性评价不符合体育教学目标、任务的要求,也不能代表体育课的内涵。评价是为了更好地教学,是对一个阶段教学成果的反思,因此评价应该贯穿在教育教学中的各个方面,包括学习技能的掌握程度,学生的学习态度,学生对体育课的认知以及学生在体育活动中所表现出来的体育精神和体育文化,等等。但现实存在的问题是老师和学生的评价主观性很强,且评价的结果并不会影响或者促进学生的改变。学习的氛围逐渐使学生忽略过程,只注重评价结果,因而会造成功利主义的思想在学校产生蔓延。评价结果必然与学生利益相关,促使功利心的生成,一切以利益为主,淡化了学生对于课程原本的兴趣,所有的选择都以实现个人利益最大化为出发点。大学教育本应该是让学生精神自由、学术自由的空间,现在却变成"唯利是图"的小社会。在体育教学过程中,作为体育教师应该教育学生摆正心态,以探索、求知的态度去享受课堂。在体育教学与课程评价中,应该把学习主体的学习体验以及成果放在首位,当学习主体感到满足和快乐时,说明其已经在潜意识中领会了体育课的内在精神——自由、平等、团结,等等,也说明这种潜在的价值观教育是非常适合高校体育课程的课程评价的。

第二节　高校体育课程思政存在问题的原因分析

一、体育教师对课程价值的认识不到位

长期以来,人们对体育课的观念还只是停留在强身健体,不论是学校、学生、家长对体育课的重视程度都严重欠缺,对体育课的看法也很片面,进而导致体育教师对体育课丧失信念感,进取心也逐渐减弱,失去目标,没有了继续学习研究的动力,认为在保证学生不受伤的前提下,安全上完一节课,完成这节课的教学任务即可,这种只满足于现状的思想,导致"懒散""放羊式"等错误的体育教学现象层出不穷,体育教师对课程价值出现错误认知。首先体育教师要明确,体育课是必修课,其对于学生的培养价值是其他课程所不能取代的,要建立强大的自信心与使命感。其次,体育教师要明确体育课程的教学目标,不仅是为了增强体质,更重要的是养成良好的运动习惯和运动方式,形成终身体育的思想,使学生通过体育活动培养责任心和荣辱感,促进学生健全人格的养成,形成积极乐观的生活态度。

体育课不仅仅是身体的课程,更是精神的课程,在促进人的全面发展过程中起着关键性作用。首先学生通过体育运动,产生出汗、代谢等生理反应,能促进人体的血液循环,从而提高身体免疫力达到强身健体的作用,也能产生荷尔蒙,进而促进心情愉悦。其次,体育教学除了对身体产生益处,还能提高学生的审美能力,让学生对运动美、体态美产生更进一步的了解。生活中并不缺少美,只是缺少发现美的眼睛。体育运动中的美包含很多种,比如学生运动时标准的动作优美的姿态是一种美,体育运动时坚守的信念传递的精神也是一种美,等等,我们通过体育课向学生传递正确的审美。

学生会通过不同的体育运动,感受相关的体育规则、体育精神、体育思

维等,从而影响他本身的行为选择和行为判断,起到全方面培养的作用。体育课是一个包容性很强的学科,集教育学、美学、医学、生物学等为一体的学科,它的价值不在于单一的体育运动,而是通过对课程的学习,促进了对人才的全面发展,拓宽了对人才的培养路径,这是体育教师应该了解的体育课程真正价值。

二、学校考评制度忽视育人指标

随着课程思政的提出,党中央和各地方高校虽然积极推进课程思政教育理念的发展,强调与各学科同向同行,强调价值引领,但是两者结合的效果并不理想。目前教育部在推进课程思政建设的过程中,只在相关的教育会议上和教育部相关文件中进行宣传,还没有落实到具体的措施办法当中,更没有具体的考核制度。这就导致高校在学生培养方案中还是更侧重于技能传授而忽视价值引领,以至于影响课程思政教学理念的推进。总结其原因,还是由于高校考核制度不完善,激励措施不到位。高校现阶段虽然极大程度地推动和促进课程思政教育教学现代化建设,但是在教师考核制度方面还没有一套成熟的方案。当前高校对教师职称评定的关注点更多侧重于教师科研水平的高低,尤其是对业务能力的要求,例如:发表过多少篇高水平期刊、出版学术著作的数量、申请课题的级别,参与的次数以及科研成果是否获奖,是否产生一定的效益等都是评定的标准,而对于教师学期工作量的考察以及授课质量的考察,老师讲得好坏与否,学生是否受到启发,对学生是否有所帮助等方面,在考评制度中并没有产生过多的影响。因此,当前的评价标准虽然极大程度地促进了教师科研进度,激发了科研热情,提高了科研能力,但同时也会使部分教师为了加快晋升的速度,只在申报课题、在高质量学术期刊上发表论文等有益于职称评定上下功夫,忽略了课堂的重要性,忽视了课程育人能力,从而影响了课程思政教育理念的推进。

第十章　课程思政理念引领下高校体育课程教学改革实施方案

　　加强高校思想政治教育工作,必须从高等教育"育人"本质要求出发,把"立德树人"作为教育的根本任务,抓住课程改革核心环节,充分发挥课堂教学在育人中主渠道作用,着力将思想政治教育贯穿于学校教育教学的全过程,着力将教书育人落实于课堂教学的主渠道之中,深入发掘各类课程的思想政治理论教育资源,发挥高校课程育人功能,落实所有教师育人职责。

第一节　不断强化对课程思政工作的组织领导

　　2019 年 3 月 18 日,习近平总书记学校思想政治理论课教师座谈会上强调:"办好中国的事情,关键在党。各级党委要把思想政治理论课建设摆上重要议程,抓住制约思政课建设的突出问题,在工作格局、队伍建设、支持保障等方面采取有效措施。要建立党委统一领导、党政齐抓共管、有关部门各负其责、全社会协同配合的工作格局,推动形成全党全社会努力办好思政课、教师认真讲好思政课、学生积极学好思政课的良好氛围。"要切实抓好此项工作,形成全党全社会协同联动的氛围,就必须要有统筹的规划、科学的设计和有序的推进。其中,体制和机制的问题是带有根本性、全局性、稳定性和长期性的问题。为此,要不断加强对课程思政工作的组织领导,把课程思政工作的目标任务和具体要求落实到各领域各部门、落实到基层单位,努力构建党委统一领导、党政齐抓共管、宣传部门组织协调、有关部门分工负责的工作体制和工作格局,最终形成推动课程思政的整体优势。

一、加强学校党委统一领导,抓好统筹规划

深入推进课程思政工作,战线在高校,战场在课堂,教师是战斗员,指挥部则在高校党委。高校党委必须站在坚守意识形态阵地和保障党的事业薪火相传的战略高度,把课程思政工作作为一项重要的政治任务和战略工程,靠前指挥、抓好关键、强化责任,建设一批学生真心喜爱、终身受益的优秀课程,引导广大师生树牢"四个意识"、坚定"四个自信"、坚决做到"两个维护",从而培养和造就担当民族复兴大任的时代新人。首先,要深刻认识高校党委抓好课程思政工作的重要性。高校党委履行学校管党治党主体责任,最终目的是要教书育人、立德树人。其次,要强化高校党委抓好课程思政工作的主体责任。把课程思政工作建设纳入学校总体发展规划,列入党委工作议程,坚持课程思政工作与其他工作同谋划、同部署、同落实、同考核。课程思政是一项需要学校顶层设计、前瞻布局和组织协调的整体性工作,进行统一规划、宏观指导、组织协调和督促检查,最终实现全员、全过程、全方位育人的目标。要落实学校党委的主体责任,成立校党委书记为组长的课程思政工作领导小组,分管思想政治工作和分管教学工作的校领导共同参加,总体负责全校改革试点统筹。建立完善学校各部门常态协作和分工负责机制,建立责任清单,细化工作台账,学校相关部处、院系职责明确,有明确思路、有制度、有落实、有成效,最终形成职责明确、思想统一、上下贯通、执行有力和有效监督的课程思政教育教学育人体系。

具体来说,学校党委主担政治责任,监督各部门实施情况,党委书记作为第一责任人,要对课程思政工作的重大事项进行政治指导,对课程思政工作重点任务亲自部署、重大问题亲自过问、重要事项亲自协调;强化其他校领导的分管责任,结合自己的分管领域,落实教育教学、科研立项、社会实践、经费保障等方面的政策和措施;党委组织部、党委宣传部、教务处、学工部等相关部处进行相对应的保障支撑。各院(系)要在师资、实践教学基地等方面对课程思政工作予以积极的具体支持。院(系)是直接落实单位,肩负谋划和推进本学科课程思政建设工作的具体职责,充分发挥校院两级和全体教师的积极性、主动性、创造性,形成课程思政的良好机制和氛围,实现协同协作、同向同行、互联互通,构建一体化的响应机制、协同机制和联动机制。

二、成立咨询委员会,做好科学设计

虽然从提出到实施,课程思政的推进工作已有几年时间,但仍处在探索阶段,从设计、实施到反馈都需要经过不断地尝试和改进,才能达到更好的教学效果。为此,各高校可以考虑成立课程思政工作专项咨询委员会,由学校教学主管部门如教务部、宣传部、组织部、马克思主义学院、学工部门及专业教师代表等组成,明确牵头部门和具体负责人,负责对全校课程思政教育教学改革的具体工作进行具体规划和设计,在试点阶段进行科学性、专业性、操作性上的前期论证,在改进阶段进行瓶颈问题研讨和关键方案的决策,为课程实施的顺利开展提供综合保障。

各高校要紧紧依托专项咨询委员会持续推进课程思政工作,及时完善和优化改进本校课程思政改革建设方案,不断总结经验、提炼工作模式,推动思想政治教育与综合素养教育、专业知识教育有机结合,分步骤、分阶段有序推进,更加有效发挥各类课程的育人功能,逐步完善课程思政工作机制。

三、设立教改推进办公室,强化项目实施

在课程思政工作领导小组的指导下,学校还要协调设立课程思政教改推进办公室,具体负责各项工作任务的推进落实,统筹全校课程思政教学改革方案的具体实施,指导、咨询、督查、评估课程思政工作的实施效果。课程思政是一项需要协调各院系、各学科、各专业以及每门课程的系统性工程,要将每个举措都落实下去,需要专门的办公室进行推进和督办,保证工作质量。对于高校内部量大面广的各类专业课来说,可以采用试点先行的方式,从教学目标、教学内容、教学方法、教学资源分配、教学组织和教学评估等各方面探索,逐步积累经验,分步推广,最终形成全覆盖的课程体系。

第二节　科学把握课程思政的工作原则

在 2016 年 12 月召开的高校思想政治工作会议上,习近平总书记强调指出:"做好高校思想政治工作,要因事而化、因时而进、因势而新。要遵循思想政治工作的规律,遵循教书育人的规律,遵循学生成长的规律,不断提高工作能力和水平。"思想政治教育要想取得较好的实效,就必须要分析规律、把握规律、尊重规律。作为全面提升思想政治工作质量的一项重要举措,课程思政也需要把对规律的尊重、对原则的坚持放在重要的位置。因此,在课程思政的推进过程中,应该结合实际情况,科学把握工作原则,切实提升工作开展的质量和水平。

一、坚持顶层设计和试点培育相结合

课程思政工作的推进,一方面既要加强学校顶层设计,统筹谋划课程

思政教学改革任务和路径措施;另一方面又要发挥改革试点的示范带动作用,分步骤、分阶段有序推进,充分发挥校、院两级和全体教师的积极性、主动性、创造性,形成课程思政的良好机制和氛围。课程思政理念的提出与践行,有助于强化每位教师的育德意识和育人责任,能充分挖掘所有课程的思想政治教育资源和育人功能,有效弥补了思想政治理论课教师单兵突进、传统思想政治工作队伍单线作战的不足,初步实现了从专人思政转向全员育人的转变。

二、坚持知识传授与价值引领相结合

在知识传授的同时,深入挖掘各类课程的思想政治理论教育资源,发挥所有教师在知识传授中的价值引领功能。推进教育综合改革,深入理解课程思政的深刻内涵和创新途径,使所有课程都具备价值塑造、能力培养、知识传授三位一体的课程思政教学目标。既要凸显思想政治理论课程显性的思想政治教育功能,又要强化综合素养课、专业课隐性的思政教育作用。深入挖掘各门课程蕴含的思想政治教育资源,强调所有任课教师在课堂教育教学中的价值引领责任,以"立德树人"为根本,寓价值引领于知识传授中,在价值传播中凝聚知识底蕴,真正做到"将思想政治教育融入高校课程教育的全过程,各门课程都守好一段渠,种好责任田",使各类课程与思想政治理论课同向同行,形成协同效应。

三、坚持改革创新与遵循规律相结合

课程思政必须结合教育目标、教育环境以及教育实况,与时俱进地推进其自身的改革,这是高校思想政治教育长期发展的客观规律。在推动课程思政改革创新中,要坚持政治性和学理性相统一、坚持价值性和知识性相统一、坚持建设性和批判性相统一、坚持理论性和实践性相统一、坚持统一性和多样性相统一、坚持主导性和主体性相统一、坚持灌输性和启发性相统一、坚持显性教育和隐性教育相统一。既要解放思想、勇于改革、大胆创新、先行先试，又要遵循思想政治工作规律、遵循教书育人规律、遵循学生成长规律，搞好统筹谋划、精心设计，不断积累经验，确保课程思想政治教育教学改革沿着正确的方向健康推进，不断取得扎实成效。深化高校思想政治理论课教学改革，确定教材、教学和教师三个关键因素，创新课堂教学内容和形式，充分发挥网络的作用，通过社会实践有机融合，密切关注大学生成长问题，卓有成效地提高课堂吸引力。对于提升思想政治教育的实效性上来说，课程思政的稳步持续推进是突破高校思想政治工作育人瓶颈的一种极其重要的方式。

四、坚持教师引领与学生参与相结合

在课程思政教学改革过程中，教师要以德立学、以德施教，加强政治引领和思想教育。实施教师德育意识和育德能力提升计划，将其纳入教师培训体系中，通过举办专题专项德育培训，扎实开展推进；完善教师教学激励机制，对专业课程的育人功能和任课教师的德育实效进行绩效评价，纳入教师综合考核体系中，作为重要参考项。梳理优秀典型，加大宣传力度，积极回应社会关注。同时要契合学生成长发展需求和期待，尊重学生的主体地位，提高学生的参与度，增强课程思政工作的亲和力、针对性和实效性。

第三节　持续明确课程思政的育人目标

课程思政的教育理念也是一种体现连续性、系统性的课程观，它不拘泥于各科专业知识的学习，而是通过将思想政治教育的目标融汇于各科的教学当中，使得各门课程都能参与到学校育人的过程当中，形成一个完整的课程育人体系。课程思政的育人目标最终是要培养德智体美劳全面发展发展的社会主义接班人,努力为党和国家培养更多担当民族复兴大任的时代新人,以课程思政的全面质量提升带动"三全育人"工作,以育人质量的全面提升带动高校"双一流"建设。具体来说,课程思政工作主要从以下六个方面下功夫。

一、要在引导学生坚定理想信念上下功夫

对当代大学生来说,要树立共产主义远大理想和中国特色社会主义共同理想。各门课程教育教学的任务之一,就是要积极引导学生树立共产主义远大理想,坚定中国特色社会主义共同理想。其中,思想政治理论课的教育教学内容设计要重在阐释共产主义远大理想和中国特色社会主义共同理想的丰富内涵、实现路径与发展要求,结合国际共产主义发展史和中国共产党党史、中华人民共和国国史,在学理上引导学生深刻认识树立远大理想、坚定理想信念的必要性与重要性,增强树立远大理想信念的自觉性。综合素养课的教育教学内容设计要注重从历史、文化、社会、生态等不同视角比较分析社会主义制度和共产主义理想的优越性与先进性,让学生在人文关怀与生活感悟中体会理想信念的特殊作用,增强学生树立远大理想信念的自信心。专业教育课的教育教学内容设计要结合学科、专业和课程的特色,从专业的沿革、现状与前沿的讲解中,激发学生的责任感、使命感与荣誉感,引导学生不断提升专业素养,抓住国家快速发展的战略机遇,积极寻找实现个人价值与才华抱负的成长舞台和发展机遇,提升学生树立远大理想信念的可行性。思想政治理论课、综合素养课、专业教育课同向发力,协同育人,不断增强学生的中国特色社会主义道路自信、理论自信、制度自信、文化自信,勇担民族复兴的时代重任。

二、要在引导学生厚植爱国主义情怀上下功夫

爱国,是一个公民最起码的素养,也是每位学生应当具备的重要情怀。

各门课程教育教学的任务之一,就是要积极引导学生理解爱国主义的内涵,增强爱国主义的情怀,让爱国主义精神在学生心中牢牢扎根。其中,思想政治理论课的教育教学内容设计要重在阐释爱国主义的要义,了解爱国主义的历史意义与当代价值,正确处理好爱国、爱家、爱党与爱人民之间的关系,特别是要科学辨析历史虚无主义等错误思潮;要借助案例分析与典故教学等形式,教育引导学生热爱和拥护中国共产党,听党话、跟党走,立志扎根人民、奉献国家。综合素养课的教育教学内容设计要从不同课程的学科背景出发,为爱国主义提供更多的理论支撑,让爱国主义在学生的心中既能顶天又可立地;特别是要注重结合学生学习生活中出现的各种不合理现象进行分析批判,可从社会学、心理学、政治学等不同视角进行辨析,让学生形成更为清晰的认识和更为科学的认知。专业教育课的教育教学内容设计要以学科专业为依托,通过国际间学科专业与产业的发展比较,增强学生们投身专业研究、致力产业发展的危机感、紧迫感,鼓励学生把爱国精神投身为国奉献的实践行动中。比如,结合中美贸易摩擦问题,软件专业的课程教学就可以从芯片技术的发展、我国芯片产业的瓶颈、中美贸易战中的危机与挑战,激发学生们的爱国热情,齐心协力,和全国人民一起推动芯片技术产业大踏步向前发展,加大技术创新研发。

三、要在引导学生加强品德修养上下功夫

人们常说,对学生而言,学习成绩不好是次品,身体素质不好是废品,但思想品德不好是危险品。立德树人是中国教育的根本使命,培养品德修养高尚的人才是高校教育教学的中心任务。作为高校课程教育教学的重要任务之一,就是要积极引导学生理解加强品德修养的必要性,踏踏实实修好品德,成为有大爱、大德、大情怀的人。其中,思想政治理论课的教育教学内容设计要重在阐释品德修养的内涵,理解加强品德修养的重要意义,把真善美作为终身的品德追求;要结合不同时代的要求,教育学生把握

当代品德修养的核心内容,特别是把社会主义核心价值观作为当前学生品德修养最重要的任务目标,围绕国家、社会、个人三个层面进行解读和分析,引导学生积极培育、大力践行。综合素养课的教育教学内容设计要从国家道德、社会公德、职业道德、个人道德等视角对社会主义核心价值观进行细化细分,寻找社会主义核心价值观的历史溯源,分析其在伦理、法治、文化等不同领域的表现形态,引导学生科学辨识"社会主义核心价值观"与"西方价值观"的异同,对社会主义核心价值体系形成更为全面的了解。专业课的教育教学内容设计要不拘一格、不搞一刀切,要围绕专业特性,挖掘专业课与社会主义核心价值观的结合点,在培养方案中对"德、能"等方面做出明确的规定,形成有效的指导方案。

四、要在引导学生增长知识见识上下功夫

21 世纪的竞争是人才的竞争,人才竞争力的核心之一就是见识与才智的较量。正如习近平总书记在全国教育大会上所说的那样,高校各门课程教育教学的任务之一,就是要"教育引导学生珍惜学习时光,心无旁骛求知问学,增长见识,丰富学识,沿着求真思,循道理、明事理的方向前进"。其中,思想政治理论课的教育教学内容设计要以让学生形成"四个正确认识"为主要任务,重在教育引导学生"正确认识世界和中国发展大势、正确认识中国特色和国际比较、正确认识时代责任和历史使命、正确认识远大抱负和脚踏实地",将中国情怀和时代特征与世界眼光统一起来,客观看待当代中国和外部世界的关系,让学生知晓个人知识见识的增长对国家和社会的重要作用,增强提升知识见识的自觉性与自主性。综合素养课的教育教学内容设计要以拓展学生见识为主要任务。

五、要在引导学生培养奋斗精神上下功夫

"幸福,是靠奋斗出来的",新时代中国特色社会主义的建设最需要的

精神之一就是奋斗精神和创新精神。在高校课程教育教学中,要教育引导学生培育敢于担当、不懈奋斗的精神,塑造勇于奋斗的精神状态,保持乐观向上的人生态度。其中,思想政治理论课的教育教学内容设计要重在阐释"奋斗精神"的内涵,通过抗日战争、解放战争、新民主主义革命和建设、改革开放四十年中国特色社会主义建设的历程梳理,借助"两万五千里长征""十四年抗战""南泥湾精神""铁人王进喜精神""深圳特区建设""浦东大开发"等系列案例的教学,让学生深刻理解奋斗精神的实质;要重在阐释新时代中国特色社会主义建设的历史任务与实现中华民族伟大复兴的使命担当,分析凝练奋斗精神的时代属性,与理想信念教育有机结起来,激发学生勇担时代责任。综合素养课的教育教学内容设计要更为注重奋斗情怀教育,可以设立"奋斗精神"专题进行讲解,也可把奋斗精神教育培养与乐观主义、爱国主义等专项教育结合起来,加大对古今中外历史名人的案例教学,让学生在提升综合素养的过程中不断增强勇于奋斗的动力。专业教育课的教育教学内容设计要把专业知识传授与自强不息精神培养结合起来,重在引导学生不怕苦、不怕难,勇于挑战并攻克科技难题、社科难题,立志成为科研研究的生力军与后备军;要大力挖掘科学大师、理论专家不懈奋斗的成长故事,用榜样人物的成长经历激励学生成长,引导学生努力做到刚健有为、自强不息。

六、要在引导学生增强综合素养上下功夫

培养德智体美劳全面发展的人才,教育引导学生培养综合能力、培养创新思维,是中国教育的重大使命,也是高校各门课程教育教学的根本任务。其中,思想政治理论课的教育教学内容设计要重在培养"德",教育引导学生正确认识国家公德与个人私德的异同,科学处理个人利益与集体利益、国家利益之间的关系,把党和国家的需要、人民的需要作为最崇高的德,树立远大理想信念和正确的"三观",增强"四个意识"。综合素养课的

教育教学内容设计要重在培养"体美劳",通过体育、竞赛等课程内容设计,教育引导学生树立"健康第一"的理念,增强体质、健全人格、锤炼意识;通过音乐、美术、文化、品鉴等课程内容设计,坚持以美育人、以文化人,提高学生审美和人文素养;通过社会实践、志愿服务、生产实习等课程内容设计,在学生中弘扬劳动精神,教育引导学生崇尚劳动、尊重劳动。

第四节 加强课程思政的主体建设

一、提升体育教师的职业素养

(一)职业素养的内涵界定

1. 素养

素养一词在《辞海》中的解释是经常修习培养。它有以下四个含义:其一,修习涵养;其二,平素所供养;其三,素质与教养;其四,平时所养成的良好习惯。素质是指人生理上原有的特点,强调的是先天具有的品质。词义和解释可以看出"素养"更注重于后天的习得与养成。学者彭小明认为,"素养"应由"素质"和"修养"两部分构成,即人通过长期的学习和实践在某一方面所达到的高度。[①] 于光远从社会学角度研究认为,人是生物属性与社会属性的统一体,而素养则集中表现为人在社会化过程中所获得的具有鲜明社会属性的意识和行为模式特征。从教育学角度分析,素养就是社会个体在持久而深刻的教育影响下所形成的优秀个性品质;从心理学角度分析,素养就是人类个体适应环境变化的心理特性。

---

① 彭小明.语文素养论[J].兰州学刊.2004(6):349-351.

　　总而言之,素养的内涵在不同的学科领域中,既有一般意义上的概念,也有因为个体差异上的不同所持有的特殊意义属性。但从总体来看,素养一般指的是在先天遗传的基础上,通过后天的教育和环境的影响所获得的以社会文化为主要内容的系统社会特性。

　　2. 职业素养

　　陈再兵认为,职业素养由职业道德、职业行为习惯、职业意识和职业技能四个方面构成。其中职业道德包含职业责任、职业义务和职业行为上的道德准则,职业行为习惯体现在主动进取、友好合作、服从服务和谦虚低调,职业意识包括奉献意识,协作意识、创新意识和竞争意识等方面。[①] 杨祖勇将职业素养定义为劳动者通过学习和积累,在职业生涯中表现并发挥作用的相关品质。周月友、钱群雷认为,职业素质是在先天遗传基础上通过教育和环境的影响形成的适应社会生存和发展的比较稳定的基本品质,它是知识和能力的核心,是一个人的知识和能力内化后相对稳定的品质。[②] 张钊、姜凤艳在其研究中认为,职业素养既是满足职业及其所在岗位的规范与要求,也是从事者对自我品行道德的一种约束,是人们在从事职业过程中所应具备的素养的总和。[③]

　　综上所述,职业素养是指职业内在的规范和要求,是在先天遗传的基础上通过教育和环境的影响形成的、在职业过程中所表现出来的综合品质。因此,本研究认为职业素养是指从业者通过学习、锻炼和积累,并在其所从事的职业过程中表现出来的综合品质。

　　① 陈再兵.智障学生职业素养调查与教育对策研究[J].南京特教学院学报.2008(2):20-23.
　　② 周月友,钱群雷.以职业素质为中心的学生综合测评体系构建研究[J].中国电力育.2010(18):39-40.
　　③ 张钊,姜凤艳.现代服务业高职学生职业素养内涵探析[J].中国成人教育.2010(16):81-82.

3. 教师的职业素养

叶澜认为,教师的职业素养是教师教育的基本问题,也是教师自身发展的重要问题,是对从事教师职业的人员提出的整体要求,是当代教师质量的集中体现,它承认教师职业是一种以专业性职业为前提具有丰富的内涵的职业。[①] 林崇德认为,教师职业素质由教师的职业理想、知识水平、教育观念、监控能力和教学行为五种成分构成。[②] 李光辉、唐艳平认为,职业素养就是从业者在从事相应职业时在知识修养、能力各方面具有的水平。[③] 体育教师作为教师队伍的重要组成部分,体育教师的职业素养也成为衡量教师队伍职业素养的重要指标之一。体育教师的职业素养主要包括思想品德修养、文化修养、专业技能、能力素养。冯霞、史晓惠在其研究中认为,教师职业素养是指教师的职业观念、行为规范和道德品质在其从事教育活动过程中逐步形成并表现出来的综合品质,用于调节教师与他人、集体以及社会相互关系的行为准则。其包含教师的仪表言行、职业道德法规、教师业务工作能力、职业协作配合四方面的内容。[④]

综上所述,各位学者从个人研究的侧重点和定位出发,对教师职业素养进行了理解定义。教师职业素养是教育从业者在一定的生理和心理条件的基础上,通过从事教育劳动过程中表现出来的专业理念和师德、专业知识、专业能力的总和,是在其所从事的教育职业过程中表现和发挥出来的综合品质。

---

① 叶澜.新世纪教师专业素养初探[J].教育研究与实验.1998(1):41-46

② 林崇德,申继亮、辛涛.教师素质的构成及其培养途径[J].中国教育学刊.1996(6):16-22.

③ 李光辉,唐艳平.论体育教师的职业素养[D].职业时空,2007(22):28.

④ 冯霞,史晓惠.河南省农村中学体育教师职业素养研究[J].体育师友,2013(3):63-65.

(二)体育教师职业素养的基本要素

体育教师职业素养的构成要素包括职业信念、教育理念、职业道德、知识结构、能力体系和身心修养六个部分。

1.体育教师的职业信念

我国学术界主要从哲学和心理学两个领域对信念进行理解。哲学界认为,信念是价值意识观念的形式之一,是人对某种现实或观念抱有深刻信任感的精神状态。心理学认为,信念是人们自觉行动的激励力量,是人们赖以从事实践活动的精神支柱,是主体对于自然和社会的某种思想见解及理论原理坚信无疑的看法。信念一旦确定之后,就会决定一个人行为的原则性和坚韧性,并会给主体心理活动带来深远的影响。尽管两种理解存在一定的差异,但其基本内涵还是比较一致的,即都承认信念是主体对一定客体的反映。这种反映使主体对客体产生较强烈或深刻的信任,从而使主体对于从事与客观相关的活动或行为时有一种方向性、坚定性和原则性。据此认为:教师职业信念是指教师在对自己从事的职业有了一定的认识的基础上,在教师劳动价值方面所产生的坚定不移的态度。

教师职业信念是指从事教师职业的重要动机之一,特别是当教师尚未完全认清教师的劳动价值的时候,其赖以从事教育活动的支柱和指南就是教师职业信念。而当教师心中具备了坚定科学的教师职业信念之后,这种信念就会对其教育职业生涯产生深远的影响,在一定程度上决定着其投身于教育事业的坚定性、原则性和方向性。

2.体育教师的教育理念

教育理念是教育主体在教育实践及其思维活动中形成的对"教育应然状态"的理性认识,是蕴含在教育行为中具有相对稳定性、延续性的教育价值取向与精神追求。高校阶段是学生生长发育和个性形成的重要时期,是学校教育的最高层次,也是学生在校学习的最后一站。高校体育是学生从学校体育走向社会体育的转折点，也是奠定学生终身体育思想的重要阶段。因此，高校体育教师要适应新时期高等教育发展的需要，就必须建立新的教育理念。

首先，树立健康第一的教育理念。健康第一是国家长期坚持的育人宗旨。党和政府一贯重视青少年的身体健康，把培养体魄强健、身心健康的接班人作为学校教育的首要目标。同时，我国的教育方针也强调要培养德智体全面发展的高素质人才。这就要求高校体育教师必须把学生的身心健康放在首位，努力提高学生素质。

其次，树立以学生为主体的教育理念。现代体育教育以素质教育替代应试教育，强调以学生为主体的教育理念。这种教育理念打破了教学以教师、教学大纲为主的填鸭式教学方式，要求体育教师在教育教学中要发挥自己的主导作用，分析每个学生的性格特点及爱好，调动学生的积极性，调整和顺应学生个体的体育需要，让每一个学生进入相应的自我管理状态，充分发挥学生的自主性，尽可能满足每个学生的要求。

最后，树立终身体育的教育理念。进入高校的学习时期是学生身心发展较为成熟的时期，是接受教育自我完善和实现个体社会化的最佳阶段。高校体育正处于学校体育与社会体育的中间环节，有着承前启后的作用，对实施终身体育、进一步培养学生独立锻炼的习惯与能力和形成终身体育观，具有长远的战略意义。而高校体育教师作为高校体育教育的主体，在培养学生方面有着不可替代的作用，因此高校体育教师应当注重自身的学习和修养，适应现代教学发展的需要。

3. 体育教师的职业道德

教师职业道德简称"师德"，是教师献身教育事业的根本动力。它主要包括教师职业的责任感、事业心以及教师的工作积极性和工作态度等。师德的核心包括思想品格和道德水准。师德既具有发展性，也具有适应性和继承性。随着时代的变迁和社会的进步，师德建设必然会面临新的问题,提出新的要求。因此,在社会变革的洪流中,教师要更好地自我定位,深刻理解教师职业道德的重要性。

改革开放以来,我国社会主义经济的发展和社会进步举世瞩目。社会主义市场经济条件下,人们的思维方式、生活方式和价值观念也在迅速变化。再加上科教兴国战略的提出和实施,已经把教师的职业提到极其重要的地位上。教师应该从教育方式、教育内容、教育观念和教育模式等方面适应新时期的要求。努力做一名忠于人民教育事业,具有传统教育美德和现代教育品质的教师是社会主义市场经济条件下对我国教师的基本准则,它充分体现了教师职业道德的本质和时代要求。

忠于人民教育事业的崇高理想和品格主要源于对教育在富国强民、振兴中华道路上的地位与作用的认识和对人民教育事业的责任感。只有把对教育的责任与国家兴亡、民族的强盛、现代化建设的成败有机地联系起来,才能对教育事业有较深刻的认识。有了这样一种认识,才会对教育事业产生一种执着的追求和具有一个崇高的品格,才会坚定地献身于教育事业。

教育发展是一个承前启后的系统工程,必须依赖于前人的基础。传统的教育道德是中华民族五千年文明精华的重要组成部分,是教育先驱们为我们积留的美德。教师职业道德的修养也具有一个继承与发展的过程,广大教师必须在弘扬传统教育美德的同时,紧跟时代变化的要求,适应社会主义现代化和市场经济的新情况,不断发展和完善自己,使自己的教育职业道德既具有传统教育的美德,又具有现代教育的品质。

4. 体育教师的知识结构

教师的知识结构是指组成教师知识系统的各学科之间的组合方式及其比例关系,是通过一定中介形式,使各学科的知识组合为创新型体育教师体系中的元素。首先,体育教师要有深厚的基础知识,它包括人体科学知识和教育学科知识,在人体科学知识方面包括运动生理学、医用生物化学、运动医学、运动生物力学等,在教育学科知识方面包括教育学、心理学等学科知识,基础知识既是教师解决在教学过程中解决难、新问题的工具,也是指导体育教学工作的基础。其次,体育教师要有扎实的体育专业知识。这一点对于教师来说不仅是从事体育教学所具备的知识元素,同时也是构成知识结构的核心。因为扎实的专业知识可以使教师熟练地掌握现代体育教学的发展趋势和方向,并能够让教师迅速获取与体育教学有关的各种信息,把握体育技术的发展规律和教学特点,为更新教学理论和方法提供保障。作为教师除具有本学科知识外,还应具备管理学科、社会学科及自然学科的知识。这些学科知识是现代体育教学的需要。因为现代体育教学过程是一个复杂而庞大的系统工程,需要教师进行多个学科知识的综合应用,才能更好地驾驭体育教学活动。就体育教学的主体而言,体育是对人的教育过程,而人体本身就是一个非常复杂的系统,不仅具有社会属性,而且具有自然属性。对人体进行创造性的教育当然要从人的本质属性出发,并具备相关学科、相邻学科知识,才有可能把教师从事的教学工作提高到全新的科学水平上。

5. 体育教师的能力体系

随着知识的不断增加、积累、选择、更新、综合和创造,教师需要把所学的知识转化为能力服务于对学生的教育。能力是指能胜任某项任务的主观条件,即完成一定活动的本领。教师的专业能力是指教师在完成教育教学和管理活动过程中的实际本领。教师专业素质诸要素中最重要的就是建立在教师优化的知识结构和丰富的实践基础上的专业能力。专业能力和专业素质的形成与发展走着同一条道路,它们都是在人的活动(认识活动与实践活动)过程中形成与发展的;而专业能力必须以专业素质为基础,专业素质的特点是"内凝",是人在其活动过程中非对象化的结晶;专业能力是"外显",是人在其活动过程中对象化的呈现。本研究中普通高校体育教师的能力素养表现在体育教学能力、指导能力、教育管理能力、教育研究与创新能力及社会能力五大方面。

6.体育教师的身心修养

良好的身体素质是体育教师保持和提高运动技术水平、进行体育教学和适应社会体育工作的必要条件,这就需要体育教师不但要具备一定的身体素质,更要重视身体素质的提高。同时,在教育过程中,体育教师的心理品质对学生的影响也是其他任何教育手段都无法代替的,它是体育教育过程中不可或缺的重要因素,是完成体育教学任务的前提条件,直接影响着体育教学工作的成败,这是一种巨大的教育力量,在潜移默化的过程中影响着学生的身心发展。

二、大力推进教师队伍建设

习近平总书记明确指出,教育工作的根本问题涉及三个主要方面:培养什么人、怎样培养人、为谁培养人。当前高校的思想政治工作必须紧扣于此,坚持将思想政治教育贯穿教育教学全过程,把立德树人置于教育工作的中心环节。作为人类灵魂的工程师,教师肩负着教书和育人的双重任务,理应在夯实理论知识基础的同时,塑造学生人格,也就是说,教师的身份是双重的,既是前沿知识的传递者,又是先进文化的传播者。如果说课堂是开展思政教育工作的主渠道,那么教师作为课堂参与者在其中起主导作用,其重要性不言而喻。作为渠道分支的高校体育教学,理应在教学过程中切实贯彻立德树人的教育思想,充分发挥高校体育课堂的传播载体作用,通过不断丰富体育课的思政教育形式,有效改善体育课思政教育的工作效果。

(一)加强教师自身建设

1.树立坚定的政治信仰

高校体育教师提升思政教育融合能力应树立坚定的政治信仰,即马克思主义信仰,这是做好一切教育教学工作的思想基础。高校体育教师要从思想上树立坚定的政治信仰、拥护中国共产党领导,不断提高政治素养、强化政治底线。

首先,高校体育教师要坚定理想信念。高校体育教师要深化中国特色社会主义理论体系的学习和把握,自觉践行中国特色社会主义道路,坚持中国特色社会主义共同理想,不断增强道路自信、理论自信、制度自信和文化自信,做到对马克思主义的真懂、真学、真用、真信。

其次,高校体育教师要坚持正确的政治立场,强化政治底线思维。高校体育教师要始终站在党和人民的立场分析问题、解决问题,加强党的基本理论、基本路线、基本纲领和基本经验的学习,不断深化对党的理论、路线、方针、政策的理解,加深对中国特色社会主义的思想认同、理论认同和情感认同。

最后,高校体育教师要努力提高自身的政治鉴别力和敏锐性,在面对重大政治问题的时候,时刻能够与党中央在思想上、政治上、行动上保持一致,坚决抵制政治立场模糊的情况,始终做到方向正确,立场坚定。

2. 加强马克思主义理论学习

加强马克思主义理论学习也是高校体育教师思政教育融合能力提升的关键,高校体育教师只有不断加强马克思主义理论学习,自觉学习新观点、新思想、新提法等,才能更好地指导学生掌握马克思主义的最新发展成果,用发展的马克思主义武装头脑。

首先,高校体育教师要自觉主动地钻研通读马列主义经典著作,提高马克思主义理论的学习水平。学习马克思主义理论的途径虽然有很多,但是马列经典著作是马克思主义经典作家直接撰写的理论著作,不仅能够最直接、最集中地阐述马克思主义理论的基本思想和基本观点,而且能够鲜明具体地表现出马克思主义理论的科学世界观和方法论。高校体育教师在研究学习经典著作的过程中逐步形成对马克思主义的全面认识和理解,坚定信仰并积极实践,在此基础上夯实学科基础,将经典著作与教学实践相结合,促进教材体系向教学体系转变,并在教学中科学地阐明马克思主义理论的科学性。

其次,高校体育教师要深刻领会马克思主义的科学精神,认识和学习马克思主义经典作家求真务实的科学精神和治学态度,是我们坚定信仰的重要途径。

再次,高校体育教师要积极学习马克思主义最新理论成果,因为马克思主义理论是持续发展的理论。理论联系实际是马克思主义最重要的方法论之一,理解掌握马克思主义理论体系,要加强对马克思主义重大问题的研究和思考,强化问题意识,提升分析和解决问题的能力。要想教好课,就要不断关注马克思主义理论的最新进展,更新自己的知识理论体系,并且能够将最新的理论知识运用到日常教学工作中。

最后,高校体育教师要树立终身学习的理念,积极主动参加学习培训,开阔视野,更新现有的知识结构,扩大知识储备,增强业务能力;要做到自觉通过各种渠道获取新知识、新信息,使自己不落后于时代,不远离当前社会发展,养成终身学习的习惯,成为终身学习的践行者。教师只有不断学习和努力掌握马克思主义理论,才能从根本上提高自己的理论水平和判断是非能力。

3. 提高教学与科研的能力

高校体育教师要自觉提高教学水平。首先,要运用多种教学方法,在理解掌握教材内容的基础上,了解大学生的思想政治状况,结合当前的社会实际,采用多种教学法相结合进行课堂教学,如案例教学法、互动教学法等;其次,要改革教学手段,在教学过程中做到传统与现代相结合,学会运用互联网、新媒体等现代的教学手段;再次,要做到理论与实践相结合,在体育教学当中,融入德育、美育的同时,还应该加强实践教学,帮助大学生了解社会现实,提高理论联系实际的能力,达到教学效果;最后,要根据学生的学习状态、性格特征、理解能力等多方面的情况做到因材施教。

教学与科研是紧密联系在一起、密不可分的,要平衡好教研的关系,实现教研的良性互动。教师在提高教学水平的同时也要自觉地提高科研能力。一要主动发挥自身知识的宏观性、综合性强的优势,积极参与人文社会研究项目和省部级哲学社会研究项目;二要积极参与教育部门主办的体育课程教学及课程思政的相关研究工作;三要积极参与高校课程思政相关培训等多种形式的教师培训活动,通过学习交流来提升自身水平;四要主动参加各种学术研讨会或是学术报告会来提高科研水平。

高校体育教师在提高教学与科研能力的同时,还要树立与时俱进的教学理念。教学理念是指教师对从事教学活动的认识和看法,与时俱进的教学理念对课堂教学活动有着极其重要的指导意义。就高校体育教学来说,教材不断进行修订,教学内容更新较快,高校体育教学需要树立与时俱进的教学理念,始终走在时代的前沿,及时对社会热点问题进行了解和分析,才能更好地达成课程的教学目标。教师是教学的实践者,要能够正确地吸收新课程改革方案的信息,领会改革方案的实质,将新课程的改革方案落到实处。

树立创新意识也有利于提高教学与科研水平,高校体育教师要敢于提出质疑,阐述自己的观点。在教学过程中,要发挥主观能动性,善于把教材中的理论内容与面临的新情况、新问题有机结合起来。根据学生不同的个性,因材施教,调动学生的积极性和主动性,培养学生的创造性精神。自己根据课程改革的要求,对教学内容和形式以及教学方法手段不断进行改革创新。

4. 提高师德修养

习近平总书记在 2016 年全国高校思想政治工作会议上要求教师做以德立身、以德立学、以德施教的典范,提高师德素养,坚持做到"四个统一":教书和育人相统一,言传和身教相统一,潜心问道和关注社会相统一,学术自由和学术规范相统一。

　　教书和育人相统一。高校体育教师比其他教师更加强调育人,体育课堂是进行体育教学与思想政治教育融合的主渠道和主阵地。在体育教学过程中应深挖德育元素,适时适当地将马克思主义理论教育、中国特色社会主义理论教育、核心价值观教育等融入教书育人的过程中。言传和身教相统一。教师对马克思主义理论首先自己要做到真学、真信、真懂,不断提高自身修养和理论水平。以德立身、以德立学、以德施教,坚持不懈地传播马克思主义理论,做社会主义的坚定信仰者、宣传者和践行者,正确引导学生,为学生提供正确的思想基础。潜心问道和关注社会相统一。体育课程包含理论和实践两大部分,讲好课,既需要讲好理论知识,也需要有熟练的技能技术。体育教师要具备较高的学术研究水平,将书本内容转化为教学内容,使学生在听懂的基础上接受和认可,达成教学目标。学术自由和学术规范相统一。高校体育教师应在学术研究中进行大胆探索,发现问题,正确判断但不能刻意抹黑。

　　亲其师,信其道。高校体育教师只有具备政治强、有信仰、满情怀、思维新、自律严、人格正的综合素质,用高尚的人格感染学生、赢得学生,用真理的力量感召学生,以深厚的理论功底赢得学生,自觉做为学为人的表率,做让学生喜爱的人,才能潜移默化影响学生,与学生成为亦师亦友,真正成为学生健康成长的指导者和引路人,引导学生增强中国特色社会主义道路自信、理论自信、制度自信、文化自信,才能真正将体育教学与思想政治教育相融合。

　　5. 参加社会实践活动

　　高校体育课程具有实践性的特点。高校体育教师要通过积极进行教学实践活动,使学生从内心感受高校体育课程与思想政治教育相融合不是空洞的说教课,而是与现实生活紧密联系的,有利于提高学生学习的自觉性的实践课。同时在教学中要避免老师讲、学生听单纯的理论灌输现象,结合课堂教学组织,学生与老师一起进行社会调查,用自身的感受教育学生,对当前社会热点问题进行主动地思考和研究。坚持理论与实践相结合,借助社会实践平台,实地考察红色博物馆、革命教育基地等进行实践教学,促进教材体系向教学体系的转化,激发学生学习的兴趣。

(二)完善外部条件建设

1. 构建齐抓共管的工作机制

高校党委要树立课程思政理念,建立课程思政工作格局,围绕学校思想政治教育阵地建设,推动学校各个阵地资源整合,构建齐抓共管的工作机制。党委负责教师思想工作的统筹领导,职能部门是贯彻实施统筹领导的责任部门,发挥党委职能部门对意识形态和思想教育以及道德文化建设的主导作用,承担在教师思想政治工作整体部署中的相应职责。高校党委要发挥思想引导作用,深入开展思想宣传和教育,加强教师理想信念教育,组织政治理论学习,提升高校体育教师的政治素养,更深入地加强对中国特色社会主义的理论、政治、情感认同,自发地做核心价值观的践行者。高校党委还要对关于高校思想政治教育工作文件的落实情况、高校体育教师队伍建设情况进行监督,对约谈问题明显的部门负责人提出问题清单、任务清单、责任清单,加快促进相关文件的落实工作。

坚持党政部门协同配合。当前,意识形态领域交锋激烈,价值观多元趋势明显,这些都对体育教师的思想产生了巨大的冲击和深刻影响。要更好地解决高校体育教师思想上出现的问题,仅仅通过说服教育是远远不够的,必须要找准和解决产生这些问题的源头,把思想教育与科研工作、管理服务相结合,要做到党政各部门协同配合,将教师思想政治工作贯穿于职业生涯全过程。发挥各级组织在体育教师思想政治工作中的积极作用,紧密联系实际,下大力气将工作落细、落小、落实。为体育教师提供创造宽松的工作氛围,尊重体育教师的个体差异和发展诉求,主动深入到体育教师生活中,突出人文关怀,解决现实生活中关系体育教师切身利益的问题,把思想政治工作融入体育教师工作、学习和生活的不同方面,在潜移默化中激发体育教师立德树人、教书育人的自觉性,促进体育教师素养全面提升。

2. 严把教师任职入口关

学校对新入职的高校体育教师应该对其进行全方位的考核和评估,确保每一位教师不但拥有扎实的体育学科教学能力,更拥有坚定的马克思主义信仰,在向学生普及马克思主义理论知识的同时,传递社会正能量。

3. 加强教师培训工作

加强对教师的培养培训,提高高校体育教师的素养水平。首先,高校要形成以理论学习和集体备课、听课、评课为核心的制度,引导高校体育教师增强对中国特色社会主义思想、理论、情感的认同,更好地帮助他们把握党和国家最新的理论、方针、政策,更好地做到当前社会热点现象与教材内容相结合,不断提升教学能力。其次,高校要给体育教师提供不同形式的进修学习机会、进修和深造提升的途径,更新扩大现有知识储备,开展学术交流活动,提高科研水平;创造实践条件让教师深入社会,了解社会,增强社会实践能力。最后,注重对高校体育教师道德素养的培养,建立培育体育教师道德素养的学习培训制度,宣传优秀体育教师事迹,引导体育教师注重塑造自我形象,做到信仰坚定、行为端正、道德高尚,成为教书育人的典范,既可以教育学生,又可以影响学生。

通过以上这些形式,使高校体育教师在政治信仰、理论学习、知识水平、业务能力等素养方面不断提高。

第五节　建立健全高校体育课程思政的制度规范

推动体育课程与思想政治理论课同向而行,坚持"立德树人"育人导向,需要高校以及相关部门的支持与配合,建立大学体育课程思政的领导制度,以更加有效的运行制度推动大学体育课程思政的育人进程,对高校体育课程思政进行客观公正的评价,推动体育教师真正将育人行动落实到具体的教育教学活动中,形成求真务实的育人风气,避免形式主义。同时,为提高大学体育课程思政育人工作水平,相关人员也要善于"精准反馈",对高校体育课程思政运行中存在的不合理的环节进行调整和完善,下大力气切实保障高校体育课程思政建设顺利推进。

一、坚强有力的领导制度

大海航行,离不开舵手对航行方向的规划。行军打仗,离不开将领对大局的操控指挥。高校体育课程思政的实施同样需要领导班子的统筹谋划和支持。制定高校体育课程思政的目标,对高校体育课程思政的内容进行整合优化、为高校体育课程思政的开展配备专业人员,等等,这些环节的实现都需要在专门的领导班子的统筹下着手开展。因此,必须建立党委统一领导、教务部门牵头主抓、相关部门协同联动、院系推进落实的领导工作机制。为推动大学体育课程思政取得实质效果,高校各级行政部门要加强对课程思政的重视与推广,做好课程思政的研讨、交流和培训安排,积极配合体育课程思政教学工作的开展。教务处要根据体育学科的特点确定培养目标、制定高校体育课程思政实施方案、举办高校体育课程思政教学设计大赛等,多渠道、多角度推动大学体育课程思政向着纵深、全面方向发展。高校体育课程思政的领导班子必须具有成事的真魄力,严格按照章程领导大学体育课程思政的开展,使其成为善于发现问题、解决问题的内行领导,为高校体育课程思政的开展提供切实可行的决策方案。

二、切实有效的运行制度

推动高校体育课程思政的有效运行,就要紧紧抓住体育教师队伍这个

"主力军",占领体育课程建设的"主战场",开拓体育教学的"主渠道",就是要从高校体育课程思政的制定到大学体育课程思政的实施,都要按照严格的标准和程序进行,使高校体育课程思政能够按照预定的轨道顺利前行。

第一,成立高校体育课程思政的专门机构,即体育课程思政委员会,专门负责高校体育课程思政的筹备与运营工作。高校体育中的思想政治教育因子丰富多样,开发、运用高校体育课程的育人资源,在教学过程中实现对大学生技能传授与价值引领的统一,推动体育课程与思想政治理论课协同育人目标的实现,需要专门的组织机构对其进行规划和设计。建立大学体育课程思政委员会,为大学体育课程思政的开展配备专业的人员、筹建优质的共享资源,为体育教师提供现场教学观摩、教师教学培训,推出体育课程思政示范课程等,使高校体育课程思政的开展形成规模、形成范式,是高校体育课程思政委员会必须切实解决的问题,也是推动高校体育课程思政有效运行的基础。

第二,严把大学体育课程思政制定的标准关。高校体育课程思政是遵循一定的目标、运用一定的内容、借鉴一定的方法开展的,目标制定是否科学、内容教授是否全面、教学手段是否适宜,都有一定的标准和要求。为了使高校体育课程思政的开展有据可依、有理可循,需要在这些环节的制定中,严格按照既定的标准进行构建。

第三,对高校体育课程思政进行科学合理的宣传推广。受传统教学理念的影响,我国高校在体育教学中依然存在重技术、轻价值引领的问题。目前我国课程思政建设处于兴起阶段,很多体育教师对其的理解和掌握还不够透彻,从而影响高校体育课程思政的开展。因此,积极创造条件对高校体育课程思政进行推广,分享教学理念和教学经验,有利于引导体育教师在学习、探索中推进大学体育课程思政的运行。

第四,完善奖励机制。确保大学体育课程思政的顺利开展,不仅要通过检查考评机制来调动体育教师的积极能动性,还需要运用考核评价结果,定期或者不定期地组织开展大学体育教师的评优活动,对于在体育教学活动中积极进行课程思政建设并取得教学效果的教师进行表扬,并将其作为体育教师岗位聘用、评优奖励以及选拔培训的参考标准。在体育教学成果的表彰激励工作中,要加大对高校体育课程思政教学成果的支持力度。

三、客观公正的评价制度

在体育课程教学中,根据课程内容中所蕴含的思想政治教育因素,在增强大学生运动知识和技能的同时,潜移默化地实现对大学生"德"的教育。因此,为推动高校体育课程思政切实能够达到预期的育人成效,不仅要明确高校体育课程思政评价的内容,还要结合高校体育课程思政开展的特点,对高校体育课程思政的过程和成效进行客观而公正的评价。笔者认为,学校内部可以采用以下方法推动高校体育课程思政评价工作的有效开展。

第一,通过评审法对高校体育课程思政的开展进行评价。高校体育课程思政的进展程度如何,存在哪些问题,需要做出怎样的修正改进,这些与高校体育课程思政能否顺利开展相关联的实际问题,需要得到客观、全面、科学的评价,因此邀请学校领导及相关学科教师,甚至是参与体育课程学习的大学生,对高校体育课程思政的价值进行判断、评审是十分必要的。

第二,学校领导要关注高校体育课程思政的开展情况,要定期或者不定期地通过听课、检查体育教师的备课情况,召开体育教师、学生座谈会等方式,以旁观者的身份对高校体育课程思政计划做出客观、公正的评价,检查评估高校体育课程思政开展的优点和缺陷,并提出建设性意见。领导评价的主要内容包括:高校体育课程思政的开展是否符合学校培养目标、是否满足大学生认知需要以及体育教师的教学效果、教学素养、教学行为等。

如要针对高校体育教师的思想政治素养、教育教学能力与态度、个人工作业绩等情况进行客观、公正的评价,综合考虑大学体育教师在德、能、绩、勤等方面的日常表现(参照表10-1)。

表10-1　大学体育教师考核评价参考目标

德	思想政治素养及党性觉悟、为人师表的道德品行、遵纪守法等
能	教学活动创新能力、语言表达能力、新媒体设备应用能力等
绩	特色教学活动开展情况、个人科研成果等
勤	与学生交流情况、出勤情况等

第三,由于高校体育教师是开展高校体育课程思政的策划者、组织者、实施者,对于该计划方案的内在精神和具体实施过程有较深的理解和把握,对大学生的学习热情和学习能力比较熟悉,因此体育同行,即同一教研室、年级组的其他体育教师要积极交流、广泛合作,采取听课和座谈的形式,积极通过实践考察对大学体育课程思政的目标、内容、实施等情况,实事求是地加以评价,善于从中发现问题并提出合理的改进措施。同时,体育教师在授课后要及时进行自我分析,反思自己在教学过程中是否遵循了课程思政的教育理念,是否在教授学生运动技能的同时实现了对学生价值观的引领,存在哪些可取之处或者薄弱环节,对自己的专业素养、组织潜能等都要有准确的认识和比较全面的分析,为下一次开展教学活动积累经验。

第四,通过问卷法对高校体育课程思政的开展进行评价。问卷法是一种常见的调查方法,要求被调查者根据设计好的若干问题做出书面回答。而且问卷调查省时省力,被调查者在接受调查时可以直抒己见,避免了面对面交流带来的顾虑。大学体育课程思政的开展旨在通过体育课程中蕴涵的思想政治教育因素,以润物无声的隐性教育方式,在强健大学生体魄的同时引导其树立正确的价值取向,增强集体主义、爱国主义、社会主义情感。但是,怎样鉴定高校体育课程思政的开展存在哪些良性因素和非良性因素;如何判断大学生通过体育课程的学习,对其认知、情感、态度、行为等方面产生了影响,影响的程度深浅等问题,都需要通过一定的途径了解相关人员对此所持的态度和观点的倾向性。因此,问卷法作为一种调查方法,理应成为评价高校体育课程思政的可供选择的方法,调查的对象主要包括参与体育课程学习的大学生、体育任课教师以及思政课教师、院校领导等。

四、及时畅通的反馈制度

全面深入地掌握高校体育课程思政开展中教师"教"以及学生"学"的过程及效果的动态信息,确保获取消息的可靠性以及建设性,关键是要对高校体育课程思政的教学状况进行及时的反馈。这就需要在教师和学生之间形成信息交流的闭合回路——教师要善于借助体育教学环境,将大学体育课程思政的相关信息传递给学生,使学生能够有效接受;学生要及时将所获取的信息向老师或者学校反馈,通过这样的双向互动来搭建及时畅通的反馈制度。

第一,高校体育课程思政的实施要尽可能地满足大学生的发展需求。高校体育课程思政将知识传授和价值引领相结合,在提高学生身体素质的同时,也注重学生思想品德的提升,是为满足学生成长发展服务的。创造大学体育课程思政实施的最优条件和环境,使学生的身体、精神需求在这一教学活动中得以实现,使其成为社会所需要的人才,这是对大学生进行信息输入的重要环节,是对大学体育课程思政进行有效反馈的一个重要基础。

第二,形成科学、合理的反馈渠道。高校相关部门要及时关注、督查高校体育课程思政的开展状况,为高校体育课程思政的实施注入原生动力。这就要求学校领导、学科负责人及时掌握大学体育课程思政教学的教学情况、体育教师的教学效果,通过不定期地开展质量性听课活动、深入班级与学生交流、查看校长信箱等途径,多渠道了解高校体育课程思政的实际动态,使其成为出台相关的调整措施的一手依据。

第三,体育教师也要及时整合来自各渠道的反馈信息。为了直观地了解大学体育课程思政的运行状况,体育教师或通过学校管理者的听课信息,或根据学生对教学活动的反映,对自我的教学情况进行初步的诊断,梳理教学的可取之处以及存在的问题,将此作为改进教学方案的依据。这既是体育教师对反馈信息的回收阶段,也是为调整教学方案做前期准备的阶段。

第四,注重大学体育课程思政实施成效的总结性评价。通过信息的回收、方案的调整、教学的再实施,需要对大学体育课程思政的教学成效进行总结性的价值判断,为下一阶段的教学工作提供导向。这样的反馈体系,有利于教育者在及时掌握教学动态的基础上,对教学方案及过程进行合理的调整、完善,保障大学体育课程思政实现立德树人的育人目标。

第六节　筑牢高校体育课程思政的文化保障

大学文化对于大学生的价值塑造、人格培育具有潜移默化的影响力。体育文化作为大学文化中不可缺少的一部分,是大学生强健体魄和精神塑造的重要教育资源。推动大学体育课程思政的开展,离不开校园体育文化的熏陶。笔者从体育精神文化、体育物质文化以及体育制度文化三个角度分析了校园体育文化在高校体育课程思政开展中的积极作用,并提出了优化校园体育文化的相关建议。

一、注重高校体育精神文化的形成

大学校园体育精神文化展现了一所学校的体育风格,是广大师生在体育活动中所形成的价值取向、精神追求、道德情感的体现,它所折射出的属于学校体育所具有的感染力、凝聚力和震撼力,无时无刻不影响着体育课程的组织者、参与者。

加强大学校园体育精神文化的传播,对于大学体育课程思政的实施具有极大的促进作用,这就要求在形成大学校园体育精神文化的过程中,要注意从以下两个方面着手。

一是要注重广大师生体育价值观念的形成。大学体育课程思政的开展,以大学体育课程为依托,以大学体育课程的实施环境为主要空间,贯之以思想价值的引领。这一实践活动的广泛开展,需要老师及同学的相互配合,既要求体育教师积极组织、丰富体育教学活动,又需要学生主动参与体育课程的学习。而要激发两者的主动性不仅仅要靠外部的推动作用,更需要广大师生树立起参与体育课程的信念和标准,即体育价值观念,这对于体育教师以及学生参与体育活动的态度和行为具有重要的影响力,直接影响着大学体育课程思政实施的效果。

二是要重视民族体育文化在校园体育中的熏陶作用。大学体育课程思政的实施需要从优秀文化中汲取营养,特别是对优秀体育文化的传承与发扬。各高校要根据本校的实际情况,立足于本校的培育任务、培养目标以及办学理念等,继承和弘扬民族传统体育文化中的优秀成果,推动民族传统体育活动进校园,使学生在丰富多彩的体育课程中增强民族自豪感,提升文化自信心,激发学生的爱国主义热情。

总之,加大校园体育精神文化的传播力度,营造积极向上的大学体育文化氛围,可以为大学体育课程思政的实施提供精神层面的支撑和引领。

二、重视大学校园体育物质文化的建设

大学校园体育物质文化,是大学为体育课程的开展,而向广大师生提供的进行体育教学、体育科研、体育活动所需要的物质条件和环境,主要包

括体育人员文化、体育设施文化、体育环境文化等,这些都隶属于大学校园文化的物态范畴。处于共建体育强国梦的时代背景下,注重大学校园体育物质文化的建设,积极因地制宜加强对校园体育场馆、体育场所、体育雕塑等的建设,加大对体育教学和科研设备的资金投入,已经成为各高校领导及管理者必须重视的问题。而且,这体现着高校对党的德智体美劳全面发展的教育方针的贯彻落实,关系到高校在推进素质教育进程中对于体育工作的整改与完善。推动大学体育课程思政的顺利开展,实现大学体育课程思政实施的目的,同样也离不开相关体育物质文化的支撑。这就要求各高校在校园体育物质文化构建中,从体育强国梦出发、从区域本土化出发、从校园特色文化出发,建设既符合校园环境又反映时代发展和进步的校园体育物质文化,如建构具有典型性的人文体育雕塑群、开展"中国梦·体育梦"主题展览、定期组织丰富多彩的体育文化宣传活动等,通过发挥校园体育设施以及体育环境的隐形教育作用,使广大师生在享受身体运动带来的机体平和以及视觉上带来的审美体验的同时,增强其情感上的共鸣,帮助师生在健康开放的校园体育物质文化环境中,形成高尚的体育道德风貌、坚韧的体育精神以及良好的体育品质,有利于激发学生的社会责任感和历史使命感,使社会主义核心价值观内化于心、外化于行。校园体育物质文化是广大师生在体育活动过程中所创造的成果,对于提高体育教师育人意识、塑造学生品行具有基础性的作用。

三、推动大学校园体育制度文化的完善

一般而言,校园体育制度文化主要包括两个方面的内容,即活动规范和行为方式。活动规范主要是指包括教学管理制度、学生业余活动的有关规定以及身体锻炼、运动竞赛等在内的学校体育活动的规章制度和管理思想;校园体育行为方式主要表现为广大师生的体育习惯、体育风气、体育方式、体育活动质量等。由于大学体育课程思政开展的特殊性,需要进一步

完善大学校园体育制度文化,以巩固大学体育课程思政实施的效果,为大学体育课程思政的实施提供制度文化上的保障。从活动规范层面来讲,各高校应该在遵循教育目的、学校体育目标以及课程思政目标的基础上,制定出适合本校发展的大学体育课程思政实施规范,广大师生能够共同遵守的办事规范和行为准则。例如,每一位大学体育教师不仅要具备专业的体育知识、精湛的运动技巧,而且要加强政治理论的学习,在教学工作中明确自己的育人使命;每一位学生在参与体育运动时都应该自觉遵守体育课堂要求,养成遵纪守法的良好习惯;体育场馆应根据学生需要适当修改场馆管理条例,体现"以人为本"的发展理念。从行为方式层面来讲,由于受到地理位置、环境特征等方面的影响以及各高校的类型、规格、办学的指导思想、办学条件等存在差异,各高校在建设校园体育文化的整体思路以及指导思想上自然有所不同,这就要求各高校在开展大学体育课程思政的过程中,根据自身的优势开展具有地方特色又与时俱进的校园体育活动。例如少数民族聚集的地区可以结合自身的民族特色,推动民族体育活动进校园,发扬优秀传统体育文化;东北地区则可以根据当地的气候环境,开展冰雪项目,让学生在体育运动中走进自然、亲近自然、感受自然;沿海地区根据地区优势,大力发展水上项目等。

总而言之,推动校园体育制度文化中所呈现的规章制度以及活动方式的实施,对大学体育课程思政的顺利开展、学生思想素质的不断提高,以及全面推进素质教育均具有十分重要的积极作用。

第七节　加强对高校体育课程思政的
监督管理和评价

一、高校体育教师选聘须将思想政治工作能力
作为考核要素

高校体育课程思政的发展是一项常态化工作,具有长期性,其发展效果的显现也不是立竿见影的。因此,关于高校体育课程思政的发展应逐步建立起一套完备的体系,在高校体育发展的各个环节紧抓课程思政发展。在高校体育教师选聘环节,将思想政治工作能力作为一项考核要素,通过层层的考核选拔,选出一批综合能力较优的教师,有助于高校体育课程思政的发展。针对公共体育课教师的考核选拔,除了一些常规性、必要性的考核标准,将思想政治工作能力列入考核标准,选优配强公共体育课教师,既有助于公共体育课的发展,增强高校学生的体育锻炼,也有效地促进了高校体育课程思政的发展,逐步实现全员、全程、全方位育人,有效践行"立德树人"根本任务。

二、要按相关制度要求加强对高校体育课程
思政工作的监管考核

高校体育课程思政的有效发展离不开强有力的监督管理,学校作为课程思政发展的第一任主体,对学校课程思政的发展有首要监督职责,各院系针对本院系专业课课程思政的发展也应加强监督和管理。从学校层面分析,学校可成立课程思政督导小组,督导小组的组长由校领导兼任,督导小组成员可抽调或者是选聘一些课程思政发展经验丰富专家学者,督导小

组的成立一方面是有效监管和指导学校体育课程思政的发展,另一方面表明学校对体育课程思政建设的重视程度。在学校日常的教育教学过程中,督导小组长带领小组成员定期或者是不定期地到不同学院检查相关课程思政工作,进入到体育课堂教学中听课,督导小组的检查工作在有序的计划中随机安排,在检查相关学院工作之前不透露行程安排,随机进课堂,坚决避免出现表演课或者是临近检查前现补各种材料现象,有效地促进高校体育课程思政的发展,实现课程思政的常态化发展。在督导小组日常的检查工作中,针对存在的问题,专家学者们结合实际情况形成反馈总结,将存在的问题和改进意见反馈给相应部门。如果在改进过程中存在一些难以应对的难题,督导小组的专家可有效地指导和帮助体育课程思政建设,真正发挥出监督管理的作用。

(一)要把高校体育课程思政作为常规工作常抓不懈

高校体育课程覆盖面广,其课程思政工作影响重大,因此应注重高校体育课程思政工作的开展。

1.高校各个职能部门间相互配合,协调推进高校体育课程思政的发展

高校课程思政的发展不是单一、独立的,仅凭某一方的力量是很难推进课程思政稳健发展的,因此需建立高校各部门联动发展机制,各部门互联互通,上下联动,共同促进高校课程思政的发展。在高校党委的统一领导下,教务部门、行政部门、学生工作管理部门、研究生处、各二级学院等相关部门之间相互配合,协调推进课程思政的发展,教务部门统筹安排好各项课程,在课程安排时对相关课程整理归类,在排课时充分考虑不同课程的特性,科学合理地安排课程。

高校体育课实践性较强,课程中促进学生积极锻炼身体,有助于身心健康发展,学生平时专业课学习任务重,教务部门在排课时因充分考虑体

育课的特性,将体育课可以排在每周中间的时段,有效地将专业课学习与体育锻炼相结合。同时学院在制定体育课实施细则时,充分考虑到体育课各个项目的特性,各院系学生的专业特点等,合理地调配体育课班级人数,体育教师在教学中的充分有效地利用好体育课中的实践载体,注重课程教学中对学生的思想引领,在课堂教学中注重贯穿体育精神,在小组活动、竞赛活动中注重锻炼学生的意志品质,有效地将思想政治教育内容融入体育课程教学中。

通过教研室教师集体备课、集体学习、集体研讨来逐步推进高校体育课程思政发展。针对课堂教学中出现的新问题、新难点可以通过集体讨论的方法,集思广益,深刻剖析原因,探索解决方法,在实践中不断总结,不断发展,及时发现问题,有效解决问题,推进高校体育课程思政建设长效、稳定的发展。

2. 充分发挥党团组织在课程思政发展中的作用

高校中党、团组织一直是高校发展中的中坚力量,在高校管理、学生教育等方面发挥着重要的作用,在课程思政的发展中,党团组织也可以发挥出巨大的作用。高校党委统一领导、统一部署课程思政工作的发展,党政齐抓共管,共同推进学校课程思政发展工作,各院级党委贯彻落实好学校课程思政的发展制度规范,结合各学院课程设置的实际,统一安排部署好各学院课程思政的发展,学院内部各级党支部关注、支持学院课程思政的发展,党员充分发挥先锋模范作用,学生党员积极学习有关课程思政的知识,认真学习思想政治教育知识,积极思考思想政治教育与专业教育的关系,在体育课程中积极配合教师课堂教学,通过合适的方式及时将课堂效果反馈给教师,带动课堂氛围,带动其他同学积极学习。教师党员认真学习思想政治教育内容,夯实自身专业知识,认真备课,灵活组织教学,在上好体育课程的基础上有效挖掘课程中的思想政治教育元素,寻找思想政治教育的融入契机,有效地将思想政治教育融入公共体育课程中,在课余积极总结经验,坦诚地与其他教师分享交流课程思政发展的经验,相互学习,共同进步,带动学院体育教师课程思政建设的积极性,努力推进高校体育课程思政的发展。充分发挥党团组织在课程思政发展中的作用,对于推进高校体育课程思政的发展有着重要作用。

(二)将课程思政列为公共体育课教师年度考核的重要指标

高校体育课程所设项目不同,不同的项目有不同的教学目标。从学院层面分析,可有效的将课程思政发展的目标纳入体育课程教学目标中,定期地对不同项目的体育课程思政发展目标、发展过程进行考核,并将阶段性考核结果纳入教师的年度考核。由于不同项目的体育课程本身存在差异,所以课程思政考核标准的制定应有弹性,充分考虑不同项目的特性,不能用统一不变的标准去衡量所有公共体育课程,例如武术课的课程思政发展与瑜伽课的课程思政发展,两者融入思想政治教育的角度可能不一样,融入的力度也可能不一样,所以在课程思政发展评价需有一定客观性。具体的课程思政的发展目标的执行在于体育教师,体育教师要不断提高课程思政发展的执行力,在促进体育课程教学的同时注重课程思政的发展。

(三)树立典型,宣传表彰优秀教师

在高校体育课程思政发展过程中,树立一批先进典型,充分发挥榜样的作用,引领课程思政的发展。高校体育课程思政发展较好的先进对象的选取可包含高校、具体某个院系、教师。从小的范围来说,在高校内部,可选出一批课程思政发展得较好的院系,对教师加以奖励,鼓励其他院系教师积极向他们学习;从大的范围来分析,可以选取各地区优秀的高校、学院、教师进行表彰,在典型对象的选取上,需考虑到地区之间差异,教育资源的差异,对于一些欠发达的地区先进典型的名额稍微倾斜一点,鼓励其课程思政发展的积极性,在树立先进典型的同时,定期地选派一些先进代表组成宣讲团,开展一些必要的课程思政的宣讲。从而有效地促进体育课课程思政的发展。

三、经常性开展公共体育课课程思政经验交流

(一)建立校内公共体育课课程思政交流平台

第一,加强不同内部的定期交流合作。应以开放包容的心态对待高校公共体育课课程思政的发展,不断地学习先进经验,交流互鉴。一方面,在高校内部,有着文史类、理工类、艺术类、医学类专业,不同院系的发展方向不同,所开设的专业课程不同,不同专业课有不同的特性,课程思政的发展角度可能有所不同,在对不同专业课课程思政发展的探索中,积累了不同的经验,课程思政发展的角度可能有不同的创新视角,定期地加强院系之间课程思政发展的经验交流,相互学习,相互借鉴,有效地促进了课程思政的发展。

第二,建立思政教学部与体育部对口支援机制,思政教学部是学校开展思想政治教育工作的主力军,在思政工作方面经验丰厚,在高校体育课程思政建设方面,部门之间可以相互交流经验,定期召开交流座谈会,思政教学部定期地对体育部课程思政工作进行指导,加强交流合作,共同促进体育课程思政的长效发展。

第三,定期举办体育教师教育教学技能比赛。体育教师教育教学技能比赛可以是院级的、校级的,在条件具备的情况下,可以评选出优秀教师参加省级、国家级的相关比赛,通过技能比赛不断提高教师的教学技能,在比赛中表现优异的教师可以定期地与其他教师分享经验,在实践中相互交流学习,共同进步,努力提升体育课程教学质量。体育教师的教育教学技能不是短时间内就能速成的,需在实践中不断地锻炼。

(二)建立校外体育课程思政交流平台

第一,不同高校地域位置、师资力量、人才培养体系、教学资源等不同,关于体育课程思政的发展也会逐步建立起自己的一套体系,高校与高校间加强学习交流,建立互助平台,强化资源共享,在交流合作的基础上共同推进课程思政的发展。

第二,学校聘请体育课程思政建设方面的专家,对学校体育课程思政工作进行专业指导,也可以举办专家座谈会、专家讲座等,不断提升学校体育课程思政发展的能力,保障学校体育课程思政工作稳步发展。

第三,加强校外合作,引入一些优质的体育课程思政精品网络课程,建立便利的体育课程思政网络交流平台,促使体育课程思政科学发展。

第四,鼓励教师积极参加各类课程思政研讨会,定期进行进修访学,学习优秀的体育课程思政建设经验,加强交流合作。

(三)体育教师之间有意识主动开展交流

体育教师的教学年限、知识水平、思想观念等不尽相同,教学经验不一,关于体育课程思政的建设,不同的教师可能有不同的想法和观点,组织体育教师集体备课可以集思广益,教师间相互交流教学经验,关于体育课程思政的发展教师们相互讨论,共同寻找思想政治教育的融入契机,挖掘思想政治教育元素,有助于形成不同的观点,体育教师之间相互交流经验,能有效地提升体育课程的教育教学质量,进而促进体育课程思政的有效发展。

第八节　课程思政理念引领下高校体育教学课程的设计与开发

一、课程思政理念引领下高校体育教学中课程设计原则分析

（一）整体性原则

课程思政理念对学生思想道德的影响具有全方位的特点，是作为一个整体发挥作用。因此，隐性德育课程的设计应把学校的各种隐性教育因素作为一个整体进行构建，使之符合学校总体的德育目标。德育总是作为一个有机的整体而存在并发挥着功能的，离开了德育的有机整体，各种德育现象的特征及功能便无从理解。德育现象总是处在不断运动变化之中，学生的思想道德品质表现出动态性。课程思政的整体性作用是通过家庭、学校和社会协同产生的效应，发挥着综合的教育作用。

（二）实效性原则

课程思政理念依托高校体育课程为载体，将道德教育从课程功能的整合性、完整性的角度去设计与开发还是一个崭新的课题。需要树立新的德育理念和现代课程观，以创新的精神去探索并注重方法的实效性。课程思政的理念主要是培养学生的道德实践能力，让他们在实践中使内在性的道德概念转化为自己的道德观念，并成为自身道德评价标准，是实效性原则的一种辐射与传承。其关键点是强化学生主体意识，坚持强化意识培养，

提高学生的道德实践能力,这是消除障碍、调动学生学习积极性和创造性的一个有效措施。

(三)方向性原则

方向性原则是确保高校体育课程思政开发和利用的一个根本原则。高校险性德育课程必须充分体现社会主义德育课程的学科性质和内涵,坚持为基础教育服务,把它贯彻于课程的设计、实施和评价之中。引导师生通过学习进一步深化对课程思政建设重要性的认识,形成正确的认知观,树立新的课程体系观念。体育教师作为德育工作者,要坚持方向性原则,严格把好思想道德关,以科学的理论武装人、以正确的舆论引导人、以高尚的精神塑造人、以优秀的作品鼓舞人,确保高校体育课程思政的开发和利用始终沿着正确、积极、健康的方向发展,促进大学生的健康成才。

(四)主体性原则

以学生作为主体,在高校体育课程思政建设过程中,要考虑学生的现实需要和学生身心的发展规律。根据学生身心发展的规律把那些反映学生和社会发展需要的、代表先进文化发展方向的资源开发出来。高校要突出强调创新精神和实践能力的培养,就必须突出学生的个性发展。因为学生是道德教育、道德活动的主体,他们的人格发展是在特定的文化知识环境气氛的陶冶中,在特定的社会生活经验的熏陶下进行的。大学生的德育活动要体现对综合素质的全面拓展,各项活动要目标明确、内容高雅;要注重社会实践成果的教育作用,爱国主义教育基地的作用;要注重校园的环境建设,让接受主体有更多的实践体验。

二、课程思政理念引领下高校体育教学中课程思政可利用资源分析

(一)教师资源

体育教师的道德品质是课程思政建设的重要因素之一。体育教师的知识、态度、情感、品格是学生学习的重要内容,高校体育教师要用心灵去教学,教学过程也是教师的人格魅力展现的过程。高素质教师以人格作为教育背景,是以高尚的师德、深厚的学科素质为基础而形成的具有感召性的人格魅力和精神气质。以人格作背景既可以激发体育教师工作的自信心和自觉性,又可以引领学生的人格、志趣沿着健康的方向发展。除了日常体育教学活动外,还可以通过开展一些团体拓展等活动,在这些道德实践中使学生的人格得到完善和优化。

(二)学科特色

体育活动中师生、生生之间的关注、期望、竞争与合作等都具有重要意义,在高校体育教学过程中,体育教师可以有计划、有目的地通过体能训练(如冬季长跑)培养学生勇于吃苦、战胜困难的意志品质,通过开展体育竞赛培养学生团结合作、公平竞争等道德品质。可见体育学科具有丰富的隐含的德育资源,利用这一德育资源既是开发学科教育资源的需要,也是消除教育痕迹,提高德育艺术性,实现德育内化效力的必由之路。

(三)校园文化

体育教学也可以利用校园文化作为课程思政课程的重要资源,既可以通过贯彻坚持、进取、创新的钻研精神,开展中长跑、游泳等偏重个人技术的运动;又可以通过配合学校团结务实的氛围,开展足球、篮球等团队运动

项目;还可以为符合时代对大学生健全人格的培养需求,通过带领学生打太极拳,使学生紧张的情绪得以放松,使学生身心协调得以健康发展。

三、高校体育教学中课程思政的建构体系

高校体育教学中挖掘课程思政元素将是一个复杂系统的工程,不仅需要高校相关各部门的密切合作,还需要高校各类德育资源的整合。

(一)目标导向体系

由学校领导和体育教师负责,依据《中华人民共和国宪法》《中华人民共和国教育法》和《中国普通高校德育大纲》等相关方针政策,明确教育指向和人才规格,形成体育教学中德育工作的教学目标和教学责任。同时向学生宣传时代和社会的需要,帮助学生树立正确的自我发展目标,并引导学生组建细致合理、可执行的目标体系。通过直接调整教学目标和同接地调整教学目的、责任和学生的自我发展目标,充分发挥目标体系的导向作用和激励作用。

(二)管理网络体系

高校体育课程思政的管理主要包括两个方面,一是课程设计的管理,二是课程实施的管理。高校体育课程思政的管理必须充分调动校、系两级的积极性,实行分级管理。校级管理的主要职责是研究和设计校级隐性德育课程,审批活动项目的设置及所有活动项目的《课程思政课程指导纲要》,协调全校隐性德育课程的开设时间和场地,检查所有活动项目的实施情况;系一级管理主要负责本系学生课程思政课程学习的组织与管理,并指导系级隐性德育课程及《课程思政课程指导纲要》的编写。

(三)德育评价体系

加强体育教学检查,不仅要加强对学生的考查,而且要重视对体育教

师教学的检查,特别是体育教师的教学效果和执行《课程思政课程指导纲要》的情况,以减少体育教师在隐性德育课程教学中的随意性,建立的体系应该包括学生评价、教师评价、学校评价和社会评价,还应该包括定期性评价和随机性评价,除此之外,还要结合自我监督和舆论监督,为了及时有效地纠正存在的问题,要全面监控高校体育教育的环境。

在课程思政建设背景下,将高校体育教学与德育进行有效融合。尽管体育与德育课程各有侧重,但是在高校体育教学过程中,将德育与体育融为一体,互相渗透,互相影响,共同为全面提高教学效果服务。高校体育教学是高校德育的重要载体,在高校体育教学过程中,根据教学内容,结合学生心理特点,通过课程思政课程的方式,不仅有利于高校体育教学效果的提高,还让大学生自觉、自主成长,并通过不断的道德实践,提高自律的道德水平。高校体育教学中将德育与体育融为一体,两育并举,实现了高校全面培养人才的教育目标。

第十一章　课程思政理念引领下的高校体育教学方法创新研究

第一节　情境教学法在高校体育教学中的应用

情境教学法是教师根据课堂和学生的实际情况,围绕教学内容,设置特定的、生活化的、社会化的具体情境,引导学生进入情境中来,进而达到教学目的的一种教学方法。教师在进行"课程思政"教学时,可以构建具体的故事情境、问题情境、辩论情境、角色情境等生动形象的具体情境,通过角色扮演激发学生的兴趣,使学生在轻松愉悦的氛围中接受专业教育和思想政治教育,从而促使"课程思政"的教学效果达到最佳。

一、情境教学法概述

关于情境教学法,我国最早提出情境教学思想的是著名儿童教育家李吉林,她充分利用形象、情感,从实际生活出发,提高学生的悟性,进而逐渐增加学生的学习兴趣,由于情境所包含的意境理念,使得形象思维和抽象思维相辅相成、互相促进,进而使学生得到全面的发展,20 世纪 80 年代,西方教育学者们根据建构主义的原理,创立了以情境教学为基本内容的新兴教学模式——抛锚式教学。抛锚式教学理论认为,在自然和社会的场景中,学习个体之间存在着相互的作用,学习个体与情境之间也存在着相关作用,学习不能脱离情境而独立存在。随着情境教学法的不断发展,其在高校体育教学中也受到越来越多的重视,在高校体育情境教学过程中,通过教师示范、图像、录像等手段,展示体育技术的动作,把情境作为一个整体展现在学生眼前。同时,教师运用生动的语言和形象化的描述,使学生头脑中形成明确、生动的动作形象,建立正确的运动表象,激发学生想要试一试的情绪体验,能够引发学生的学习兴趣,让他们积极主动地参与练习中去。在"课程思政"理念引领下,情境教学渗透德育、美育的意蕴,使高校体育教学情境更加生动、形象,给学生以美的感受和美的教育。

二、高校体育教学中应用情景教学法的重要性

(一)情境教学法在高校体育教学中具有不可替代性

"情感"是人对待周围事物以及自身特点固有的一种稳定而持久的体验,是人生最重要的特性之一。情境教学可通过右脑的情感改变左脑的机械学习思维、激活人的特异与非特异神经、改变心理环境认知、构建知识链接、思维闹钟。情境教学法的不可替代性、不可比拟性让人毋庸置疑。

情境教学法具有认知性、建构性、虚拟性的特征。情境教学法在高校体育教学实践的基础上,结合了体育教学与智、德、美的教育过程,形成了一种新的体育教学模式。知识的获取不完全是来源于老师的传授,更多知识是学习者以周围世界、社会生活、历史文化情景(背景)为基础获取的新信息、新知识。情境的创设,能够激起学生对已有知识经验进行回顾与反思,对新知识进行接收、消化、处理,在脑海中形成知识网络中心。教师的作用不是知识传递的邮递员,而是引导推动学生知识网络系统的建立者,学习离不开生活,生活离不开环境,学习最大的目的是回馈社会,能利用所学知识对现实生活中出现的问题提出解决处理方案,在教学过程中,教师

要采取不同方法创立真实有效情境,引导学生从不同渠道、以不同学习手段方式接触体育课程的学习,用"综合思维型"代替"传授知识型",并以综合思维型作为体育教学的中心。

情境教学法在高校体育教学中运用可分为三个阶段,初级阶段——感觉、形成阶段——认知、完整阶段——真理。它可根据学生的情感驱动、特殊需求、思维模式、认识规律,投其所好,用情感牵动学生的思维,将教学目标、内容、角色和场景高度融合后进行的一种"仿真"的教学组织形式。把学生带到教师根据高校体育教学内容创设的活动场景中,让学生入景生情、以情明理、明理知味,以学生的情感为导火线,来激发学生对体育项目的认知兴趣、探究兴趣、审美兴趣、创造兴趣及通往丰富精神世界的兴趣,促使学生由衷地喜欢体育,培养学生的自信心,提高学生的审美能力、社会适应能力。语言与知识具有共性,现实生活中的情景与活动是知识产生的源泉,只有把知识运用到实际生活中,学生对知识的认知才是最准确、最灵活、最全面的。通过情境创设学习,学生对自己的表现力、创新力、认知力更自信、更肯定,对知识学以致用,高校体育教学的价值与意义才能得到更好地展现。

(二)情境教学法以"情"贯穿高校体育教学过程,具有唯一性

所谓"传情"就是点滴地渗透、默默地感染。在高校体育教学中要巧妙地创设"情境",渲染具有一定力度的课堂氛围,并根据教学大纲,抓住授课内容,创设出与学生身心发展有关的情境,从而激起学生相应的情绪,把学生引入情境中,让学生身临其境,体会那种妙不可言的感觉,从而使体育课堂生机勃勃、气氛浓郁,以便更好地促进学生对运动知识与运动技能的掌握。以教学目的为准则,以形象为手段,以兴趣为基点、以自然环境为源泉,增强学生的感知性,贯彻实践性,终身教育性。

情境教学重在培养提高学生的思维能力、创新能力、情感运作能力。

它承载着一般体育教学方法所实现不了的隐性教学内容,符合隐性教学要求。情境教学法对挖掘学生的学习能力、动手能力、完善人格、发展个性、展现个人表现力具有较好的促进作用。创设情境、大胆想象、产生问题、深入思考,采取措施有效解决,最终达到提高高校体育教学质量、取得良好教学效果的目的。

(三)情境教学法与体育运动具有密切的融合性

随着我国不断深化改革,社会、经济、文化正一日千里突飞猛进地发展,人们的消费观,人生观、价值观、世界观发生了巨大的变化。外在美不再是美的标志,身心健康才是人们所值导的,体育运动就是人们所倡导健康、文明、高雅的生活方式之一。体育运动可以塑造美的情操、增强体质、增进健康、提高神经系统机能。通过体育锻炼,人们的肌肉、骨骼、关节得到均匀的发展,身体姿势得到矫正,关节的韧性、弹性和灵活性加强。体育今后的发展更趋于动作美和形态美的结合,同时也有助于学生身体素质的提升,正符合现代人对健身的追求。

情境教学法的虚拟性、模拟性、真实性、形象性、情感性、趣味性符合我国体育教学理念和规律,将情境教学法运用到高校体育教学中,激发学生的情绪与情感,触景生情、随情入景,寓教于乐,活跃课堂气氛,提高课堂效率,提高学生的积极参与乐趣,激发学生的创新潜力,使学生乐于学习、主动学习、健康学习。情境教学法突破了"满堂灌"的教学模式,逐步形成了具有基本原理、应用条件、操作程序、指导思想的比较完整的教学方法。它超越了以知识、技能为主的常规教学,突出情感核心,综合运用多种教学手段,启发、指导学生对体育项目动作美、音乐美、情感美的感知与体验,使学生以最佳的情绪状态顺利地完成教学与训练任务。

三、高校体育教学中情境教学法的应用研究

(一)高校体育教学情境的创设依据与教学设计

1. 体育教学情境的创设依据

体育教学情境的创设依据是认知与情感的相互作用,情境教学法以生理学理论、心理学理论和教育学理论为基础。

生理学理论包含了左右脑理论、神经激活理论。人的大脑可分为左右两个部分,左脑控制人的逻辑思维、语言能力、理解能力;右脑与人的情感息息相关,人具有通过视觉观察事物本质的能力。通过情境教学可以让左右脑结合,激发右脑情感带动左脑思维,提高学习效率。通常人的神经受到某事物的刺激后,会通过特异神经和非特异神经传递信息。心理学家研究也表明:情感传递是通过非特异神经,知识的获得是通过特异神经。情境的运用激活了非特异神经,带动了特异神经的活跃。

心理学理论,包括心理生活空间理论,情知教学论理论、角色效应等,其中情知教学论由情意、认知组成,情意包含情感与兴趣,认知包括感知与记忆,将情感与智慧完美结合、综合考虑,情境教学法正是利用了情知教学论的这一特点,在教学中设立多情境,根据情境选择设立不同角色担当,让学生很容易参与其中,并产生共鸣,在强烈的情感带动下,使学生产生情绪,加深情感体验,增强体育运动的积极性。

教育学中,从构建主义理论、思维与教学理论中学到的理论侧面折射出情境教学在体育教学中的作用。对于构建主义理论来说,情境的充分融入是学习的前提。学习是一个漫长的过程,它在学习中慢慢构建属于自己的知识体系,是自己宝贵财富的体现。在这一过程中,学生所学知识和形象思维都受到迁移,学生对外部的感知也会有一定的逻辑思考,产生新的体验与看法,这时,教师要设计情境唤醒学生的思维能力,让学生思考遇到

的问题,依靠情境加以联系与巩固。

2.教学设计

教学设计是运用系统方法分析教学问题和确定教学目标、建立解决问题的策略方案、评价实施的结果和对方案进行修改的过程。如组织合适的学习集体、设置优良的教学环境、选用合适的教材、场地器材、制定切合实际的教学目标、方法、技能手段等。科学的体育教学设计是保证体育教学质量的必备条件,体育教学设计是实现体育教学最优化前提。

(二)情境教学法应用到高校体育教学中各阶段教学分析

1.情境导入阶段

教师根据体育教学内容,编制一个与所学内容相符的情境并运用于体育课程的开始部分,利用具有感染力的语言、优美动听的音乐,把学生导入情境中,让学生与情境共融,身临其境,体验情境所带来的乐趣与不同,让学生在轻松、愉悦的情境映射下挖掘学生的情感,激情和志趣,使学生的学习动机与教师的导向产生共鸣,形成共融,让学生在境中学、学中乐、乐中悟。以学识为前提、以练习为基础,培养学生健美健全的人格魅力,体现"快乐体育""健康第一""以学生为本"的教学理念。

2.情境展开、拓展和巩固阶段

情境展开阶段是完成教学目标的关键所在。有什么样的教学内容,创设什么样的情境,并恰如其分地应用,这对教师的构思能力与教学方法提出了更高的要求。教师应当以情境教学法为主、以其他教学方法为辅,更好地完成教学任务。在课程最根本的教学内容中,情境教学法常用于教材内容和教材组织上。例如:在动作讲解过程中,新授要点要生动形象,从简到繁、逐层递进、慢慢地将情境拓展开来,并对所学知识加以巩固,要使学生"随心所欲"的心态逐渐向有意识学习知识、掌握技术要领、锻炼身体转化,这才是运用这一情境教学方法的根本出发点。

3.情境舒缓阶段

这一阶段也是课程的结束部分。为了使学生从紧张的运动状态恢复到休息状态,教师可以悠扬婉转的瑜伽音乐来对学生进行放松,不但能消除学生运动的疲劳,还能增加师生之间的情感交流。

情境的创设与三大教学环节相得益彰,情境的创设重在创意设境。不是单纯的游戏化、情境化、虚拟化,而是使传统的教学框架具有一定的突破性、创新性,使综合性知识和思想品德教育与体育教学内容有机结合,赋予更深、更新的教育寓意与情趣,最大限度地发挥师生双方的创造性思维,使教师在预先设定的教学情境下可以更好地完成教学任务,提高课堂效率,更好地促进学生身心素质的发展。

(三)高校体育教学中情境教学法的应用效果分析

1.情境教学法有利于学生审美力的提升

进入 21 世纪,学习化、素养化是时代主题。"全民健身与全民健康深度融合"是习近平总书记在党的十九大报告中提出来的重大时代命题,同时报告也强调了体育教学的重要性、教法与学法的关键是对美育的重视性。审美教育的任务是培养广大人民的审美能力,内容是运用社会美、自然美与艺术美的手段给人以情感的熏陶,根本目的是按照美的规律创造人民特别是新青年一代的美好心灵,培养一代又一代社会主义新人。因此,将情境教学法运用于高校体育教学中,通过创设社会情境、自然情境、艺术情境来熏陶学生的情感,为学生营造良好的学习氛围,激发学生想象与努力思考的能力,培养学生的创造性思维与审美能力。例如,在课堂的准备部分,主要锻炼学生身体形态、进行动作示范等,教师根据教学目的创设情境,让学生在形态练习中感受身体姿态的变换。在课堂的基本部分,教师以问题情境宣布本节课的主题任务,以图片、多媒体展示情境进行授课,让学生通过真切视角观察运动员的身体姿态、面部表情,用这种方法去影响学生、感化学生。课后,导入音乐情境进行放松,让学生在舒缓的旋律中气定神闲、滋润心田。这种新型的教学方法打破以往"满堂灌"的教学常规,每一部分情境的导入,都能激发学生的情感、挖掘学生的思维、调动学生的积极性,增强学生对体育运动项目、基本动作的熟练掌握,提升学生专业技能水平,加深学生对各运动项目内涵美的认知与追求,从而更直观、更有效地提高学生的综合能力。

2. 情境教学法有利于激发学生的学习兴趣

体育是一门以实践锻炼为基础的学科,着重强调学生综合能力的培养,学生的学习动机从被动学到主动学,由想学到爱学,由爱学到学会、学懂、会学、善学这一过程的转变。人的求知欲根植于兴趣,浓厚的学习兴趣可以使人的大脑活跃、注意力集中、抑制疲劳、产生愉悦,从而提高学习效率。实验中,情境教学法的巧用,很大程度上激发了学生的学习兴趣,每堂课学生都能积极投入到老师创设的真切、生动、直观的情境中去,体育教师在巡回指导期间,笑声、讨论声从身侧传入耳边,让人不由得心生愉悦。通过教学实验及调查发现,大部分学生认为情境教学法能够激发学习动力、提高学习效率。其主要原因是情境教学法的创设符合新课程要求,紧跟教学目标,嵌入教学内容,教师留白,学生产生好奇,带着疑问独立思考、钻研探索、积极讨论,自由成立学习小组,学生之间相互配合、共同协作。在生动的情境下,增进师生情谊,提升团队凝聚力,唤起学生心灵深处的求知欲望,使学生的思维能力在这种学习氛围中得以培养与提高。

第二节 多媒体教学法在高校体育教学中的应用

一、多媒体教学的溯源和界定

多媒体教学法的兴起年深日久。在初始阶段,教师只是借助声音,图片、文本等形式来进行教学,但是在20世纪80年代,多种电子媒体不断应用到教育教学之中,如录播音像、投影仪、幻灯片等相互结合运用到教学中,这种教学方式被定义为电化教学或者称为多媒体组合教学,20世纪90年代开始,计算机技术得到高速发展,并迅速普及全国,随后与教育教学相融合,多媒体计算机被广泛应用到教学之中,从而完成了对多媒体组合教学形式的更新换代。

对多媒体教学的定义也是对多媒体教学流程的阐述。综合多种观点,多媒体教学是根据教学目标和教学对象的特点,在教学过程中,通过教学设计,合理选择和运用现代教学媒体,即通过计算机、视频展示台、投影仪等设备,将图形、图像、声音、文本、动画等多种媒体有机结合在一起,以多种媒体信息作用于学生的教学方式,与此同时,还要和传统教学手段优化组合,共同参与教学全过程,形成合理的教学结构,达到最优化的教学效果。

二、多媒体教学法的指导思想

(一)师者角度

师者,传道授业解惑也。教师要明确自身的角色。在教学活动中,教师处于主导地位,发挥主导作用,但却是教育教学工作的配角。教师的引导作用贯穿于教育活动的全过程,即新授之前的激发兴趣,学习阶段的循循引导以及学习之后的巩固提升。教师在运用多媒体教学法时,要了解学生的身心发展需求,善于发现学生的困惑之处,灵活巧妙地答疑指点,注重多媒体教学使用的先后顺序,才能达到既定目标。

高校体育教学更应该关注学生的非智力因素,强调学生在教育活动中的情感体验,传统教学理念中,过多地关注学生的智育,忽视了学生的非智力因素,如学生的品格、信念、毅力、道德水平、竞争合作意识等,现代教育指导思想强调教学上的授受关系,人格上的平等关系、社会道德上的相互促进关系,因此,教师要坚持以人为本的指导理念,平等地对待学生,尊重学生的主体地位,构建民主融洽的师生关系,关注学生个体之间的差异,教之有方,更多地关注学生的全面发展。

教育活动的目的不仅要教会学生知识,还要在教育过程中培养学生的学习能力。在多媒体教学中,体育教师要引导学生如何实现自我学习、自我教育,帮助学生获得学习的方法。只有实现自我教育时才是终身可持续的教育,学生才能不断全面发展。

(二)学生角度

学生在教学中居于主体地位,是教学活动的主角。教师是为学生的发展服务的,作为发展和学习的主体,学生要学会将课堂上的外在因素内化为自身需求,进而融会贯通。未来的社会是创新型社会,学生要树立创新意识,发展创新能力,这正是现代多媒体教学法的内在要求。

在学习之前,学生应从自身出发提前了解新授内容,才能与教师的教学进度相匹配;在学习过程中,发挥主观能动性,积极吸取课堂知识;学习过程结束后,要举一反三,运用到实践中,并用发散思维,寻求新知,扩展知识面。这样才能由学会转变成会学,升华自己知识的同时,也能掌握学习的方法。

三、多媒体教学法的重点

在多媒体教学法具体实施过程中,高校体育教师要以学生为本,引导学生做好学习的主角,杜绝传统的"灌入式"教学模式,区别对待学生的个体差异。体育教师运用多媒体教学法要注意以下三个要点。

(一)多媒体教学的基础是因材施教的层次教学

"中人以上,可以语上也;中人以下,不可以语上也。"《论语·雍也》中的这段话告诫体育教师,在实施多媒体教学法的过程中,体育教师应对学生的情况进行观察研究,了解学生的身心发展状况,如学生的心理状态、智力水平、年龄阶段以及生理发展水平等。高校体育教师从学生的实际情况出发,选择适当的教学内容和方法对学生实施适时教育,切不可同步要求学生,应进行因材施教的层次教学,针对不同层次的学生开展相匹配的教学。

(二)多媒体教学法的制约因素是教材质量

体育教师所选取的优秀运动员的动作示范或者实战应用,直接影响学生的学习效果。良好的教学示范可以引发学生的学习热情,同时优秀运动员的偶像作用也可以间接激励学生。所以体育教师在选择教学视频时,应当充分考虑教学内容的操作性和可行性,立足于学生的认知与接受能力,慎重对待教学选材。在落实多媒体教学法的过程中,观察并记录学生对于教材的真实反映,为以后的教材选编提供参考。

(三)丰富多样的教学组织形式是多媒体教学法的必要条件

多媒体教学法注重教学组织形式。首先,多媒体教学组织的顺序影响教学效果。体育教师应先引导学生观看优秀运动员的完整动作示范再进行讲解或者边观看教学视频边讲解的组织形式,切不可在观看教学视频之前就进行讲解,造成学生的先入为主,以学生的直接视觉去感知技术动作,后期录像反馈纠错时,可根据学生的真实情况适当调整。其次,多媒体教学法相比于传统教学法,可在一定程度上吸引学生的注意力,激发学生学习的兴趣,但考虑到学生的注意力水平以及教学的相对长期性,必须采用丰富多样的教学组织形式,促进教学过程的良性可持续开展。

四、多媒体环境对高校体育教学的独特作用

（一）实现了高校体育教学资源的共享与利用

因为目前全国高校体育师资和硬件设施条件不同,导致不同地区不同条件下高校体育课程教育教学发展情况不同。基于课程思政理念引领下的多媒体教学法在高校体育教学中应用的教学资源更是稀缺,而在多媒体技术环境下网络化时代信息处理、获取、应用和传输,可实现教学活动的超时空即时传输或延时共享,建构优秀的体育教学的知识框架、形成技能技巧、全面提高能力等重要因素的信息源保证。利用远程教育教学课堂的建立,实现体育课程教学目标的规范化,使处于不发达或发展较缓慢地区的学习者利用国内外一流大学的教学资源,实现教学质量的同步提高和共同发展。

（二）实现了传统媒体与现代媒体的合理整合

多媒体技术在高校体育教学中的应用,从根本上革新了传统教学手段,从教学手段上把音响、录音、幻灯、录像、VCD、投影、电子计算机辅助教学（CAI）课件引入课堂教学,使学生处于形象直观、音乐起伏、色彩斑斓、动画逼真、人机对话、信息实时、欣赏与学习并进的学习环境中,能够创造和展示各种趋于现实的学习情境,把抽象的学习和现实生活融合起来,有

利于激发学生思维与探索,有利于激发他们学习的主动性,培养学生创造性能力和挖掘其学习潜能。合理结合传统教学手段,有利于技术学习中通过比较找出差异使动作规范化、系统化,有利于课程目标的整体实施,有利于学生课外学习、继续教育和终身教育新思想的体现。

(三)增强课程的趣味性,使学生更积极

在信息技术的指导下,教师将多媒体技术运用到高校体育教学中,可以有效地扩充教学资源,活跃课堂气氛,将传统体育教学中教师单纯的"言传身教"转变为各种声音、图画和色彩的结合,增强学生对相关知识的记忆,使教学内容直观形象,学生易于接受;教师通过视频、音频、动画等多种方式将课堂内容表现出来,教学展现出多元化的一面,易于学生接受和理解;在针对一些具有较强专业性的体育动作进行教学时,教师可以及时通过视频的暂停、重播等方式对教学内容进行重复,并可以及时对学生的动作进行纠正,加深学生对教学内容的印象;学生也可以重播视频,在教学课程的带领下重读练习动作,不受时间和空间的局限;教师还可以将该节课的课程要点在视频中截取下来,反复让学生观看、练习,并可以及时对动作进行分解和慢放,便于教师及时讲解重点难点;此外,多媒体教学的丰富形式可以让体育教学活动更具观赏性,从而使学生对体育运动产生兴趣和积极性。

(四)多种感官获取知识,增强理解和记忆,提高运动技能

教育心理学研究表明,学生及时了解学习的结果,包括看到自己所学知识在实践中应用的成效、练习动作的正确与否等,均可激发学生进一步努力学习的动机。采用现代教育技术进行体育教学则可达到前述目的。它可使学生观看到各种不同难度、不同规格的技术示范,便于学生领会技能的基本要求。

（五）提供了建立体育教学客观化评价的运行环境和技术保障

在现代多媒体技术环境下,高校体育教学运用电子跟踪教学过程和教学过程录像等先进技术手段,建立学生考试成绩计算机分析、督导组专家隔离评课、集体观摩,背对背学生打分考核等措施减少评价主观因素,使教学评价客观化,还可以对收集到的语音、图像等多种信息进行定性或定量的分析,完成对技术动作的形态结构及力学等的相关分析后交互处理,同步在计算机显示屏上显示,另外,学生在课堂内外均可通过点击快捷文件夹或网站进入虚拟教学环境,通过人机对话来实现教学、学习、评价测试等基本教与学过程。

五、多媒体教学法在高校体育教学中的应用策略

（一）对传统的高校体育课堂教学观念进行转变

多媒体技术在高校体育教学中进行全面应用的时间并不长,在应用模式以及应用结构方面还存在一定的弊端,这就需要学校领导给予充分的重视,对教育教学的模式进行积极改善,要通过相关文件标准的制定来对传统的体育课堂教学模式进行一定转变。多媒体技术的应用对于高校体育课堂教学来说是一次重要的创新,从而也使其教学模式以及教学结构发生了很大的转变。首先,应该对体育教师自身的教育教学意识进行转变,有很大一部分体育教师教育理念往往较为保守,教育观念相对老旧。教师应该自觉提升自身的教育创新意识,全面贯彻教育教学理念,通过多媒体技术的应用提升学生课堂学习的兴趣,培养学生的自主创新能力。例如,教师在讲课的过程中,可以应用多媒体技术播放一些相关的比赛视频,让学生欣赏,使学生对体育运动项目的多样性及美观性有更加深刻的认知。

(二)多媒体技术要与传统的教学理念进行融合应用

多媒体技术的应用势必会使高校体育教学的教学新颖程度得到有效提升,但是,在加大对多媒体技术应用力度的同时,也应该对传统的教育教学模式进行深入落实,并且在传统的教学理念当中吸收教学经验,将多媒体技术与传统的教学理念进行融合是很好的选择,会在很大程度上提升学生对课程的接受程度。从某一个层面而言,多媒体技术的应用并不是为了完全取代传统的教育教学模式,而是为了使课堂教学的模式变得更加多元化以及丰富化,只有将二者进行合理地融合,才能够保证高教体育教学的整体质量。

(三)提高多媒体技术应用方式的多样性与创新性

教师利用多媒体技术来播放相关的教学视频,既可以让学生观看完整版成套动作教学视频,又可以反复播放同一个动作,更可以根据学生学习现状来加快或放慢教学视频播放速度,在减轻教师教学工作量与工作压力的同时,也提高了示范动作的标准化与统一性,避免因教师示范动作不规范等原因而增加学生出错率。另外,教师也可以将教学视频上传到专门的体育学习平台上,学生可以根据其学习计划、学习目标等自由选择与下载相应教学视频,实现了学生学习时间从分散到集中的转变,从而提高了学生的学习效果。

(四)提升对教学软件的开发以及引进力度

要使多媒体技术在高校体育教学中发挥出更加理想的效果,就应该对其教育教学的理念进行全面落实,但这些都要建立在教学软件的科学性以及合理性的基础之上。在高校体育教学过程中,多媒体技术的应用应该是依靠这种软件进行相互配合,从而使课堂教学的整体质量得到保证。首先,学校应该设立软件以及硬件设施的专项资金,从而保证软件以及硬件开发工作的资金供应稳定性,以使学校的软件以及硬件研究工作得到更加深入展开,提升多媒体技术教学的整体质量。其次,应该着重开发统一化的管理软件,以使体育教学活动的开展更加顺利,使课程结构设计以及课程管理更加方便,在提升教育教学质量的同时,也更加方便师生进行在线交流,从而使教育活动开展的共享性以及资源集中的分配性得到了有效体现。

第三节　体验式教学法在高校体育教学中的应用

当前的大学生大多为"00 后",他们思维活跃、动手能力强并乐于挑战,专业课教师和通识课教师在课程思政教学中运用实践体验法能极大地调动学生对该课程的积极性。在实施课程思政教学时,教师通过让学生亲身参与实践,有利于变被动学习为主动学习,引导学生在形式丰富的实践活动中将抽象的静态知识逐步转化为鲜活的理性认识,培养学生发现问题、解决问题的能力,还能锻炼学生的实践能力、人际交往能力,团结协作能力等。

体验式教学法的具体方法多种多样,包括社会调研、参观考察、课题研讨等,不同专业的教师可根据专业特色灵活选择,教师在"课程思政"教学中,应积极整合体验式教学法的教育资源,可将专业实践教学与校外专业实习、社会考察、大学生素质拓展计划、志愿者服务活动等充分结合。

一、体验式体育教学的优势与特点

(一)体验式体育教学概述

体育教师结合学生的实际情况,有组织、有计划地启发引导学生,让学生在练习中切身体验与感悟体育的学习,提高技术技能,促进身心健康成长。由此可见,体验式体育教学方法更加关注学生的亲身体验,使学生在体验中发现问题、思考问题、解决问题。

体验式体育教学过程包括五个方面:一是教师结合教学内容与学生的实际能力,指出相应的问题,引导学生自主思考;二是学生从不断练习的过程中,发现与掌握动作的原理,加以想象与模仿;三是将学生分为若干个小组,组织学生进行小组讨论,由每一个学生根据自己的理解进行阐述;四是教师与学生一起总结运动动作的原理,并根据实际的身体条件探寻正确、有效的学习方法;五是学生在掌握学习方法的基础上,进一步巩固运动动作,提升技能应用水平。以单手肩上投篮为例,体育教师在体验式体育教学中需要先设置关于投篮动作方面的问题,如投篮手的正确位置在哪里、投篮时腿部的规范动作等;接着学生对投篮动作进行思考并模仿,教师根据实际的情况给予指导,纠正学生不规范的投篮动作细节;然后学生根据教师的指导进行投篮动作的体验,并说出自己的想法,与其他同伴交流;最后,教师总结和再次纠正学生存在的问题,让学生正确掌握投篮技术动作。这种体验式教学不仅能帮助学生用最短时间掌握"单手肩上投篮"技术动作,也让他们体验到了运动的乐趣。

(二)体验式体育教学的优势

1. 提高学生的学习积极性

体育课程的学习对学生综合素质能力的提升具有积极的作用,但传统体育教学方法一般只针对学生运动技能的掌握进行教育,教学方法的合理性存在不足,而体验式体育教学除了可以让学生掌握基本的运动技能外,还能够让学生在掌握运动技能的过程中获得乐趣,这是传统体育教学方法所不能达到的,在体验式体育教学中,学生可以充分了解某个运动动作的原理,清楚哪里容易犯错,应该选择什么样的学习方法加强训练,在过程的学习中他们的自主性得到了充分的体现,同时也提升了他们学习的积极性。

2. 挖掘学生的创造性

传统的体育教学理念只关注"教"而忽视了"学",在这种填鸭式的教学模式下,学生的探索性、自主性提升就会受到限制,对教师会产生比较大的依赖性。而体验式体育教学可以充分发挥学生的主观能动性,在教师的合理引导下,学生掌握正确的技术动作,巩固学习质量,既保证了学生的学习效果,也使得他们的思维更加活跃,对培养学生的创造性有着不可忽视的作用。同时,这种学习模式下,学生的学习效率更高,教师的教学也得到了简化。

3. 培养学生的团队合作意识

传统的体育教学模式一般只会对教师的集体教学进行关注,教师很少会让学生针对某一个问题进行分组讨论,这样就会造成学生在学习中缺乏有效的沟通与合作,不利于他们合作意识与能力的提高。可见,在培养学生团队合作意识方面,传统的教学方法是存在弊端的。体验式体育教学就可以对此进行完善,它可以使学生在讨论与练习中学会合作,并且通过相互交流认识到自己的不足,学习别人的长处。另外,教师还可以让学习能力较强的学生帮助素质相对较差的学生,让他们共同完成小组学习任务,这既提升了他们的团队合作意识,又让每一个学生的体育素养都得到了发展,这对提高整体教学水平有积极作用。

4. 弥补传统教学中的不足

被动学习是传统体育教学中存在的主要问题,这使得学生对教师的依赖性比较大,也无法提高其积极性和创造性,这与高校体育教学目标相悖。作为一种新型的体育教学理念,体验式体育教学能够弥补传统体育教学中的不足,它不只强调学生技能上的提升,更关注对学生综合素质能力的培养,这与现阶段高校体育课程教学培养高素质人才的理念相吻合,同时对提高学生的体育学习积极性、主动性及创造性都有着重要的作用。两者如果能够充分融合,对提高高校体育教学的质量来说是非常有价值的。

(三)体验式体育教学的特点

1.体验式体育教学的一般特点

(1)实践性。体验式教学是以学生的实践活动为基础的,实践活动是体验式教学的动力源泉。体育活动必须通过实际操作和动作技能来完成。它要求学生对外界的物体或人做出迅速而准确的感知和认识上的判断,协调自己的身体以保证动作的完成。这些实践操作,有利于促进学生感觉和知觉的准确性和敏感性的发展。同时,学生通过身体的直接活动能够检验自己的体能,展示自己的技艺,促进自己更加深刻地认识和反思体育学习效果,从而加深自己的体验认识。另外,体育教学都是在高速和变幻的运动中进行的,学生在从事各种身体练习时必须进行较大的体能消耗,由此产生的一系列心理变化和情感体验,都能够在体育活动的实践中得到真实的体现。

(2)复杂性。体育教学内容的丰富、多样、变幻、复杂,能够使学生充分得到快乐、兴奋、紧张、焦虑、悔恨等多样的情感体验。体育活动所提供的克服困难、竞争、冒险、把握时机、追求不确定结果、达到目标、控制、成功、挫折等的变化与转换,也会引起学生产生复杂的情绪和情感体验。学生时而会在欢呼声中得到赞许,时而会在埋怨声中受到责怪;既有胜利的巅峰,也有失败的低谷;既能感受到学会新动作时成功的喜悦,也要经历动作难度较大时的重重挫折,这些都是教学中很难传授的经验与自我认知。体育教学与学习既有对学生体能、体力、身体素质的要求,也有对动作技术、战术的理解能力的考验,还有高涨的情绪、自信心、勇于克服困难的拼搏精神和心理素质的比拼,各种复杂的情感体验相互感染和相互交融,有利于学生情感的丰富和成熟。

（3）情境性。任何体育教学对场地都有一定的要求,体育教学活动为学生准备或构建了丰富多彩的活动情境,通过情境创设引导学生参与其中、陶醉其中,必然会加深学生的自我感受,使学生受到体育情境的熏陶和心灵的洗礼。在体育教学中,教师示范的情境可以让学生感受到体育技艺的精彩;教师指导学生的情境,拉近了师生的距离;学生练习和游戏的情境,就是自主学习的过程。在体育比赛活动中,比赛前的期盼和激动、比赛中的紧张和兴奋、比赛后胜利的欢乐和失败的懊恼,都会给学生带来鲜明而生动的体验。而这些体验很难用语言讲清楚,也很难"教"给学生,但学生亲身参与和体验,就会快速形成自我认识,教师可以加强引导,从而可以转化为学生自我的体育学习观。

2. 体验式体育教学实施中的特点

（1）以人为本。体验式教学重点突出了以人为本的教学原则,充分意识到人在教与学行为中的重要性。受教育者通过内在体验与实践的结合,了解自身知识厚度。高校体育教学中的体验式教学也是从这一点入手的,让学生真正融入体育教学中,进而获取更多的知识体验。在整个体育教学中,学生是教学的主体,是真正的参与者。

（2）充分体现学生性格特点。体验式教学将教学重心放在了教学参与度上,让学生在体验的过程中展示出自身的性格特点。例如,在体育教学中,体育教师可以通过体验式教学了解哪些学生意志坚忍,哪些学生的意志相对比较薄弱;哪些学生的团队意识强,哪些学生更注重个人主义。哲学品质和特点是学生价值观形成的基础。体验式教学可让教师在最短的时间内了解学生的个性化特点,并在实际教学过程中对学生进行积极引导,使学生形成正确的世界观、人生观和价值观。

（3）注重教学过程。由于深受传统教育观念的影响,在教学过程中,人们会将关注的重点放在最终的教学结果上。因此,学生并没有体会到学习的快乐,反而在学习过程中扭曲了价值观。但随着体验式教学的深入,学生的学习目标更加清晰,学生有了极大的收获。体验式教学的重点在体验上,结果只是体验过程中的一个体现层面,不会作为最终的结果。体育教师在开展教学时,要正确引导学生,让学生在体验式教学中享受学习带来的快乐。

(4)注重体悟。体验式教学与传统的教学方式存在一定区别。体验式教学更注重学生能在体验的过程中感悟到什么,学习到什么。体验式教学能让学生感受到更深层次的东西,这些东西并不是单纯通过讲解就能掌握的。学生通过体验,能将学习到的知识与实际生活紧密联系在一起,又通过体悟提升自己的体育水平。这种教学模式比传统的教学方式更加让人印象深刻。

3. 体验式体育教学操作方法的特点

(1)采用开放式教学模式。传统的高校体育课堂往往采用一种较为封闭的教学方式,即学生只能被动地接受相关的知识,机械地模仿教师的技术动作与技能,从而导致运动的趣味性较低,学生的思维也受到严重的束缚,学习的效果相对较差。体验式教学采用一种开放式的教学模式,教师以学生的心理特征与认知特点为基本依据,在进行知识传授的过程当中进行精妙的设计,将重难点技术作为教学缺口,当学生带着疑问进行相关知识的学习与练习时,教师引导学生进行主动思考,将学生的技术缺口补上,从而激发学生的成就感与成功感,这种心理上的感受可以让学生获得对体育课的深刻体验。

(2)采用分组教学模式。在进行体验式教学的过程中,教师可以根据不同学生的兴趣爱好以及运动的能力,将所有学生分成不同的小组进行相关知识的教学。大部分体育运动都是需要采用小组制进行比赛教学的。同时,采用分组教学的模式进行相关内容的讲授,可以让学生在实战过程中体验到运动的魅力所在,从而激发学生对相关技术与战术的学习兴趣,并进一步提高学生对体育课程的兴趣。在分组教学中,学生通过彼此间的配合可以培养团队意识,这对学生的自身发展也具有促进意义,也可以营造较为活跃的课堂氛围,避免传统体育教学中死气沉沉的现象。

(3)领悟答案的生成过程。在传统的体育教学过程中,大部分教师采用的方法都是将所有的知识直接传授给学生,这种模式对于教师来说较为简单,也更节省时间与精力。但是在这种教学模式中,大部分学生的参与程度都不是太高,同时也仅仅记住了相关的知识与答案。而在体验式教学中,教师要引导学生参与运动知识与运动技能的生成过程,从而加深学生对相关知识的领悟。学生领悟答案生成的过程需要教师通过一系列的情境设计才能实现,教师在设计相关情境时应充分发挥学生的主观能动性,创设出较为生动有趣的情境。

二、体验式教学法在高校体育教学中的应用现状

(一)体验式教学法在高校体育教学中的应用情况

1.教师的体验式教学意识日益强化

体验式教学以学生为学习主体,让学生亲身经历、自主体验,已成为广大体育教师的教学共识。在这一理念指导下,体育教师通过情境创设可再现或重现教学内容,让学生在情境体验中更好地学习体育知识;通过课堂上引入合作探究的学习方式,加强了学生之间的交流,让学生面对面探讨问题、分析问题、解决问题,在此过程中,学生相互帮助、相互启发、各抒己见、各展其长,个人的观点和见解融入集体的讨论中,最终的结论凝结着每个人的辛勤付出,既是集体智慧的结晶,也是长效互动的结果。这种体验式教学有效地建立起了师生之间教与学的沟通桥梁。

2.教学方式发生根本性变化

体验式教学方式分两个层面:一是教师"教"的层面;二是学生"学"的层面。总体来讲,体验式教学无论是教师还是学生,都愿意进行尝试和配

合。教的一方,教师不再像过去那样,严格按照教材按部就班地讲学授课,而是可以根据自己对体育运动的理解和实践探索,制作课件,让学生到实践中去体会、去检验,然后根据教学实践,提炼教学理论,丰富自己所教,实现教学相长。学的一方,学生一改过去传统学习的枯燥乏味,而是通过实践体验、论证检验,主动改变学习方式,给学习提供了自主创新、自主探究、自主发现的腾飞的翅膀。

3. 体验式教学的形式化倾向日趋凸显

相对来讲,体验式教学属于新生事物,在具体应用中,学生受传统教学中"教师讲、学生听""教师写、学生记"的被动学习的影响,一开始还无法准确认识和体验教师的教学意图,仍是盲目地按照教师的课堂安排进行。另外,有的教师片面和过于强调"体验"的形式,过分夸大和过高地估计了体验式教学的作用,为了所谓的体验而体验,忽视了学生知识视域的差异,使学生的体验学习趋于形式化、浮于表面化。课堂教学表面上看似如火如荼、学习气氛很热烈,但实际上由于学生个人知识结构、认知能力不同,对知识的体验层次和水平也有所不同,对教学内容的掌握程度也不同,所以应视具体情况区别对待,避免"一锅煮""一刀切"。

(二)高校体验式体育教学的发展困境

1. 传统思想与教学需求存在一定冲突

在传统的教学中,教师至高无上的地位是不可动摇的。在这样的背景下,学生的主体地位备受打压。体验式教学就是要将学生放在首位,让学生主动参与学习,如此,教师与学生必然会出现在"权利"上的博弈。这就要求教师首先打破传统思想中智育重于体育的固有认识,摒弃育体重于育人的理念。

传统体育授课中,课堂所有的一切都是在教师的掌控之下,安全问题基本不用考虑。而体验式体育教学注重让学生到实践中主动去体验,风险就成了不可避免的因素。一方面,学生对风险的恐惧可能会导致学生失去对体验式学习的兴趣;另一方面,学校担忧发生意外,引起责任纠纷,对体验式体育教学产生消极情绪。总之,受传统思想的禁锢,体验式体育教学需求的时间、空间不能得到保证,体验式体育教学也就无法顺利开展。

2. 教育理念与教学实际仍有脱节现象

在国家政策的引导下,随着高校课程改革的推进,体验式教学以其独特的魅力受到了越来越多人的关注,让学生参与体验的理念已得到了广大高校教师的认同。然而从目前来看,体验式体育教学开课率并不高,理念与实际脱节。由于对体验式体育教学的认识不够全面,对其优劣认识不足,部分体育教师盲目使用,非但没有达到促进教学的目的,反而制约了体验式教学的开展。

总的来说,目前高校体育教学只注重教育制度形式上的合理性,但不会具体到对教育过程及教育质量的好坏进行评判。在当前的高校体育教学中,健康第一的指导思想仍处于绝对的领导地位,但这里的健康不应仅仅是指身体上的健康,还应包括人的全面健康发展,这与"以人为本"的基本原则是相统一的。但令人遗憾的是,现实中的体育教学往往陷入这样的误区:"健康第一"就是保证学生在体育课堂中身体上不受到任何伤害。这无疑是对"健康第一"思想的一种曲解。理念的束缚导致现实的裹足,使得体育教学不得不回到原有轨道,呈现原地踏步的尴尬局面。

3. 场地设施与教学要求匹配程度不够

场地是体育教学的必要条件,高校开展体验式体育教学必然会对场地提出更高的要求。据调查,场地设施的不足已经成为制约各高校开展体验式体育教学的主要因素。而某些高校虽然场地设施较为完善,但授课班级容量大,人均场地使用面积仍无法满足开展体验式体育教学的基本要求。

体验式教学强调在体验的过程中培养学生相互沟通、团结协作的能力,场地不足必然会使单次参与体验式学习的学生人数受限,增加教学时长。此外,体验式体育教学需要融入更多元素的场地器材设施,而传统体育教学场地形式较为单一,配套设施相对落后,这也使体验式体育课程设置受到约束。

4.教师技能与学生需求存在差距

传统的教学方法以"教"为主,是一种经验教学,而体验式教学中的"体验"则是"超越经验",是一种精神层面的体验。体验式体育教学对体育教师的教学技能提出了新的挑战。教师作为学生体验式学习的设计者与引导者,其技能水平的高低也就决定了体验式学习效果的好坏。

当前,体验式体育教学尚处于起步阶段,因为缺少对体验式教学相关技能的培训,师资技能不足成了其无法突破的瓶颈。新时期的学生接受新鲜事物的能力较强,更倾向于尝试新的学习方式,而教师此方面教学技能的缺失,使课程设置往往不能满足学生的需求。

(三)高校体育教学中应用体验式教学的限制因素

1.教师专业技能偏低

有的教师对体验式教学存在一定的误解,认为在以往的体育课堂中人为引入一些体验式教学环节即可,但实际上体验式教学是一项系统的、成体系的教学模式。教师的角色并不单单是传授者,而更是引导者。特别是有些教师面对体验式教学,并没有经过有针对性的专业培训,这使得教师在教学方法方面的知识储备和掌握不足。教师如果对此一知半解、半知不解,在教学应用上就会力不从心,很难达到预期的教学效果。同时,体验式教学虽然与传统教学一样,离不开课堂、实践,但到底在哪个学习阶段应用哪个重点环节,怎么应用,达到怎样的效果,教师往往心里没底,把控不了。

2.教师的主导作用弱化

在传统体育教学中,教师的主导地位突出,居高临下,存在在认知上漠视学生的主体地位的现象。体验式教学改变了这一格局,学生的主体性地位走上"前台"，教师的主导地位大大"靠后"。但体验式教学并非不需要教师的主导作用，而是让教师的"主导地位"和学生的"主体地位"这一"双地位"相得益彰，实现同步发展，各发其光，各绽光芒。例如，学生在交流合作中对一些问题的理解存在偏差，对一些讨论争论不休，这时需要教师发挥主导作用，就此给予及时斧正，加以适时引导，使其走上正确的道路。

3. 学生对体验式教学的参与度亟待提升

体验式教学对巩固学生运动知识技能、测试学生运动能力、健全学生人格都能起到一定的促进作用，这也让学生有目共睹。但由于高校课程专业性较强，学生把大部分精力把用于专业课学习，认为体育课是锦上添花，这朵"花"开得香艳与否，没有精力给予过多关注，这样一来，对于本来就课时极少的体育课，很多学生仍不愿上课，根本无法达到更深入的"体验"。

4. 没有科学安排体验式教学的课程

从过去的调查中可以发现，许多高校体育课程的结构比较单一，往往只重视教学计划的完成，对实际结果的考虑还有所欠缺，同时许多高校仅是在大学一、二年级的时候设立体育课程，大学三、四年级的学生基本不用上体育课，而且每个星期基本只有一节课。这样的体育课安排容易使学生出现知识点脱节的现象，加上大学生平时疏于锻炼，身体也就容易出现亚健康状况，甚至有的高校为了更好地进行其他课程教育，就取消了体育课程，使得学生身体素质严重下降，严重阻碍了学生的素质发展。

三、体验式教学法在高校体育教学中的应用策略

(一)体验式学习在高校体育教学中的具体运用

1. 科学制定学习目标,注重培养学生的独立意识

体验式体育教学并非绝对地"放飞自我",而是让学生在户外活动中感受体育精神和掌握体育技能。这就要求教师除拥有过硬的知识储备外,还应具备将需要教授的知识巧妙地融入策划活动中的能力,让学生在活动中思考、提问、参与、学习和成长。要做到这一点,就要求教师明确自己每一阶段、每一个课程的教学目标,并做出合理的规划安排。体验式教学理念的最终目标是培养学生解决问题的能力,这也是它和传统教学的重要区别。因此教师在传授内容前,不妨先向学生提出课程相关的问题,并由学生自行查阅研究解决。这一过程中教师的作用被隐藏起来,学生的自主学习能力被有效地释放和培养起来。在实际教学中,教师则需对学生依旧无法理解的知识进行简单阐释,并让其在接下来的体验活动中进行实践应用,解决活动中遇到的问题,这样既能加深学生对知识的认识,又能大大提高学生学以致用的能力,从而帮助学生真正掌握知识。

2. 优化体育教育资源,创造良好的体验式体育教学条件

体育教育资源是体育教学开展的基础保证。合理的课程安排、优良的教学场地、充足的体育器械、专业的体育教育工作者是高校体育体验式教学开展的基础条件。首先,要有足够的体育课时,合理安排班级课程表,保证学生锻炼的时间以及上课班级数量,不要出现同一时段上课班级过多的现象,影响教学效果。其次,要有良好、安全的教学场地以及充足的教学器材,这样才能吸引学生主动参与,才能保证学生的练习量和熟练程度。最后,要有专业的体育教师,只有熟练掌握各项体育技能及教学方法、懂得安全保护的专业体育工作者才能吸引学生主动参与,帮助学生形成良好的体

育态度,养成良好的体育习惯,为学生的终身体育奠定良好的基础。此外,还应该提高体育教育工作者的地位。在教育的范畴内,体育并没有被视作教育的资源和手段,最多只是在充当为教育工作锦上添花的道具。而在体育的话语体系中,学校体育的价值一直没有被正确估量。体育的育人功能被忽视,体育教育在学校教育中一直处于边缘化地位,体育教育工作者的待遇也相应较低。

学校体育教育的发展应定位为"以体育人",将体育与教育相统一,充分认识体育的教育功能,将体育教育纳入学校教育体系的重点工作中,提高体育教育工作者的地位,合理安排体育教育工作者的工作任务,公平分配教师待遇及各项评优、评先名额,职称评定考核公平对待,从而促使体育教育工作者积极投入体育教学工作,提高工作热情,认真努力做好体育教学工作,将体育教育的意义价值负责任地传达给学生,为学生的体育态度、终身体育意识奠定基础,为我们民族的未来奠定希望。

3. 创设体育情境,引导学生对学习进行反思

体验式教学作为一种新型的教学模式,其主要特点是注重学生的参与性与师生之间的互动性。高校采用体验式教学模式进行体育教学时,要摒弃传统的教学观念,不可以再继续使用传统的教学场景和教学方法。这就要求体育教师使用多元化的教学方式,使学生对体验式教学模式有一个全新的认识。在体育教学过程中,让学生加入体验中是一个非常重要的教学方法,通过具体的情境设定,让学生参与到体育教学的特定情境中,获得一种身临其境的真实体验,从而调动学生的学习积极性,提高学生的参与度,使体验式教学发挥其最大的教育价值,体验式教学强调学生在教学中的主体性和参与体育活动的积极性,教师只是作为引导学生参加体育活动的向导,教师的重点任务在于引导学生参与体育活动,调动学生的积极性,无论什么形式的教学方式,最终目的都是帮助学生理解和掌握知识。体验式教学模式是通过教师的讲解让学生对知识有了进一步的认识后,再让学生深

入实践中,在实践中获得思考,在实践中对学习的意义进行反思,通过反思加深对知识的记忆,提高学习效果。体验式教学模式实际上是让学生对已经亲身体验过的事物产生连续的思考,在思考的过程中把各个问题联系到一起,最后运用思维对所有感受过的事物再进行反思,在特定的情境中,记忆所有的事物。学生进行反思的过程是离不开教师的引导的,由于学生的知识储备和经验有限,所以教师应该在合适的时机给予适当的引导,从而激发学生的思维。

4. 开展体验式体育教学,让学生在体验中提高技能

在体育教学活动中,体验式学习包括精神层面的和身体层面的,想要提高学生对体育运动的兴趣,就需要在理论学习中运用体验式学习情境模式,通过情境模式开展体育教学活动。情境学习主要是在教学过程中创设学习情境模式,可以利用多媒体开展情境教学,教师可以在体育教学前播放一些相关的体育视频。例如,在篮球技能教学中,教师可以播放 NBA 的体育节目,让学生观察明星在球赛中使用的技能,然后让学生切身感受,教师再对动作进行指导,让学生能够有所感、有所悟、有所获,这样才能增强学生心灵上的感触和心灵体验。想要将体验式学习贯彻到体育运动中,就需要开展多样化的体育项目,让学生在体验中提高技能、感受乐趣。传统体育运动比较单一,只是教会学生基本的动作、要领,让学生按部就班地学习,这样学生就会将体育运动看作是自己的任务,而不能将其当作一种兴趣爱好去参与。因此,在体验式教学活动中,教师要注意体育项目的多元化,不断创新体育项目。例如,在传统体育运动中,乒乓球运动讲究技术,教师大多通过组织竞赛来提高学生技能,这样学生压力就会比较大,这时教师可以设置新型乒乓球运动,让学生 10 人一组开展乒乓球接力赛,10个人排成一队,然后从第一个人开始向后传球,每个人的乒乓球需要通过乒乓球拍弹够 10 下方能传递到下一个人,看哪一个小组最先完成任务。这个过程不仅能够锻炼学生的平衡能力、运球能力,还能锻炼学生的团队

协作能力,提高学生的参与积极性,让学生在体验中感受运动带来的乐趣。

5.设置符合高校学生实际需求的教学内容

体验式教学非常注重学生的实际需求。如果让学生去体验高难度的体育项目,学生会认为自己没有能力去完成这一任务,久而久之,学生的内心就会产生畏难情绪,可见,直接让学生去接触高难度的体育项目会打击学生的自信心。但如果让高校学生去接触小学生喜欢的体育运动,高校学生会觉得过于简单,根本不会对体育活动产生任何兴趣,进而降低高校学生参与体育活动的积极性。因此,体育教师在选择体验内容前,必须先对学生进行调查,只有符合学生需求的体育运动项目才能充分调动其学习积极性。

(二)教师层面促进体验式教学在高校体育教学中应用的对策

1.加强教师专业技能培训,提高教师教学的专业素养

针对体验式教学系统性强、体系化强的特点,以及教师专业素质跟不上教学实际的现实情况,应对体育教师加强教学理念、方法等方面的知识培训。

(1)要注重体育情境的教学设计和教学内容的策划实施,营造身临其境的教学氛围,让学生看"境"领会、入"境"体验、出"境"回味,激发学习兴趣,展开想象翅膀,从想学、要学,转变为趣学、乐学,一方面,情境设计要有自我挑战性和探索性。体育情境既不能设计太简单,让学生失去探索欲、好奇心,也不能设计太复杂,让学生无所适从,找不到突破口,失去探究的积极性和热忱。另一方面,要贯彻安全第一、预防为主的原则。体验情境要把安全放在第一位,不能为了追求高难度、高体验性而拔苗助长,导致学生受伤、受惊吓的事件发生。

(2)要遵循先易后难、循序渐进的教学原则。教学具体分为五个阶段,每个阶段学生都有不同的具体任务:一是准备阶段,要明确教学目的、

体验步骤、达到的预期效果;二是热身阶段,要舒筋活骨,树立必胜的信心,相互鼓励,了解团队;三是心理磨砺阶段,挑战自我,做好攻坚克难的心理准备;四是体验阶段,相互交流,分享观点,共克时艰,总结经验;五是反思阶段,对存在的问题、解决问题的办法等进行反思,举一反三,找出最佳方案,避免今后教学中走弯路。

(3)引导学生学会反思。一是重现式反思。帮助学生对已有的教学体验进行重现式回顾,加深整体体验认知。二是质疑式反思。对学生体验进行点评,让学生将已学习的体育知识的碎片式记忆进行集中链接,通过点评,提出存在的问题,让学生在质疑中发现问题、总结不足,制定整改措施。三是互评式反思,引导学生之间开展互评活动,让"旁观者清"促进"当局者迷",提高学生体验的集体意识、团队意识和大局观念。

2. 加强教师"主导"与学生"主体"作用

传统体育教学偏重教师的"主导"地位,忽视学生的"主体"地位。体验式教学摒弃了传统教学的弊端,在强调学生的主体作用的同时,对教师的主导作用也不容漠视。但具体的体育课堂教学往往过分强调学生主体地位,教师的主导作用有削弱趋势。因此,教师应该转变观念,主导与主体并重,指导与引导并举,切实让学生在实践中真体验、体验好,有所得,"验"有所效,实现师生教学相长。

第一,教师要注意观察学生的课堂表现,根据练习的实际情况进行教学节奏、教学环节的调整、优化和创新。特别是要注重学生间的运动差异,因材施教,按需施训,让每个学生都能有所提高。

第二,教师要耐心听取学生间的讨论和探究。只要有利于提高教学质量,有利于提高学习成绩,有利于增强实践体验的建议和方法,教师都要积极吸纳、共同探讨,切忌唯我独尊、刚愎自用。

第三,当学生集体探讨有分歧、学生遇到挑战有畏难情绪、学生参与积极性不高时,教师要及时关切地进行询问,摸清原因,提振士气,激发兴趣,让学生都参与其中,感受和共享体育运动带来的精神愉悦和身心快乐。

第四,教师要根据教学内容,有针对性地创设好教学情境,定好学习目标,选好合适的项目,既让学生在体验中学习换位思考,增强团队意识、融入意识,又让学生在探讨中学会汲取、容纳,提高问题意识、改进意识。

在高校体育教学过程中,教师依然是主要的角色,教师的情感和态度会对体验式体育教学效果产生重要影响。因此,体育教师要依据不同学生的特点,不断提高和完善自身的教学水平,同时也要在体验式体育教学过程中调动学生的积极性和主观能动性,促进体验式教学在高校的体育课程中更好、更有效地开展。因此,在体验式体育教学过程中需要注重培养教师与学生之间、学生与学生之间的情感,只有这样才能保证体验式体育教学的有效开展。总之,学生"主体"地位应走在课堂教学前面,教师"主导"地位应服务于学生"主体"地位,以形成师生间的良性互动和教师"乐教"、学生"乐学"、同呼吸、共成长、齐发展的多彩局面。

3. 激趣导学,提高学生参与度

体育教学不仅是运动知识的传授,还与学生的日常生活息息相关,也不仅可以增强学生身体素质,对学生心理、态度、精神上的磨砺更是进行体育教学的宗旨,所以教师要多措并举,激发学生的学习兴趣,让学生踊跃参与课堂学习,由趣向学,学有所长,长有所范,范以促学,形成爱运动、爱学习、爱生活的良好氛围。

(1)实施需求探询法。教师要首先了解学生对体育教学的需求,按需定制课件,按需设计教学内容,只要时间允许,可以征求学生的意见,让学生参与教学全过程,特别是在教学项目选择、内容制定、计划实施、注意事项等方面,教师要与学生共同探究、共同交流,使师生思想融会贯通,形成良性循环。

(2)实施榜样引领法。一方面,可以播放一些学生公认的体育明星的运动视频,以偶像提精神、鼓士气,以榜样树标杆、鼓干劲;另一方面,体育教师要发挥言传身教的作用,参与到活动中,变老师为队友,变说教为示范,彰显教师对教材、对学生的"双重体验"成果,以此促进学生向最好学习,同最优对标,学有榜样,练有标杆。

(3)实施评价激励法。体育教师要以正评价为主,对学生的完成情况、存在不足、改进方向等及时予以点拨警醒,让学生正确认识自己、认识他人,扬长避短,取长补短。特别是要让学生明白,体育教学不单单是一项运动技能,更重要的是其中包含着情感、精神和文化的要素,是一项综合课程。

(4)实施角色体验法。让学生扮演若干角色,从角色定位和演绎中感受教学理念、教学目标。例如,让学生扮演裁判员,锻炼学生秉持公平、公正、公开的比赛态度,要有应急处置意识,了解和遵守裁判规程,要有能力把控场上与场下、运动员与观赛员的动态等。

(5)实施反思领悟法。体育教师要反思自身,回顾教学过程还有什么不足、学生的精神状态如何、参与度变化大小等,通过教学反思,总结经验,修正不足,提高质量。同时,要引导学生进行学习反思,从心理上的融入、实践上的思考,到团队精神的塑造等,思考还有哪些层面急需提升。

在高校体育体验式教学过程中,只有引导学生积极主动思考,才能保证体验式体育教学的顺利开展。如果学生在教学过程中缺乏积极的思考,那么这种教育方法与传统的体育教育方法并无区别。因此,在开展体验式体育教学的过程中需注重对学生自主思考能力的锻炼,只有这样才能为体验式体育教学的顺利开展打下良好的基础。

(三)高校体育教学中"以生为本"应用体验式教学的对策

1. 构建有效教学情境,激发学生体验热情

在体育课堂教学中,教师构建有效教学情境可以更好激发学生的体育欲望,如游戏活动就是培养学生合作意识与运动能力的一种有效的体验

法,教师可借助游戏帮助学生更好地感受什么是合作,应当如何开展体育团队合作等。因此,在体育课堂教学过程中,教师应善于通过游戏的教学方式丰富学生的体验感受,这种合作意识应当在青少年阶段就培养起来,因为此时的学生在心智上较为稚嫩,愿意接受新事物,因此教师应当增强学生的合作意识,使学生在体育体验合作活动中感受到乐趣,与此同时,教师应当巧妙运用有效的教学情境来充分激发学生的体验兴趣,进而使学生对体育产生较高的体验热情。例如,在"弯道跑"一节的教学中,教师可以引导学生巧妙运用各种颜色的塑料圆圈,并以我国举办的奥运会当中的一个口号"同一个世界,同一个梦想"作为教学背景,为学生构建一个主题思想鲜明的教学情境。教师在教学开始阶段,可以带来五个色彩艳丽的塑料圆圈,为学生带来视觉上的愉悦,进而有效地激发学生的学习兴趣。教师通过这种构建奥运会五环的情境进行教学,并巧妙利用塑料圆圈辅助教学,使原本枯燥、无趣的"弯道跑"教学一下子变得生动有趣,进而使学生在体育课堂教学中变得活跃起来。

2.营造和谐交流学习氛围,推动学生进行体验和评价

在体育课堂教学过程中,为了促进学生之间的相互交流与学习,同时对自身进行反思体验,教师要为学生营造和谐的交流与学习氛围,使学生积极参与体育课堂教学体验。和谐的交流氛围可以在真正意义上使学生感受到合作学习的乐趣与意义,能够有效地促进教师与学生之间的积极互动,提高教学效率。因此,教师应当根据体育课堂教学实际情形,选择适当的时机组织学生进行评价与交流,使学生在进行自我评价、分享自身感受与体验心得的过程中,能够表达自己的独特观点并提出相应的问题,与此同时,教师应当及时针对这些问题进行有效的讲解与示范。

3.进行有价值的提问,激发学生产生体验欲望

随着体育教学的不断发展,体育教学内容不再仅仅注重学生的参与能力,还注重激发学生的思维能力,进而使学生产生体验欲望。教师在课间

可以对学生进行有价值的提问,以此促进学生主动思考,使学生产生参与体验的欲望,而在这个过程中教师也应当参与进去,与学生产生交流与互动。如教师进行"弯道跑"教学时,在学生完成课前辅助热身之后,可以设计一些有探究性、有价值的问题,并要求学生在橡胶跑道上积极进行实际操练。可以提出如腿部拉伸运动、摆臂练习、脖子左右摆动,这些运动练习可以锻炼哪些肌肉或肌肉群等问题,同时要求学生围绕圆形橡胶跑道缓慢小跑,依次练习上下肢体动作。教师可以一些体验式肢体练习让学生在弯跑道和直跑道上进行实践,并通过实践思索教师提出的问题。这样,学生有了实际的亲身体验与经历,就会对教师的问题有深入思考,再向其他同学进行讲述的时候才能头头是道。

4. 实施辅助热身操练,为学生建立体验阶梯

在体育课堂教学过程中,体验式教学是提高体育课堂教学质量的一种有效手段。所谓的体验性活动,其实就是使学生与教师之间产生互动的过程,因此,体验活动要想产生非常好的教学效果,离不开辅助热身操练。

首先,在体育课堂教学过程中,教师应当遵循体验式阶梯设计原则,本着由易到难的原则,通过循序渐进的教学方法对学生进行有计划的训练。这样就能够保障学生在拥有适当的运动量时,不会因为超负荷运动致使自身产生疲惫感,进而造成自身学习成绩下降。

其次,教师在进行体育课堂教学时应当起到引领和示范作用。教师可以先为学生做出示范动作再与学生相互进行运动展示,以此激发学生参与体验的热情和勇气,并要积极主动地为学生做好体育课堂教学课前铺垫,逐步加大练习难度,完成阶梯训练的过程。例如,在课前辅助热身操练结束之后,教师可以要求学生利用学校运动场进行圈操和圈上追逐游戏,使学生感受到辅助性游戏产生的乐趣,进而有层次地为学生建立体验式练习阶梯。

5. 引导学生感悟体验式结果, 品味体验乐趣

在体育课堂教学过程中, 教师应当及时引导学生感悟课堂体验结果, 密切关注学生的行为表现, 并通过学生产生的这些表现, 细心观察学生在心理上发生的变化。

首先, 在教学过程中, 教师应适当运用鼓励性的语言激发学生的潜在能力, 引导班级学生相互交流和学习, 使他们感受到体育学习活动过程中的乐趣。

其次, 教师在体验式教学活动结束之后, 应当从不同的角度分析学生在活动过程中的不足和优势, 正确引导学生积极主动地参与体验式教学活动, 使学生针对自身的不足之处寻求解决方法, 进而进行归纳与总结。

最后, 在进行体育课体验式教学过程中, 教师可以将班级学生分组, 使学生以小组为单位进行相互交流与学习, 并让班级各小组的代表讲述这堂课的学习情况和学习收获, 进而促进学生在体育认知能力上的提升, 同时强化学生自身的体验意识, 达到预期的教学效果。例知, 在"我学弯道跑"时, 教师依据小组交流探讨后的结果, 再次强化学生的体验并将体验学习的成果进行分享, 在最后的体验活动环节中, 教师还可以向学生展示学习成果, 使学生真正体验到乐趣和成就感。

参考文献

[1]桂捷.高校德育与心理健康教育研究[M].沈阳:东北大学出版社,2018.

[2]李鹰.体育教学方略[M].上海:上海教育出版社,2012.

[3]赵洪明,张力彤,吕然.大学体育实践教程[M].北京:国防工业出版社,2014.

[4]向宜.新媒体环境下高校思政教育[M].沈阳:辽海出版社,2019.

[5]曹英,尹海.学校体育教学自组织控制理论与改革尝试[J].教学与管理(理论版),2019(9):92-94.

[6]陈小青.体育课堂隐性管理的意向性结构分析[J].教学与管理(理论版)2019(10):97-99.

[7]高嵩,黎力榕.智慧体育教学环境建设发展趋势研究[J].广州体育学院学报 2019,39(4):121-124.

[8]郭金明.通识教育视角下中国体育教学创新——评《体育教学新论》[J].高教探索,2019(9):1.

[9]胡悦,侯会生.基于翻转课堂的大学体育教学改革研究[J].体育文化导刊,2019(7):76-80.

[10]李东,赵婉莉.基于创新的高校德育理论与实践成果转化——《艺术教育视域中德育创新探索》[J].高教探索,2019(4):10.

[11]刘宏亮,牛建军,刘永.基于自组织理论的体育教学系统发展研究[J].山东体育学院学报,2019,35(5):84-89.

[12]谭旭红,孙彦雷.中华优秀传统文化与高校德育教育融合的途径[J].继续教育研究,2019(2):50-53.

［13］王哲.思想政治教育形态研究述评［J］.湖北社会科学,2020(2)：143-149.

［14］赵富学,程传银,尚力沛.体育学科核心素养研究的问题及其破解之道［J］.体育学刊,2019,26(6):88-93.

［15］习近平谈治国理政(第二卷)［M］.北京:外文出版社,2017.

［16］习近平新时代中国特色社会主义思想学习纲要［M］.北京:学习出版社、人民日报出版社,2019.

［17］习近平关于"不忘初心、牢记使命"重要论述选编［M］.北京:党建读物出版社、中央文献出版社,2019.

［18］习近平关于青少年和共青团工作论述摘编［M］.北京:中央文献出版社,2017.

［19］教育部课题组.深入学习习近平关于教育的重要论述［M］.北京:人民出版社,2019.

［20］岳修峰.普通高等学校"三全育人"研究［M］.北京:社会科学文献出版社,2018.

［21］习近平.把思想政治工作贯穿教育教学全过程,开创我国高等教育事业发展新局面［N］.人民日报,2016-12-09(01).

［22］宋冬梅.从《论语》看孔子"仁"的内涵及价值［J］.济宁学院学报,2017(06).

［23］张涛.汉代"以孝治天下"的德化作用［J］.人民论坛,2017(33).

［24］客洪刚、谷明书.唐代的文教举措及其现代思想政治教育借鉴［J］.东北师大学报(哲学社会科学版),2016(02).

［25］常瑞琴.宋代书院德育举措及启示［J］.中国校外教育,2017(09).

［26］陈华栋.课程思政教育内容设计要在六个方面下功夫［J］.中国高等教育,2019(23).

[27]艾菁.民国高校导师制实践及其失败探究[J].江苏科技大学学报(社会科学版),2018(04).

[28]高德毅、宗爱东.从思政课程到课程思政——从战略高度构建高校思想政治教育课程体系[J].中国高等教育,2017(01).

[29]王法睿.体育文化视域下提升大学生思想道德素质研究[D].大庆:东北石油大学,2014.

[30]杨娜.高校校园体育文化德育价值研究——以首都师范大学为例[D].北京:北京体育大学,2016.

[31]常益.大学体育的思想政治教育功能研究[D].长春:东北师范大学,2019.

[32]周士杰.高校体育文化育人功能研究[D].长春:南华大学,2017.

[33]杨萍.高校"三全育人共同体"的价值追求及其实现路径研究[D].武汉:华中科技大学,2019.

[34]蔡金兴.课程思政背景下上海市普通高中生体育品德研究[D].上海:上海体育学院,2020.

[35]张柏铭,钟武.立德树人视阈下的高校体育教学改革[J].高教学刊,2018(15):129-131,134.

[36]马丽.高校公共体育教学中的德育渗透研究[D].北京:北京体育大学,2017.

[37]陈亚金.体验式教学理念下的高校体育教学研究[M].长春:吉林大学出版社,2020.

[38]谭晓爽.课程思政的价值内涵与实践路径探析[J].思想政治工作研究,2018(04).

[39]葛卫华.厘定与贯连:论学科德育与课程思政的关系[J].中国高等教育,2017(03).

[40]杨芝.美国隐性教育途径对中国高校思想政治教育的启示[J].

新西部,2018(33).

[41]张露予.美国公民教育对中国思想政治教育的启示[J].现代交际,2018(18).

[42]元慧坤,韩洁,方铮炀.新媒体视域下高校思想政治教育的解读与构[M].北京:中国纺织出版社,2019.

[43]袁凌新,秦大伟,刘明建.高校思想政治理论与实践教学分析[M]北京:中国纺织出版社,2019.

[44]闵辉.课程思政与高校哲学社会科学育人功能[J].思想理论教育,2017(07).

[45]赵继伟.课程思政:涵义、理念、问题与对策[J].湖北经济学院学报,2019(02).

[46]王敏.热观察与冷思考:新时期推进课程思政改革的必然选择[J].教育探索,2019(01).

[47]邱伟光.课程思政的价值意蕴与生成路径[J].思想理论教育,2017(07).